U0528828

"十四五"国家重点出版物规划项目

日本远东战争罪行丛书

铁蹄下的人间地狱

日本军事占领下的婆罗洲（1941—1945）

总顾问｜张宪文　主编｜范国平

[马来西亚]奥依·凯尔特·金｜著
Ooi Keat Gin

叶龙｜译　刘超｜审校

重庆出版社

版贸核渝字(2021)第050号

THE JAPANESE OCCUPATION OF BORNEO, 1941-1945, 1st Edition
By Ooi Keat Gin / ISBN: 978-0-415-83790-3
Copyright © 2011 Ooi Keat Gin

Authorized translation from English language edition published by Routledge, an imprint of Taylor & Francis Group.All Rights Reserved. 本书原版由 Taylor & Francis 出版集团旗下 Routledge 出版公司出版,并经其授权翻译出版。版权所有,侵权必究。

Beijing Alpha Books Co., Inc. is authorized to publish and distribute exclusively the Chinese (Simplified Characters) language edition. This edition is authorized for sale throughout Mainland of China. No part of the publication may be reproduced or distributed by any means, or stored in a database or retrieval system, without the prior written permission of the publisher. 本书中文简体翻译版授权由北京华章同人文化传播有限公司独家出版并仅限在中国大陆地区销售。未经出版者书面许可,不得以任何方式复制或发行本书的任何部分。

Copies of this book sold without a Taylor & Francis sticker on the cover are unauthorized and illegal. 本书封面贴有 Taylor & Francis 公司防伪标签,无标签者不得销售。

图书在版编目(CIP)数据

铁蹄下的人间地狱 : 日本军事占领下的婆罗洲 : 1941—1945 / (马来) 奥依•凯尔特•金 (Ooi Keat Gin) 著 ; 叶龙译 ; 范国平主编. -- 重庆 : 重庆出版社, 2025. 7. -- ISBN 978-7-229-19679-0
I. K330.5
中国国家版本馆CIP数据核字第2025YP8635号

铁蹄下的人间地狱:日本军事占领下的婆罗洲(1941—1945)
TIETI XIA DE RENJIAN DIYU: RIBEN JUNSHI ZHANLING XIA DE POLUOZHOU (1941—1945)

[马来西亚]奥依•凯尔特•金 著　叶龙 译　张宪文 总顾问　范国平 主编　刘超 审校

出　　品：	华章同人
出版监制：	徐宪江　连　果
出版统筹：	张铁成
策划编辑：	连　果
责任编辑：	何彦彦
特约编辑：	孙　浩
营销编辑：	刘晓艳
责任校对：	刘　艳
责任印制：	梁善池
封面设计：	众己•设计　微信：orange_pencil

重庆出版社 出版
(重庆市南岸区南滨路162号1幢)
北京毅峰迅捷印刷有限公司　印刷
重庆出版社有限责任公司　发行
邮购电话：010-85869375
全国新华书店经销

开本：680mm×980mm　1/16　印张：19.75　字数：257千
2025年7月第1版　2025年7月第1次印刷
定价：78.00元

如有印装质量问题,请致电023-61520678

版权所有,侵权必究

《日本远东战争罪行丛书》
学术委员会

总顾问

张宪文　四川师范大学日本战争罪行研究协同创新中心名誉主任、教授、季我努学社荣誉社长

主任

张连红　南京师范大学副校长、历史系教授
潘　洵　西南大学党委副书记、马克思主义学院院长、教授

委员（以姓氏笔画排序）

马振犊　中国第二历史档案馆原馆长、研究员
刘　波　国防大学军事文化学院副教授、大校
刘向东　军事科学院《军事历史》杂志社总编辑、研究员
江　沛　南开大学历史学院院长、教授
祁建民　长崎县立大学国际社会学院教授、国际东亚汉学研究学会副会长
汤重南　中国社会科学院世界历史研究所研究员、中国日本史学会荣誉会长
苏智良　上海师范大学人文学院院长、教授
吴先斌　南京民间抗日战争博物馆馆长
张　皓　北京师范大学历史学院院长
张宏波　日本明治学院大学教授
周　勇　西南大学中国抗战大后方研究协同创新中心主任、教授
宗成康　南京政治学院历史系教授
黄兴涛　中国人民大学历史学院院长、教授
萨　苏　著名抗战史专家、日本问题研究专家
程兆奇　上海交通大学东京审判研究中心主任、教授

《日本远东战争罪行丛书》翻译委员会

主任、总校译
范国平　季我努学社社长

委员（以姓氏笔画排序）

叶　龙　牟伦海　李学华
李　越　张　煜　郭　鑫
彭　程　覃秀红

丛书总序一

再塑从全球视野揭露日本罪行的"典范之作"

时光如白驹过隙，自2015年12月《日本远东战争罪行丛书》第一辑出版后，九年时间已经过去了，《日本远东战争罪行丛书》第二辑的作品也已经陆续出版。我还清晰地记得在南京民间抗战博物馆召开丛书第一辑新书讨论会的情景。诸多与会专家高度肯定了丛书第一辑，将其誉为"从全球视角揭露日本战争罪行的典范之作"。

中宣部、国家新闻出版署给予《日本远东战争罪行丛书》很高的荣誉。第一辑（四卷本）获得"十二五"国家重点出版物规划项目、中宣部及国家新闻出版署"一百种抗战经典读物"称号。第二辑（三卷本）获得了"十三五"国家重点出版物规划项目称号及2019年度国家出版基金资助。第三辑（六卷本）于2022年入选"十四五"国家重点出版物规划项目，2023年入选重庆"十四五"重点出版物出版项目规划，其中五本获得2024年度国家出版基金资助。

我一直主张要将日本侵华战争的视野扩充到亚洲太平洋领域，日本在二战期间对被其侵略的亚洲各国人民及西方国家的平民和战俘犯下了罄竹难书的、令人发指的战争暴行。在我主编的教育部重大委托项目"抗战百卷"中，我将日本在东南亚战争暴行的研究交给了季我努学社的三位青年学者。重庆大学历史文化研究中心的钱锋副教授负责"巴丹死亡行军"暴行的研究；南京大学政府管理学院的刘超教授负责"缅泰死亡铁路"暴行的研究；武汉大学历史学院的王萌教授负责日本在东南亚地区整体暴行的研究。这三位都是季我努学社青年学者群体当中的优秀代表。

我非常鼓励季我努学社与重庆出版社持续地对日本在中国以外地

区战争暴行领域进行开拓性研究及出版。由于语言和资料搜集的障碍，也由于中国本土的日本战争暴行更加容易获得各类科研项目资助的原因，国内学者愿意将关于日本战争暴行研究的学术视野放到中国以外地区的不多。然而，日本在二战中的战争暴行，不仅仅伤害了中国人民，也伤害了被其侵略的东南亚国家和遭受其蹂躏的西方国家的战俘和平民，并且它对在其殖民统治之下的朝鲜、中国台湾和所谓"满洲国"的人民也造成了伤害。

现在中国国力日益强盛，国内的科研经费相对充裕，在国内利用外文资料、走出国门搜集外文资料进行研究的学者越来越多。季我努学社的青年学者们普遍外语能力较好，资料搜索、翻译能力在国内青年学者中堪称翘楚。重庆出版社北京华章同人文化传播有限公司一直非常重视《日本远东战争罪行丛书》，在这一课题上持续投入资金和编辑力量，的的确确且扎扎实实地为国内日本战争暴行研究外延的拓展做出了突出贡献，展现出了高度的历史使命感和社会责任感，令人称道。

在不远的将来，季我努学社将与重庆出版社密切协作，争取将丛书研究扩展到日本在亚洲太平洋战争期间犯下的主要战争暴行，如将新马华人"检证"大屠杀、马尼拉大屠杀等纳入其中；放大对于日本战争罪行研究的视角，关于日本战争罪行的审判、关于日本军国主义军队的体制等诸多与日本战争罪行研究相关的课题，也将纳入丛书。

作为季我努学社荣誉社长、丛书总顾问，我要表示一下感谢。感谢中国日本史学会荣誉会长汤重南教授、上海师范大学历史系苏智良教授等一批著名抗战史研究专家对丛书的支持。教授们为丛书撰写了精彩的序言、推荐语，并希望季我努学社与重庆出版社继续高标准、严要求地来规划、翻译、出版本丛书。我希望本丛书能够一如既往地当得起学界给予的"从全球视角揭露日本战争罪行的典范之作"这个极高的赞誉。学界对于本丛书极为关注，希望学社和重庆出版社不忘初心、牢记使命，继续做好这套已经进入中国抗战史学术界的重量级丛书。

  国内对于日本在中国之外的战争暴行的研究才刚刚起步，希望《日本远东战争罪行丛书》成为抛砖引玉之作，希望国内有更多的学者可以关注日军在东南亚国家及对西方国家战俘和平民犯下的战争暴行。

张宪文
四川师范大学日本战争罪行研究协同创新中心名誉主任
季我努学社荣誉社长
2024年5月21日

丛书总序二

全球视野下的日本远东战争罪行研究方兴未艾

《日本远东战争罪行丛书》是由季我努学社翻译、重庆出版社北京华章同人文化传播有限公司出版的"十二五""十三五"国家重点出版物规划项目。已经出版的丛书第一辑四部著作，受到学界专家们的高度肯定，被称为"典范之作"，并被中宣部、国家新闻出版署授予"一百种抗战经典读物"的荣誉。丛书第二辑三部著作，获得2019年度国家出版基金资助。我对重庆出版社的领导、编辑人员和丛书策划者季我努学社及各位译者表示衷心的感谢！

丛书第三辑的作品包括《日军的"治安战"》《士兵的战场：体验与记忆的历史化》《巢鸭囚犯：战犯们的和平运动》《恶魔医生：日军对盟军战俘的人体实验》《日军的毒气战》《铁蹄下的人间地狱：日本军事占领下的婆罗洲（1941—1945）》。丛书充分揭露了日军的惨无人道，其罪行罄竹难书，是不分种族、不分国家的普遍性犯罪。《日军的"治安战"》论述了日军为了维护占领区的"治安"，发动以敌后战场为目标的所谓"治安扫荡作战""治安肃正作战""治安强化作战"等作战，真实揭露了日军在华北战场的残暴罪恶，日军的扫荡作战造成的严重后果令人震惊，也促使人们对战争进行深刻思考。《士兵的战场：体验与记忆的历史化》则追溯了从中日战争爆发直到日本在亚洲太平洋战场上陷入绝境并最终战败这一历史过程，为读者展现了战争的残酷、生命的卑微和普通人的悲惨境遇。《巢鸭囚犯：战犯们的和平运动》首次将目光放在了巢鸭监狱中的乙丙级战犯如何认识、反思战争及战争责任上，从战俘反思的角度来揭示战争的残酷性。《恶魔医生：日军对盟军战俘的人体实验》集中记述了发生在奉天战俘营中，日本七三一部队对盟军战俘进行人体实验的战争暴行。《日军的毒气战》披露了日军在"九一八"事变中不顾国际规定开始准备毒气武器,到全面侵华毒气正式投入战场,随着战争的进行,日军毒气战逐渐升级的历史真相。《铁蹄下的人间地狱:日本军事占领下的婆罗洲(1941—1945)》详尽地再现了婆罗洲在被日军占领后,当地居民反抗日军暴行而被虐待、谋杀、斩首的历史。日军在对婆罗洲当地居民进行人身迫害的同时,还对婆罗洲当地的矿产资源进行非法开采,严重破坏了当地的地理地貌和环境。

丛书具有很高的学术意义。毋庸置疑,近二三十年来,我们对日本侵华战争中的日军罪行和中国人民抗日战争的研究,取得了丰硕成果;但是我们也要承认,对中国大陆以外地区,特别是对日军在东南亚地区的暴行和对东南亚各国及人民抗日斗争的研究却一直未受到国内学界应有的关注和重视,投入的研究力量有限,因而研究成果也极为稀少。我们以往的研究,取材主要来源于政府、军队、战役、战争等史料,材料的单一性局限了学者们关于日本在远东地区战争罪行的研究视角。本丛书则聚焦战争中不同国家、不同身份、不同遭遇的个人或者群体身上,比如劳工、战俘、"慰安妇",甚至被奴役者的家属等,让日本远东战争罪行的全貌越来越清晰地呈现在世人面前。这表明全球视野下对日军罪行的研究方兴未艾。

丛书又具有很强烈的现实价值和社会意义。所辑录作品对日本歪曲历史、否认历史的言行进行了有力批判。日本军国主义在对外扩张中,侵略到哪里,奴役就到哪里,罪行也就延伸到哪里。日军所到之处,残忍施暴,毫无人性。然而,在日本投降七十多年后的今天,日本右翼团体非但丝毫不敬畏历史,反而处心积虑地想要篡改历史,这种掩耳盗铃的行为,是日军战争罪行的又一次重演。日军侵略战争罪行铁证如山,被侵略国家人民的悲惨遭遇历历在目,日本为何矢口否认?日本为什么不向中国人民、东方各国人民、全世界人民道歉、谢罪?主要原因在于日本国内的民族主义恶性膨胀、日本右翼化社会思潮泛滥,而根本原因则是美国在二战后对日本战争罪行和战犯进行包庇(特别是不对昭和天皇战争罪行进行追究)。

重庆出版社和季我努学社的各位同人,为丛书的出版付出了艰辛的努力。丛书总顾问、学术委员会主任张宪文先生一直主张从全球视角研究抗战史,值得充分肯定!张先生对丛书的后续翻译、出版方向作了前瞻性的擘画:关于日本在亚洲太平洋地区的主要战争暴行,如新马华人"检证"大屠杀、马尼拉大屠杀;关于对日本战争罪行的审判;关于日本军国主义军队的体制研究;等等。我们始终清醒地认识到,我们的抗日战争史研究任重道远,尚待学界不懈努力。我们殷切地期望更多的学界同人关注日军在亚洲太平洋地区,特别是东南亚地区的战争罪行研究,并不断涌现出优秀的研究成果。

汤重南
中国社会科学院世界历史研究所研究员
中国日本史学会荣誉会长
2019年2月4日

序言

《日本远东战争罪行丛书》第一辑出版后获得了学界专家们的高度肯定，第二辑已陆续出版，第三辑也正在筹备出版，相信不久就会与各位关心历史研究的读者见面。该系列丛书把研究视角聚焦于日本在中国以外地区的战争暴行，学术视野极其广阔，具有创新性、开拓性意义，涌现出许多高质量的优秀学术研究成果，受到众多读者的喜爱，在读者群体中评价甚高、颇具盛名。

作为该系列丛书中的一个有机组成部分，《铁蹄下的人间地狱：日本军事占领下的婆罗洲（1941—1945）》一书主要以1941年至1945年间日本对英属婆罗洲（文莱、砂拉越、北婆罗洲）和荷属婆罗洲的占领为研究对象，对战前和战后婆罗洲的不同状态、日本侵占婆罗洲的全过程、日本对婆罗洲的管理、婆罗洲北部和南部的不同发展情况以及日本殖民统治时代的落幕等多方面进行分析和考察，力图重现婆罗洲被日军占领后，当地民族、社群和居民受到残酷的人身迫害并在压迫下开展抗日斗争的历史图景和真相。在此基础上，尝试回答在太平洋战争爆发的背景下，日本的占领给婆罗洲带来了怎样深远的持久性影响，以此引导读者更深入地思考战争的性质及危害这一永恒的命题。

无须多言的是，世界反法西斯战争的胜利对此后国际社会的发展造成了无比深远的影响，因而，围绕这场战争所展开的学术研究也受到了众多关注，一度成为历史学研究的热点。但与此同时，世界反法西斯战争研究的诸多问题有待研究者深入探讨并尝试解答。由此可见，本书的学术价值毋庸置疑，正如作者所说，本书填补了日本殖民统治时期的婆罗洲研究这一长期以来的空白，也有效地促进了日军在东南亚地区的暴行和东南亚各国及人民抗日斗争研究这一学术研究领域的整体发展，为在全球视野下日本战争罪行研究提供借鉴与帮助。

在本书中，极具开创性的是，在比较日本对婆罗洲南部和北部不同的管理政策以及南部和北部居民不同的生存状态，并在对此进行分析的基础上，试图归纳日本在特定时期对不同地区的占领的方式、性质和影响的共通之处。这为我们进一步分析日本管辖婆罗洲的军务、政务的核心机构以及其独特的政治文化取向、施政策略和综合体制提供了一个重要的切入口，在此基础上，我们能更好地理解这场战争的内涵和本质，由此引发对战争更深入地剖析和反思，因此，从这个意义上来说，不可低估本书这部分内容的独特价值。

本书不但关注了日本军事占领下的婆罗洲在政治、经济等方面呈现出来的形态和样貌，还对日本军事占领下婆罗洲文化生态的变化进行了分析和阐释，这部分内容也颇值一提。作为意识形态的重要组成部分，文化影响着各种实践活动、认识活动和思维方式。日本军队在与婆罗洲人民生活息息相关的语言文字、基础教育、宗教习俗等方面制定了严格的政策，并以此为依据进行统一的管理。本书作者特别关注的一点是，日本军队如何将其试图传播的日本文化与婆罗洲本土文化相结合，以更为平缓和顺畅的方式实现"文化渗透"的最终目的。事实上，这正是文化霸权主义的一种表现样态，从这个角度看，日本军队通过实行文化霸权主义，进一步巩固了自身对作为殖民地的婆罗洲的统治。然而，本书又从另一个侧面关注到婆罗洲并非被动地、机械地为日本军队的文化霸权主义所宰制，而是以自身深厚的历史积淀和固有的文化特性对这种"文化渗透"进行了具有主体性的回应。

除此之外，很有创新意义的是，本书分别论述了日本帝国陆军和日本帝国海军占领婆罗洲后，在当地实施的具有差异性的政策，其考察内容涵盖了政治、社会、经济、地理、文化等方面，这部分研究为学界了解当时日本军队内部情况提供了重要的借鉴。众所周知，日本军队内部并非"铁板一块"，而是由诸多部门、诸多分支、诸多机构以及诸多派别构成，本书的这部分内容正是从这种内部的复杂性和多样性展开讨论的，不仅对日本帝国陆军和日本帝国海军在政治理念、施政方针和具体政策等方面的差异进行了深刻研究，同时还对二者如何在有所差异的基础上又互相配合、互相协调、互相牵制，从而共同构建日本殖民统治下婆罗洲的政治、经济、军事和文化图景提供了独到见解。

这本学术著作同时也极具现实价值，为更好地看待当今世界正在发生的种种变化提供了一个有益的参考。和平与发展是当今时代的主题，这要求我们始终站在历史正确的一边。在当下，回过头去看20世纪的战争给民众带来的深重伤害，再度审视日本的殖民统治对婆罗洲居民的生存状态、此后婆罗洲的整体发展情况带来的影响，能增加我们对战争罪行危害的认识。本书不仅为史实的保存贡献了力量，让更多的读者了解历史的真相，也通过"让史实发声"的方式，为解决留存至今的各类历史遗留问题提供了支持，而这也正是历史学研究的重要意义所在。

铭记历史，以史为鉴，面向未来。日本在远东地区的战争暴行时刻提醒着我们，战争的残酷性是应该被揭露的，战争对人民的伤害是永远不能被忽视的。这呼唤我们对于战争与和平问题进行深入讨论，进一步思考如何在越来越多元的国际环境中凝聚更多全球共识，以怎样的态度面对各种各样的机遇和挑战，推动人类社会大发展。对战争的反思应当是永无止境的，这样才能为我们更好地生活在这个世界上提供更实际、更有价值的参考，而这也正是历史学者对日本殖民统治时期的婆罗洲进行研究的原因，同时也是全球视野下的日本远东战争罪行研究仍然亟须被关注的原因。

在过去的几十年内，我国取得了辉煌的成就，国际地位大幅提高，在国际社会中发挥了重要的建设性作用。但也同样存在着许多不足，需要我们不断地总结经验。目前我国正处于全新的发展阶段，机遇与挑战并存，同时面临着霸权主义、恐怖主义等诸多挑战。在这样的历史语境下，再次把目光聚焦在几十年前的世界反法西斯战争，有助于我们透过历史对中国和国际社会的历史演变进行深入思考，有助于我们为建设中华民族现代文明、创造人类文明新形态作出更多、更重要也更卓越的贡献，有助于实现中华民族伟大复兴。

当然，本书仍有不足之处，有待读者和专家学者指正，这也要求我们全面地、辩证地看待和评价本书的意义和内容。不过，总体而言，作为一本历史学研究著作，《铁蹄下的人间地狱：日本军事占领下的婆罗洲（1941—1945）》为我们更好地了解和认识日本在中国以外地区的战争暴行提供了非常关键并且极具价值的参考。可以预见的是，本书将进一步有助于读者更深入地理解世界反法西斯战争的本质、内涵、意义和影响，为历史学研究添砖加瓦。

刘超
2025年1月

目录

丛书总序一　再塑从全球视野揭露日本罪行的"典范之作"　1
丛书总序二　全球视野下的日本远东战争罪行研究方兴未艾　4
序言　7

前言　1
第一章　婆罗洲概况　7
第二章　战前的婆罗洲　23
第三章　即将到来的战争　41
第四章　日本侵占婆罗洲　55
第五章　婆罗洲的分割　73
第六章　北婆罗洲　95
第七章　南婆罗洲　127
第八章　暴行、反抗和回应　151
第九章　将军和上将　205
第十章　时代的落幕　223
结语　247

缩略词对照表　255
参考文献　257
译者后记　287
出版说明　292

前 言

本书的研究有强有力的史学动因，其中最明显的一个动因是，目前为止尚无专门针对日本侵占婆罗洲这一课题的学术研究。以往文献主要关注日本在某一时期对特定地区的占领或其他特定主题，而本书则将视角聚焦于婆罗洲的日本殖民统治时期，以此来填补这一学术空白。本书的重要性体现在对婆罗洲南北半岛的详尽对比。日本殖民统治时期，北半岛（战前英属婆罗洲）和南半岛（战前荷属婆罗洲）分别被日本帝国陆军（IJA）和日本帝国海军（IJN）占领。日本帝国海军对资源富饶、人烟稀少的南婆罗洲采取永久占领的长期政策。但在北婆罗洲，日本帝国陆军却并未实施类似的影响深远的政策。通过评估和对比两地区在战时的发展历程，本书在该领域的研究上迈出了开创性的一步。

本书试图考察婆罗洲各个民族和社群在战时的状况和遭遇，厘清太平洋战争和日本殖民统治时期对当地居民的影响。同时，通过比较日本帝国陆军和海军在当地的政策和活动，力图揭示两者之间是否存在泾渭分明的差异，或者是否共同具备某些基本特征，是否只在形式上存在差异。

本书包含十章，所涉内容包括婆罗洲的战前和战时状态，日本对婆罗洲的侵略和占领、日本在婆罗洲的暴行以及当地的抗日活动、日本帝国陆军和海军之间的差异。

第一章介绍了婆罗洲相关历史和地理背景。

第二章主要分析战前的日本群体和他们头等要务（社会、经济等方面的要务，包括间谍活动）以及考察当地普遍存在的反日情绪。

第三章讨论日本发动战争的原因。

第四章分析日本的作战计划、殖民政府用以替代军事行动的阻遏政策，以及日本侵占婆罗洲的具体过程。

第五章介绍婆罗洲的领地划分：北婆罗洲（战前的英属婆罗洲，由沙捞越、文莱和北婆罗洲构成）由日本帝国陆军统治；南婆罗洲（前荷属婆罗洲）由日本帝国海军统治。针对日本帝国陆军和海军在行政制度方面的细节和特点，本章也做了详尽分析。

第六章和第七章分别对日本帝国陆军和海军在各自领地的政策和这些政策的实施进行深入研究。

第八章主要探讨日本的两次暴行——1942年的龙纳旺屠杀和1945年的山打根死亡行军，还对1943年10月的基纳巴卢起义和南婆罗洲所谓的抗日活动进行了研究。

第九章从资源开发，日本化政策，日本对抗日活动、起义活动和战俘的态度，当地居民的政治参与等方面对陆军和海军做了对比。

第十章介绍日本第37军在盟军收复婆罗洲之前的准备、婆罗洲战役前的秘密行动（沙蝇行动和蚂蚁行动）以及婆罗洲在战后紧接着的一段时期内的发展。

结语评估战时环境、政策所带来的影响，各民族的经历以及他们在战后的反应。

这项研究始于20世纪90年代中期，当时我的研究重心是日本对沙捞越的占领。自那时开始，我的研究范围逐渐扩大至婆罗洲的各个地区。这些年来项目取得的进展离不开各资助机构的慷慨支持，向我提供研究经费和奖学金。在此，我要特别感谢以下机构对我在研究和著作方面提供的资助（按时间顺序排列）：马来西亚理科大学（1995—1997）、日本东京丰田基金会（1996—1999）、日本东京住友财团基金（2000—2001）。同样地，我也要向对我提供奖学金的机构表示感谢：澳大利亚战争纪念馆（1999）、英国赫尔大学敦朱加基金会/赫尔大学奖学金（2000—2001）、荷兰莱顿国际亚洲研究所（2002—2004）、荷兰国家战争文献研究所（2006）、亚太社会转型研究中心、澳大利亚伍伦贡大学（2006）、英国利兹大学敦朱加基金会/利兹大学奖学金（2009）。

本书的参考文献和资料来自各大档案馆、资源库和图书馆。我经常访问的档案馆包括：英国国家档案馆（伦敦）、帝国战争博物馆（伦敦）、荷兰国家档案馆（海牙）、荷兰外交部档案馆（海牙）、荷兰战争文献研究所（阿姆斯特丹）、美国国家档案馆（华盛顿）、澳大利亚国家档案馆（堪培拉）和澳大利亚战争纪念馆（堪培拉）以及离我较近的印度尼西亚国家档案馆（雅加达）和文莱国家档案馆（斯里巴加湾）。在马来西亚的时候，我常访问沙捞越博物馆和国家档案馆（古晋）、沙巴州立档案馆（沙巴亚庇）、马来西亚国家档案馆（吉隆坡）以及新加坡国家档案馆。

除了档案馆外，本书也参考了一些图书馆的资料，包括大英图书馆（伦敦）、伦敦大学亚非学院图书馆、阿姆斯特丹大学图书馆、莱顿大学图书馆、澳大利亚国立大学图书馆（堪培拉）、新加坡国立大学图书馆、新加坡国家图书馆、加查马达大学图书馆（日惹）、马来西亚国家图书馆（吉隆坡）和马来西亚理科大学图书馆（槟城）。对于以上机构的相关专业人员提供的帮助，我在此表示由衷感谢。

我要感谢我就职的马来西亚理科大学人文学院在过去10年里对我的包容，给予我两次长达九个月的休假并准许我常年旅居国外，开展研究事宜。

感谢项目期间在学术和生活方面对我给予支持的个人，他们包括（排列不分先后）：

Paul H. Kratoska（新加坡国立大学出版社）、V. T. King（利兹大学）、Tim Huxley（原就职于赫尔大学）、Carl Bridge（伦敦大学孟席斯研究中心）、Adrian Vickers（悉尼大学）、Tim Scrase（原就职于伍伦贡大学）、Peter Post（荷兰国家战争文献研究所）[①]、Remco Raben（乌得勒支大学）、Mario Rutten（阿姆斯特丹大学）、Wim Stokhoff（原就职于荷兰莱顿国际亚洲研究所）、Heleen van der Minne（荷兰莱顿国际亚洲研究所）、Sikko Vischer（原就职于阿姆斯特丹大学）、Peter Stanley（原就职于澳大利亚战争纪念馆）、Ian Smith（澳大利亚战争纪念馆）、Abdul Rahman Haji Ismail（原就职于马来西亚理科大学）、Badriyah Haji Salleh

---

① 原书为NIOD。据上文，荷兰国家战争文献研究所应为Netherlands Institute for War Documentation。——译者注

（原就职于马来西亚理科大学）、Anthony Reid（澳大利亚国立大学）、Robert Cribb（澳大利亚国立大学）、Hank Nelson（原就职于澳大利亚国立大学）、Hara Fujio（南山大学）、Michael Dove（耶鲁大学）、Bob Reece（莫道克大学）和 A. V. M. Horton（伍斯特郡）。

感谢劳特利奇出版社的 Peter Sowden，我和他进行了许多富有启发性又鼓舞人心的有趣对话，为本书的撰写提供了灵感。希望未来我们能继续开展富有成果的交流。

从个人层面来说，我还要感谢 Brian Longhorn 和 Pat Smith（赫尔）、Pauline Khng（伦敦）、Frauke Frankenstein（汉堡）、已故的 G. E. D. Lewis 博士（伦敦）、Rhiannon Lewis（伦敦）和 Russell Bywater（伦敦）、Ann Heylen 博士（台北）。

感谢 Puganesh Selvaraj 帮我准备书中的部分插图。感谢我的妻子 Swee Im 在我制作地图等插图的过程中帮我查找资料、提供专业知识。

感谢一路走来，给予我莫大支持和关怀的家人。谨以此书献给他们。

奥依·凯尔特·金
马来西亚槟城

第一章

婆罗洲概况

婆罗洲[1]是世界第三大岛，面积748,168平方公里，仅次于格陵兰岛和新几内亚岛，赤道横穿其中，将岛屿分成面积几乎相等的两半。虽然该岛处于东南亚群岛的中心位置，战略地位重要，但一直以来都远离世界主要贸易线路。由于东临马六甲海峡，婆罗洲很难在东南亚地区发挥关键作用。古往今来，婆罗洲一直都是占主导地位区域的陪衬者。南部的爪哇、西南的苏门答腊和马来半岛对东南亚过去的发展产生了很大的影响，而婆罗洲尽管面积很大，但在城市化、现代化、电信、交通等方面的发展却一直处于相对落后的状态，这当中最主要的因素是其客观环境。

自然环境

婆罗洲地形崎岖，状如一只后退而立、凝望东方的吠犬，山峦就像是脊梁骨一样，从东北角的"头部"沿着"背部"一直延伸到中心。山脉从东北方向外延展，大致沿南北方向延伸至岛屿的中心地带。岛屿的最高点是位于沙巴州中心的基纳巴卢山（Mount Kinabalu），海拔4101米。

大约2亿年前，地壳运动后，形成了被火山活动包围的高原地区。这块古老土地，实质上是巽他古陆的一个裸露部分，经过年深日久的侵蚀，逐渐在西北和东南部形成沉积岩。这些沉积物随后被压缩成褶皱，在横跨岛屿南部中心的中央陆核周围形成了一条年轻的岩石弧。大约1000万年前侵入克罗克山脉（Crocker Range）沉积岩的火成岩块形成了基纳巴卢山。山顶2英里（约3.2公里）见方的区域在第四纪经历了冰川作用。第四纪期间海平面的下降导致大量的河流下切侵蚀，随着海平面的调整，大量的冲积土沉积在众多沿海地区。[2]

这块土地及其变质岩石边缘、沙捞越西南部和西加里曼丹的矿产地区有着丰富的黄金、钻石、铁和锡矿等矿产资源。较年轻的沉积岩蕴含的矿产资源更丰富。沙捞越、文莱、东加里曼丹和南加里曼丹的内陆和近海地区都分布着煤炭和碳氢化合物矿床。

岛上多山的中心地带河流纵横。马哈坎河（长980公里）向东注入望加锡海峡，卡扬河流入苏拉威西（旧称西里伯斯）海；浩浩荡荡的卡普阿斯河（长1143公里）蜿蜒向西，注入卡里马塔海峡；巴里托河（长890公里）和卡哈扬河（长600公里）向南流入爪哇海；拉让河（长760公里）向西北注入中国南海。在多山的内陆和遍布红树林、水椰和棕榈的沿海湿地之间，河流充当着许多地区贸易和商业活动的生命线。大多数河流的上游流水湍急，给通行带来极大不便，此外，因热带暴雨而急剧变化的水位也会引发洪水，给大部分居住在河流下游地段的居民造成巨大破坏。

整座岛屿属于赤道气候，年降雨量在2500毫米到3000毫米之间。越往内陆，海拔越高，降水就越多。雨季在10月至次年3月之间，在此期间东北季风盛行。湿季（Landas）集中在11月、12月和1月，由于海面波涛汹涌，强风劲吹，不适合乘坐本地小型船只沿海旅行。不过婆罗洲没有台风肆虐。5月至9月期间吹来干燥的西南季风时，降雨量较少。最干燥的月份是7月、8月和9月，这在内陆地区表现更为明显。沿海地区白天气温可达37℃，但内陆和高地则要凉爽得多。相对湿度超过80%会让人极不舒服，然而这里的海拔超过700米的高原地区往往更舒适宜人。

暴雨和湿气大大加速了腐烂和分解过程。尽管婆罗洲广阔的热带雨林地区看起来树木繁茂，土地肥沃，高降水量还是会滤掉红土中的养分。

婆罗洲拥有三种截然不同的生态区域：沿海和河口外围地区、河谷以及丛林密布的内陆高地，其中内陆高地对该岛的历史和人文地理有着深远影响。[3]虽然婆罗洲没有良好的天然港口和湿地，但沿海周边地区由于其便利性，为贸易来往提供了固定场所。随着时间的推移，这些聚集地发展成了主要的城市中心，特别是斯里巴加湾市、亚庇（Kota Kinabalu，旧称为哲斯顿，即Jesselton）、三马林达、马辰、坤甸、古晋和诗巫。这些城镇中，有许多都位于河口地区，如马哈坎河上的三马林达、巴里托河上的马辰、卡普阿斯河上的坤甸和拉让河上的诗巫。洪泛冲积平原和平缓丘陵的河谷为耕作和定居提供了条件。定居点沿着河岸或河流交汇处建立，进而促进了经济活动的开展。热带雨林中丰富多样的植被像绿色华冠一般覆盖在丘陵和多山的内陆上。轮耕和林产品采集是内陆地区的游牧民族最关心的事情。但在山间高原和台地，如沙捞越东北部的可拉必高原（Kelabit Highlands），风景如画的水稻梯田随处可见，完全可以养活定居在这些偏远又闭塞的内陆高地的人群。

人力因素

马来西亚的沙巴州和沙捞越州的民族合起来不少于70个。[4]文莱的民族构成虽不那么多样化，但其文化同样丰富多彩。[5]加里曼丹的人文生态与其邻近地区一样丰富多样。如果要从人种学角度对婆罗洲进行合理描述，可采用一些概括性的分类方式，例如以穆斯林马来人和非穆斯林达雅克人作为区分标准。这两者之外的第三类群体则是非土著居民，包括几个世纪前迁徙至此的人群和近几十年或几年内抵达婆罗洲的其他人。

"马来人"是个容易让人混淆的种群术语。不过马来人确实有一些显著的特征，其中之一是，他们笃信伊斯兰教，属于穆斯林群体。其他用以界定马来人的特征包括语言和某些独特的习俗。在婆罗洲,还可以根据出生地进一步划分马来人,例如文莱马来人、沙捞越马来人、马辰马来人、卡普阿斯马来人、布伦甘(Bulungan)马来人等。非土著穆斯林主要是来自马来半岛、苏门答腊岛、爪哇岛、马都拉岛和苏拉威西岛等邻近地区的商人,他们迁移并定居在婆罗洲的沿海地带。非土著穆斯林与当地人的交融使他们逐渐脱离与故土的联系,不过一部分人仍保留着原有的身份和文化规范。马来人主要定居在传统的甘榜(Kanpung)村落群中,靠种植水稻,在河、海中捕鱼,经营小型的农场(生产橡胶、椰子等)和开展小规模贸易活动维持着基本的生计和俭朴的生活。

"达雅克(Dayak)"意为"人"或"内陆人",用以指代后者是因为达雅克人大多居住在内陆的河流上游和森林高地。非穆斯林达雅克人是一个多样化的群体,在文化上形形色色,总体数量也不容小觑。

> ……为了将复杂情况简单化,我们可以依据生态标准将达雅克人大致分为两个大类:狩猎采集者和农业定居者。部分农业定居者又可以根据社会学标准进一步分为两类:具有两个或多个社会阶级或阶层的群体,和更具平等性但也充分认可获得声望和地位的重要性的社会群体。按语言和文化特征的不同,农业定居者可以分为更小的亚群。[6]

这里的目的不是要详细描述婆罗洲土著人的各种类别。[7]事实上,了解穆斯林马来人和非穆斯林达雅克人的空间分布就已足够。

来自中国大陆和南亚次大陆的亚洲移民里,华人和印度裔人是婆罗洲两个主要的少数群体。西加里曼丹的早期中国移民是拥有自治采矿区的淘金者。整个婆罗洲的大多数乡镇都设有贸易社区。在太平洋战争(1941—1945)之前,中国移民在很大程度上主导着沿海和内陆定居点的商业活动。他们也参与了商业性的农业生产活动。大多数婆罗洲城镇都生活着一小部分印度裔印度教教徒和印度裔穆斯林。布料和香料是大多数印度企业的支柱产品。西亚的阿拉伯人最初是以商人身份来到这里的，他们与马来穆斯林通婚，并作为一个小规模的贸易阶层定居下来。总体而言，华人是当今婆罗洲最重要的少数群体。

当今的婆罗洲

今天的婆罗洲被划分为4大板块，由3个民族国家组成。海拔较高的西北部是沙巴州（1963年之前是英属北婆罗洲），较低的部分则是沙捞越州；沙巴州和沙捞越州同属于马来西亚。主权独立的文莱达鲁萨兰国（简称文莱）是马来穆斯林的王国，坐落于东北部的沙巴州和西南部的沙捞越州之间。岛屿的其余部分——东南部、南部和西部——占据着大片面积，它们共同构成了加里曼丹，行政上加里曼丹分为4个省，按顺时针方向依次为东加里曼丹、南加里曼丹、中加里曼丹和西加里曼丹。表1.1说明了该岛的当代政治版图和行政区划。

殖民时期前的婆罗洲

考古发现表明，从40000年前至2000年前[8]，岛屿东北部的尼亚洞穴一直有人类居住。西南海岸的山都望曾是古代海港和炼铁中心的所在地（约公元6世纪或7世纪）[9]。在印度教–佛教时期（公元1世纪到13世纪），婆罗洲出现了许多印度化的政体。最早的正式政体似乎是马塔普拉王国（Martapura Kingdom），古泰（Kutai）的前身，位于马哈坎（Mahakam）河下游与该岛东南部的克当克帕拉（Kedang Kepala）河的交汇处,即今天的摩拉卡曼(Muara Kaman)[10]。印度文化带来的巨大影响还突出体现在包括帕拉瓦文字(约公元400年)和石雕在内的古文物上。文莱的前身维贾耶普拉(Vijayapura)据说位于文莱湾,是婆罗洲的三佛齐王国。[11]显然,在第一个千年临近尾声时,婆罗洲的沿海居民不仅与周边地区建立了贸易联系,甚至与印度次大陆和中国之间也有联系。来自岛上内陆的林产品(燕窝,牛黄石,安息香、达玛脂等树脂,沉香木或沉香、樟脑)和海产品(海参、鱼翅)已经成为珍贵的商品,在中国市场尤其受欢迎。到了公元7世纪,婆罗洲被纳入中国的朝贡体系——来自婆罗洲西北部沿海王国的使者向龙椅上的君主进贡。这种进贡实则是非中国属地与中国之间贸易往来的表现。

表1.1 当代婆罗洲政治和行政格局

国家	省份	人口	面积(平方公里)	行政中心
文莱达鲁萨兰国	—	348800*	5743	斯里巴加湾
印度尼西亚共和国	东加里曼丹	2750369†	211440	三马林达
	南加里曼丹	3446631‡	36984	马辰
	中加里曼丹	1912747§	153564	帕朗卡拉亚(Palangkaraya)
	西加里曼丹	4073304†	146760	坤甸
马来西亚	沙巴	2900000¶	75821	亚庇
	沙捞越	2300000¶	124485	古晋

注:* 2003年估算;† 2004年估算;‡ 2008年估算;§ 2007年估算;¶ 2005年估算

出处:《印度尼西亚地理百科全书系列》第150、158、165、173页;《马来西亚历史辞典》第230、283页;《2005年欧罗巴年鉴》第928页。

地方性势力也都对婆罗洲产生了政治和社会文化影响,包括信奉佛教的三佛齐王国(公元7—14世纪)、信奉印度教的谏义里(公元11—12世纪)、信奉印度教的满者伯夷(1293年—16世纪20年代左右)、马来穆斯林聚居的马六甲(1402—1511)以及信奉伊斯兰教的万丹(1568—1813)。东北部的文莱、东南部的古泰和南部的马辰等婆罗洲王国都与印度教和佛教有深厚的渊源。例如,爪哇编年史《爪哇史颂》(*Negarakertagama*)中记录道,古泰和马辰曾是满者伯夷的附属国。文莱与马六甲有着密切的贸易往来以及宗教(伊斯兰教)联系。到16世纪初期,这些婆罗洲王国接受了伊斯兰教,他们的统治者采用了"苏丹"的称号,文莱苏丹国、古泰苏丹国和马辰苏丹国便由此而来。

1511年,马六甲被葡萄牙人占领,来自印度和该地区的穆斯林商人开始有意将他们的商业活动转移到文莱,这在一定程度上给这个马来穆斯林苏丹国带来了福音。相比被葡萄牙控制的马六甲,中国商人更倾向于同马辰这个南婆罗洲港口通商,因此在那之后马辰的贸易也发达起来。日益增长的商业繁荣促使马辰在16世纪中叶从上游迁到巴里托河三角洲。16至17世纪,马辰的附属国古泰靠交易马哈坎河上游的林产品繁荣一时。来自苏拉威西(西里伯斯)岛南部的布吉人与古泰和婆罗洲东海岸也有着长期的贸易往来。到了18世纪,婆罗洲东部的边缘地区出现了大量布吉人的定居点。[12]在西海岸,1772年见证了沿海贸易中心坤甸在卡普阿斯河上的崛起,这是阿拉伯混血海盗谢里夫·阿卜杜勒拉赫曼(Syarif Abdurrahman)建立的商业定居点,目的是垄断卡普阿斯河自内陆向下游的钻石、黄金等贵金属和林产品的交易,以谋取丰厚利润。

坤甸以北是马来穆斯林苏丹王国三发(Sambas)和曼帕瓦(Mempawah),它们自18世纪中叶开始便邀请中国客家人到富含金矿的地区采矿,由此婆罗洲西北部涌现出大批被称为"kongsi"("公司",在马来语中意为"分享")的华人采矿组织。这些自治、独立的组织相当于国中之国,他们发行货币,伸张正义,维护公共安全,建立内部交通,并利用伪宗教仪式和传统来约束和团结社区。[13]

欧洲对婆罗洲的殖民统治

在18世纪的最后25年，随着经济收益达到顶峰，欧洲殖民主义者开始入侵婆罗洲。阿卜杜勒·拉赫曼在18世纪70年代初期建立坤甸时，荷兰东印度公司（Vereenigde Oost-Indische Compagnie，简称VOC）在一定程度上给予了帮助，其目的是利用这个新的贸易中心向三发的苏丹榨取额外税收。作为报复，后者转向抢劫欧洲贸易船只，当中就包括荷兰东印度公司的船只。1813年英国远征军征服了三发苏丹国，从而结束了这些在当代文学中被称为"海盗行为"的劫掠。

拿破仑战争（1803—1815）爆发后，荷兰为了不让马来群岛沦入法国手中，将其在马来群岛的统治权[14]暂时移交给了英国。战争结束后，英国颇具绅士风度地将先前属于荷兰东印度公司的所有领土归还给了荷兰政府。1799年，荷兰东印度公司解散，荷兰政府承担了公司的所有责任和义务。也正是在这个时候，荷兰意识到必须维护自己的权威，因此除了控制爪哇之外，他们还希望将经济控制延伸至东方的香料和农产品。然而，由于婆罗洲经济资源匮乏，荷兰只得将重心转向其他更有利可图的地区，即爪哇和苏门答腊。

尽管如此，荷兰还是在1817年与马辰苏丹签订了一份保护协议，后者的王位继承权存在争议。作为回报，马辰苏丹将婆罗洲东部、南部和中部分给了荷兰，这些地区据称都是苏丹管辖下的领土。与此同时，在婆罗洲的西部，荷兰盟友坤甸苏丹正面临着其昔日对手邻国三发的挑战。1818年，一支荷兰远征队不仅帮助坤甸统治者保住了王位，还成功击退了三发对这座城市的进攻。在接下来的10年里，蒂博尼哥罗王子（Prince Diponegoro）领导的起义（1825—1830）等事件成为爪哇殖民者的心头之患，荷兰在婆罗洲等地宣示权威的计划只能暂时搁置。

英国东印度公司（British East India Company）早在1786年就在槟城

建立了军事基地，到1819年，又依靠托马斯·史丹福·宾利·莱佛士爵士（Sir Thomas Stamford Bingley Raffles，1781—1826）野心勃勃的高压手段，占领了马来半岛南端的新加坡。他们认为新加坡更有利于实现荷兰对东印度群岛的规划[15]，不过位于爪哇的荷兰总部巴达维亚对此并不那么确定。此外，因为英国绅士冒险家詹姆斯·布鲁克爵士（Sir James Brooke，1803—1868）镇压了一场起义，文莱苏丹于1841年授予了他沙捞越总督职位。沙捞越的这位白种人拉惹将沙捞越河下游的古晋作为基地，开始在西婆罗洲施展他的权威。布鲁克利用皇家海军在婆罗洲西北部海岸清除所谓的伊班"海盗"，并摧毁斯卡朗（Skrang）河和沙里拔（Saribas）河上游的海盗基地（长屋），这些行动虽然成功地结束了海盗对欧洲、中国和本地商船的劫掠，但也暴露出他在西婆罗洲的扩张计划，因而引起了荷兰人的担忧。与此同时，新加坡、西婆罗洲的中国公司、中国三者之间日益密切的贸易联系开始影响到荷兰在该地区的利益。此外，布鲁克与三发毗邻，这也让荷兰人深感不安。

因此，在19世纪50年代和60年代，荷兰人发起了攻击，强行宣示对西婆罗洲的主权。动辄陷入冲突的公司之间爆发了一系列的公司战争（Kongsi Wars，1822—1824、1850—1854、1884—1885），荷兰以此为契机永久确立了对西婆罗洲的控制。到19世纪80年代中期，荷兰当局已牢牢地扎根于先前属于公司的"华人地区"。

与此同时，在东面的岛屿对面，一位名叫厄斯金·默里（Erskine Murray）的苏格兰冒险家于1844年试图控制古泰。也许不知道这位苏格兰人的真实意图，古泰苏丹起初对他很友好，但默里的急不可待引发了双方之间的公开冲突，苏丹号召军队和他的布吉盟友一起对抗英国两艘双桅船的兵力，导致默里和两名船员在小规模冲突中丧生。荷兰以此为借口向古泰派遣了一支海军远征队。苏丹出于对自身存亡的担心，审慎地接受了荷兰的"保护"。

在将沙捞越授予布鲁克之后，文莱苏丹还割让了位于文莱湾的纳闽岛，该岛于1847年成为英国的直辖殖民地。通过一系列精心谋划的行动，白种人拉惹[16]布鲁克以牺牲文莱为代价，将沙捞越的边界向东推进。1841年最初授予的领土只包括伦乐（Lundu）河、砂隆（Sadong）河和三马拉汉（Samarahan）河的河谷，到1905年边界已拓展至老越河（Lawas River）。

婆罗洲东北部（之后的英属北婆罗洲，或称北婆罗洲），引起了不少西方人的兴趣。这些人都怀揣着大捞一把的想法，包括1865年美国总领事克劳德·李·摩西（Claude Lee Moses）、1865—1866年美国人约瑟夫·W. 托里（Joseph W. Torrey）和托马斯·B. 哈里斯（Thomas B. Harris）、1877—1881年奥地利领事古斯塔夫·冯·奥弗贝克（Gustav von Overbeck）男爵和常驻伦敦的英国投资者阿尔弗雷德·登特（Alfred Dent）。他们从文莱苏丹和苏禄苏丹手中分别获得了西部和东部地区的租借地。最后，在登特的努力下，英国议会签发皇家特许状，于1881年11月成立英属北婆罗洲特许公司（British North Borneo Chartered Company），负责管理北婆罗洲，见地图1.1。

地图1.1 英属和荷属婆罗洲

关注到事态发展，为了确保文莱苏丹国未来的完整性，英国殖民部和外交部于1888年同意在沙捞越、文莱和北婆罗洲成立保护国，于是有了"英属婆罗洲"（东北和西北部）和"荷属婆罗洲"（西、南和东部）。整个婆罗洲岛在太平洋战争（1941—1945）爆发之前都处于欧洲殖民主义者的统治之下。

欧洲殖民者统治着大约300万人口，包括不同的土著居民和移民群体。婆罗洲的战前人口见表1.2。

表1.2 战前婆罗洲的人口结构

人口调查	英属北婆罗洲	文莱	沙捞越	婆罗洲西部	婆罗洲东部和南部
调查年份	1931	1931	1939*	1930	1930
土著人	210057	26746	361676	689585	1327487
中国人	50056	2683	123626	107998	26289
欧洲人	—	—	—	1077	4562
其他亚洲人	22202	706	5283	3787	7876
洲内各地区人口	282315	30135	490585	802447	1366214
洲总人口	—	803035（英属婆罗洲）	—	2168661（荷属婆罗洲）	
洲内各地区面积（平方公里）	75821	5743	124485	146760	401988
洲总面积（平方公里）	—	206049（英属婆罗洲）	—	548748（荷属婆罗洲）	

注：* 由食品管制部门（Food Control Department）统计人数。

出处：《婆罗洲的人口：对沙捞越、沙巴和文莱的民族的研究》第18、31、33、63页。

宁静的热带天堂

婆罗洲是一片宁静的热带天堂，富有开拓精神的白种人拉惹和有着猎首传统的达雅克人为这片土地赋予了传奇色彩。与爪哇或马来半岛相比，婆罗洲的大多数城市的面积都很小，许多在内陆地区自由生活的族群仍保留着刀耕火种的生产方式，而另外一些族群则在广阔而富饶的热带雨林中继续过着狩猎采集的生活。聚居点零星散布在没有沼泽的海岸线上，像极了在巧克力色的河流上乘坐当地独木舟或摩托艇驶向神秘内陆的哨兵。岛上城镇数量稀少且相隔甚远，生活单调，节奏慢，时间总是迟缓地走着，开启一个又一个平淡无奇的日子。这里几乎没有新鲜事可言，一成不变的日常不断重复着。

在战争爆发前夕，婆罗洲的整体局势可以用下面这段对沙捞越的描述来概括：

> ……当日本侵略军踏上沙捞越的土地时，他们发现这个国家及其人民对这种靠土地维持生计的原始生活感到怡然自得，他们几乎不关心邻近地区发生的事情（无论是政治方面还是其他方面），对当地白种人拉惹的统治也大致满意。[17]

注

1."婆罗洲"（Borneo）一词起源于文莱，一般用于指代整座岛屿。其旧称"加里曼丹"（Kalamantan），现在则被用来指代整座岛屿。由于"婆罗洲"是欧洲人的讹误，对帝国主义和殖民主义有着强烈仇恨的印尼人非常抵制这个词，他们认为"加里曼丹"才真正代表整座岛屿。一些西方人也更习惯使用"加里曼丹"，例如 J. Hunt 著《婆罗洲概况》（*Sketch of Borneo or Pulo Kalamantan*）。"加里曼丹"似乎是从生西米的学名（lamanta）演化而来，这是沙捞越中西部马兰诺（Melanau）沿海地区的一种商品。对爪哇人来说，他们更倾向于认为"加里曼丹"表示"宝石之河"，因为岛上的许多河床和山谷中都能找到钻石、黄金等。另一种说法里，"加里曼丹"起源于"Kali Intann"——"钻石之河"，指岛屿东南部的巴里托河。参见 Victor T. King 著《婆罗洲的民族》(The Peoples of Borneo)第 39 页；Robert Cribb 著《印度尼西亚历史辞典》(Historical Dictionary of Indonesia)第 231 页。

2. Mark Cleary 和 Peter Eaton 著《婆罗洲：挑战与发展》(Borneo: Change and Development)第 11—12 页。

3. 同上第 15—21 页。

4. 关于沙捞越，参见 Ooi Keat Gin 著《自由贸易与土著的利益：1841 年—1941 年布鲁克家族与沙捞越经济的发展》(Of Free Trade and Native Interests: The Brookes and the Economic Development of Sarawak, 1841-1941)。关于沙巴，参见 D. S. Ranjit Singh 著《沙巴的形成：1865 年—1941 年土著社会史》(The Making of Sabah, 1865-1941: The Dynamics of Indigenous Society)第 6—17、27—28 页。

5. Ooi Keat Gin 编《东南亚：从吴哥窟到东帝汶的历史百科全书》(Southeast Asia: A Historical Encyclopedia from Angkor Wat to East Timor)第 272—274 页。

6. Victor T. King 著《婆罗洲的民族》(The Peoples of Borneo)第 39—40 页。

7. 关于详细分类，见《婆罗洲的民族》第 40—58 页。

8. Zuraina Majid 著《通往西方：东南亚史前史中的尼亚》(The West Mouth, Niah in the Prehistory of Southeast Asia)、Peter Bellwood 著《史前时期的马来群岛》(Prehistory of the Indo-Malaysian Archipelago)。

9. Jan W. Christie 的文章《在波尼：沙捞越的山都望遗址》("On Poni: The Santubong Sites of Sarawak")，发表在 1985 年第 55 期《沙捞越博物馆馆刊》(Sarawak Museum Journal)的第 77—89 页。

10. King 著《婆罗洲的民族》(The Peoples of Borneo)第 54、107 页；Jerome Rousseau 著《婆罗洲中部社会各界的民族认同与生活》(Central Borneo: Ethnic Identity and Social Life in a Stratified Society)第 283 页。

11. Robert Nicholl 的文章《重新发现文莱：早期时期概况》("Brunei Rediscovered: A Survey of Early Times")，发表在 1980 年第 4 期《文莱博物馆馆刊》(Brunei Museum Journal)的第 221—222 页。

12. Thomas J. Lindblad 著《在达雅族和荷兰之间：1880 年—1942 年东加里曼丹的经济》(Between Dayak and Dutch: The Economic History of Southeast Kalimantan, 1880-1942)。

13.Mary Somers Heidhues 著《西加里曼丹华人聚居区的淘金者、农民与商人》(*Gold-diggers,Farmers,and Traders in Pontianak and the Chinese Districts of West Kalimantan*)、Wang Tai Peng 著《华人公司的起源》(*The Origins of Chinese Kongsi*)。

14.马来群岛包括现在的马来西亚、新加坡、印度尼西亚、文莱和菲律宾等地。

15.东印度群岛包括现在的马来群岛的大部分,介于亚洲大陆和澳大利亚之间。

16.未婚的詹姆斯·布鲁克将拉惹之位让给了他的侄子,也就是后来的沙捞越拉惹查尔斯·安东尼·约翰逊·布鲁克(Charles Anthoni Johnson Brooke)爵士(1829—1917)。在结束其长期统治(1868—1917)之后,拉惹查尔斯的长子查尔斯·维纳(Charles Vyner)成为第三位也是最后一位白种人拉惹。根据其父亲的政治意愿,维纳同他的兄弟伯特伦(Bertram)在1917—1941年以及1946年共同掌权。

17.Ooi Keat Gin 著《"旭日"升起在婆罗洲:1941年—1945年日本占领下的沙捞越》(*Rising Sun Over Borneo:The Japanese Occupation of Sarawak 1941-1945*)第14页。

第二章

战前的婆罗洲

太平洋战争（1941—1945）爆发前，婆罗洲岛在政治上划分为两大区域，北部为英属婆罗洲，其余的南部和西部土地构成荷属婆罗洲。英属婆罗洲由3个行政"独立"的地区组成：白种人拉惹詹姆斯·布鲁克爵士（1841）治下的沙捞越、马来穆斯林文莱苏丹国、英属北婆罗洲特许公司（1881）管理下的英属北婆罗洲。三地于1888年成为英国的保护地。荷属婆罗洲在行政上分为东南婆罗洲和西婆罗洲。除了荷兰管辖的土地之外，岛上还有许多自治（Zelfbes Turen）的土著人区域，例如东部和东南部的贝劳（Berau）、古泰，西部和西南部的坤甸、哥打瓦林因（Kota Waringin）（地图2.1）。

地图 2.1　战前婆罗洲

1941年前婆罗洲的日本人

在1941年12月初冲突爆发之前,婆罗洲各地都有日本社区,这一点与东南亚其他地方没有什么不同。自明治初期(19世纪80年代)以来,这些日本人当中很多都是"Kimin"[1]——被拐骗、绑架然后非法偷渡至东南亚的无业游民。东南亚(特别是英属马来亚[2]和荷属东印度群岛[3])的早期日本居民中,大多是"唐行小姐"(Karayuki-san)[4],她们在城镇中心的妓院从事卖淫活动。[5]这些日本妓女来自九州西南部农村的贫困地区,被家人卖为白奴。

在古晋的城区、沙捞越的石油重镇美里和罗东、文莱的诗里亚,日本妓院十分招摇,在英属北婆罗洲的木材港口山打根,石油资源丰富的古泰、打拉根、巴厘巴板,以及荷属南婆罗洲和西部的马辰和坤甸等城镇,它们更是常见。下面是一段关于日本妓院的典型场景的描述:

> 在古晋主市集红灯区的邱汉阳街(Khoo Hun Yeang Street)和开裕巷(Kai Joo Lane)上,日本妓院在租来的中国门店内经营生意,一度成为古晋广为人知的风月场所……在惠风和畅的夜晚,身穿艳丽和服的日本女人坐在木凳上,从过往的行人中物色潜在顾客。她们的客人大多是那些移民到沙捞越、不抱有结婚期待的中国临时工。据说拉惹身边的一些欧裔官员在沙捞越俱乐部喝了些小酒后,也经常会光顾妓院。[6]

在以卖淫行业为生存根基的日本社区中,从拉皮条的日本男性、妓院老板到人力车夫、理发师、洗衣工、摄影师、布衣工、按摩师、珠宝店老板、客栈老板、餐馆和酒吧老板等各行各业人员,其命脉都与妓女密切关联。牙医和医生等专业人士为妓女提供服务,赌徒、庄家、药商和农村地区的小杂货店老板则向妓院老板和妓女提供贷款。[7]由于妓女的汇款是日本外汇的重要来源,权衡考量之下,日本官员出于"国家利益"并未打压这个不光彩的行业。

自20世纪10年代后期,两个决定性因素促使以卖淫行业为根基的日本社区开始谋求转变。在中日战争(1894—1895)和日俄战争(1904—1905)中取得绝对胜利后,日本踏入"一流"帝国行列,享有与英国、美国和法国同等的国际地位。由于忙于应对大陆上的冲突,欧洲商品(当时东南亚最主要的进口商品)的供应被迫中断,取而代之的是更为便宜的日本产品。以此为契机,许多日本男性开始脱离妓院和卖淫行业,转向从事更加体面的工作,例如开杂货店,向当地人售卖便宜的日本产品,事实证明,这的确是有利可图的生意。在看到甜头后,很多皮条客以及其他人也纷纷加入这股潮流。

>熟悉农村地区的日本小贩、赌徒和庄家在合适的位置开起了小店,他们从港口城市的日本大店主那里赊购便宜的日本产品,然后卖给当地人。那些以服务日本妓女为生的人也搬到农村,开起了商店。日本产品十分畅销。大店主们在嗅到商机后也开始从事进出口业务。大型的日本公司在婆罗洲的主要城市设立了分公司。日本的银行和船运公司也紧随其后,开设了分支和代理处。[8]

军事上的胜利、外交上的认可和经济上的机遇彻底改变了整个东南亚地区的日本人的生活。他们摆脱了"以卖淫行业为支撑"的标签,成为受人尊敬的群体。早在1898年,荷属东印度群岛政府就给予了日本居民与白种人平等的法律地位,并恭敬地称他们为"荣誉欧洲人"。之后,东南亚各地的日本领事馆执行了一项反向政策,以扫清有失体面甚至可耻的日本妓院和卖淫行为。实际上,在日本人获得"荣誉欧洲人"称号之前,他们就已经采取措施脱离卖淫行业了。曾因"国家利益"被容忍的肮脏行业最终演变成了"国耻"。[9]成立于1910年的日本驻巴达维亚领事馆花了两年时间打压卖淫活动,关闭妓院,遣返皮条客和妓女。1920年,新加坡实施了一项类似的法令,一些日本妓女和皮条客又暂时回到了英属婆罗洲的城镇中心(如古晋和美里)。但到20世纪20年代末,古晋的日本卖淫行业也基本上销声匿迹了。[10]

无论是城市周边的还是农村的婆罗洲日本居民,都有一个显著特点,那就是十分重视年轻人的教育。他们会在社区内筹资开办小学。同中国移民一样,日本人也认为通过学校教育来保持文化认同感、教授语言和国家知识很有必要。日本小学(7—12岁)的教师、教科书和课程都是从日本引进的。"到1940年,英属北婆罗洲的斗湖(Tawau)橡胶庄园经营着3所日本学校,学员超过180名,其中包括来自附近由日本人控制的马尼拉麻庄园的小孩。"[11]

从20世纪10年代末到30年代,东南亚的日本人中大多是店主、职员、木材工人、渔业工人、矿工、种植园主、种植工、企业家,或者从事白领工作(医生、牙医、工程师)。在婆罗洲,日本人主要从事渔业、种植园农业(生产橡胶、马尼拉麻和黄麻)、木材业、采矿业和日本商品的零售。

自19世纪80年代以来,英属北婆罗洲山打根附近海域的日本渔船一直在与中国渔船竞争海产资源。20世纪20年代中期,日本婆罗洲渔业公司(Boruneo Nippon Suishan Kaisha)在斗湖和邦耳岛建立基地,并在达卫湾入口处的西亚米岛(Si Amil Island)修建了现代化的罐头厂和冷冻厂,他们的机动柴油船在捕鱼业中超过了所有的竞争对手。[12]这家与三菱集团有关的公司雇用了300名员工,生产罐装和干制的鲣鱼。鲣鱼是日本国内市场中的珍贵商品。

被称为"奇迹作物"的橡胶的价格在1909年到1910年间猛涨,这对20世纪初的婆罗洲产生了不小的影响。除了欧洲投资者外,日本人也在从事橡胶种植。在荷属婆罗洲东部和南部,日本荷属婆罗洲橡胶工业公司(Japanese Dutch Borneo Rubber Industry Company)于1917

年慎重收购了建于1907年的达瑙萨拉克（Danau Salak）种植园。[13]除了大型种植园外，婆罗洲也有不少小型的橡胶种植园，如山田家族在珀莱哈里的马洛卡（Maloeka in Pleihari）的种植园。[14]在沙捞越，日本移民还在古晋东郊从事商品蔬菜种植。三马拉汉河附近的一块橡胶庄园，面积超过400公顷，由日产商会（Nissa Shokai）拥有和管理。日产商会是布鲁克时代沙捞越唯一的日本贸易公司[15]，主要从事面向古晋的日本群体的日货（大多为食品）进口和零售。[16]1917年，山下汽船有限公司（Yamashita Steamship Company Limited）在新尧湾的丹戎波（Tanjong Poh）建立了一座400公顷的橡胶种植园。除了公司建立的种植园外，婆罗洲也有很多由家庭经营打点的小型种植园。例如木村浩（Kimura Hiroshi）和他的比达友人（Bidayuh）妻子从1920年开始就在通往库普（Quop）的路上经营着一块橡胶园。[17]在英属北婆罗洲，日产联合（Nissan Combine）旗下的久原矿业公司（Kuhara Mining Company）在斗湖收购了一片种植烟草的私有土地，之后将其改名为斗湖橡胶庄园，用以种植橡胶。另外还有两家公司——久保田地产（Kubota Estate）和婆罗洲发展促进公司（Borneo Shokusan Kabushiki Kaisha）分别拥有4400公顷和4086公顷的橡胶种植园。久保田地产位于斗湖，与三菱集团相关联。[18]1939年，日本工业公司（Nihon Sangyo Kabushiki Kaisha）将斗湖橡胶产业的面积扩大到了44820公顷，并增种了马尼拉麻。[19]

长久以来，森林资源（尤其是林产品）的开发一直是土著居民的主业。但在英属婆罗洲，需要大量资本、人力和设备投入的木材和伐木业却掌握在西方企业手中。在英属北婆罗洲，这一行业由英属婆罗洲公司主导着，他们向香港出口大量木材，用于中国铁路的建设。[20]一个鲜为人知的趣事是，英属北婆罗洲政府在考虑成立林业部门时，曾在1913年将日本木材专家后藤房司（Fusaji Goto）聘用为临时负责人。[21]但布鲁克拉惹强烈反对西方资本主义插足，担心他们剥削当地劳动力，威胁到他们的传统生活，这才使得婆罗洲有限公司（Borneo Company Limited）放弃开发木材资源。[22]

在1930年之前，荷属婆罗洲的木材主要出口给马来人和中国人，规模很小。1930年后，由于外国资本的介入（尤其是日本资本），木材业的规模和出口量均有所增长。1932年，日本井出公司（Japanese Ide）的总经理井出诚治（Seiji Ide）在坐落于布隆岸县的塞萨亚普（Sesajap）河和塞巴塔克（Sebatak）河的河岸的工厂指导伐木作业。在1000来名工人的努力下，该公司开采了大量硬木，这显然不具备任何法律上的特许权。[23]为了不让他们在布隆岸县开展伐木作业，荷属东印度群岛政府将古泰附近的桑库利朗河（Sankulirang River）的河口的5万公顷土地特许给了井出公司及其投资方——总部位于东京的东洋拓殖株式会社（Oriental Development Company）。伐木场的负责人相泽二郎（Jiro Aizawa）雄心勃勃但又铺张浪费，他的伐木场有3500多名达雅克工人，四周被带刺铁丝网包围着。1935年中期，东洋拓殖要求减少浪费，增加生产力的同时降低成本，因此将相泽召回。但由于可能会爆发劳工动乱，相泽拒绝离职。[24]当地居民和殖民当局并不信任日本人。为了平息公众舆论，日本人在三马林达建立了一家荷兰风格的公司——南洋林洋株式会社（Nanyo Ringyo Kabushi），负责桑库利朗的伐木作业。南洋林洋株式会社随即解雇了相泽，并将劳动力缩减到之前的三分之一。南洋林洋株式会社以类似国中国（Imperium in Imperio）的方式运作[25]，他们对当地男性劳动力的剥削——超负荷的工作、低廉的工资，使得该公司成为当局之间争议的话题——"由于荷兰人的道德准则同日本资本主义格格不入，桑库利朗的1000多名当地工人的命运几乎成为马辰的荷兰裔地方长官个人关切的问题"。[26]除了南洋林洋株式会社，荷兰当局还不得不与同样臭名昭著、无视法规的婆罗洲农产品公司（Borneo Produce Company）作斗争。该公司总部位于神户，在古泰附近经营着木材业务，曾屡次尝试逃避关税。[27]

为防止战略矿产资源落入不友好的英国、荷兰，矿产资源的勘探和开发受到了严格的监督。20世纪20年代后期，日产商会巧妙讨好沙捞越拉惹威纳·布鲁克（Vyner Brooke），安排他在伦敦商讨沙捞越矿产资源事宜(1926),并在之后访问日本(1928)。[28]直到20世纪30年代中期,日产商会才终于获得在拉让河上游的庇拉(Pila)河和佩拉格斯(Pelagus)河以及拉让河的支流萨玛(Sama)河、穆丽特(Murit)河和佩戈(Pegau)河上开采煤炭的特许权。1936年至1937年间,规模可观的煤矿资源在加帛(Kapit)东部的森林区被发现,日本人对此展现出极大的热情。也就是在这个时候,英国驻伦敦殖民办事处立即采取行动,停止"授予一切方便日本人渗透进沙捞越的特许权。因为从战略的角度来看,引狼入室明显是不可取的"[29]。根据一项协商一致的"太平洋地区铁矿资源垄断计划",1937年中期,沙捞越确有勘探活动在进行。[30]不过沙捞越在美里和罗东的石油设施以及在文莱诗里亚的油田还未受到任何日本企业或个人的影响。

大量报告指出,英属北婆罗洲塞奎蒂(Sequati)的古达半岛(Kudat Peninsula)可能存在石油资源。但19世纪90年代至20世纪初期的几次探查并未得出任何实质性的结论。1922年,久原矿业公司也在争取勘探特许权,希望为日本在东南亚创建石油基地。英国政府,特别是陆军部和外交部,对日本的此举感到警惕。出于安全考虑,英方自然不会授予许可。

自20世纪20年代初以来,日本人就对婆罗洲东部的古泰和打拉根(荷属东印度群岛的两个重要的石油产地)的石油资源表现出特别的兴趣。总的来说,20世纪初期以来,荷属婆罗洲的石油勘探和开采一直都由巴达维亚石油公司(Bataafsche Petroleum Maatschappij)主导着。到20世纪30年代,另外两家企业——荷属印度石油公司(Nederlandsch Indische Aardolie Maatschappij)和日本的婆罗洲石油公司(Borneo Olie Maatschappij)也进军了该领域,并已突破勘探阶段。荷属印度石油公司实质上是荷兰政府和巴达维亚石油公司的合资企业。因此从军事战略的角度来看,婆罗洲石油公司当属真正的"外来者"。该公司在桑库利朗的一系列行为令当局大为震惊,同时印证了他们最初对日本人的企图的猜疑。

1932年，婆罗洲石油公司的员工人数已接近500，但只有一小部在三马林达的荷兰助理州长那里登记过。该公司的石油产量从未达到足以雇用如此多工人的水平，并且当局还发现，他们所使用的钻井设备重量轻得可疑。1931年的一个事件更是让政府怒不可遏，有人发现，该公司的医师不具备工作许可证，是被偷渡来桑库利朗的。[31]

日本的间谍活动

以下是关于马来亚现状的描述：

商业公司、官方机构、社会组织、个人和秘密的政治团体等相通，形成严密的日本情报网络。他们渗透进马来人生活的方方面面……对外的隔绝和内部的紧密联系使他们从地下组织逐渐发展成为强有力的机构，为日本的南拓创造了有利条件。[32]

日本情报机构通过日本居民来了解当地环境、地理、人民和战略信息（机场、军事基地、船运等），这种现象在英属婆罗洲和荷属婆罗洲都同样明显。前文提及的东洋拓殖也是南洋林洋株式会社在婆罗洲东部桑库利朗的伐木业的出资方。关于这家公司，资料记载如下：

……英国驻巴达维亚总领事报告称，这家公司的经营似乎并不完全是为了盈利，至少从他们在荷属印度群岛的尝试结果来看的确如此；另一方面，虽然从财务角度来看，东洋拓殖到1935年为止取得的成果微乎其微，但不排除该公司追求的是长期的经济目标。此外，虽然该公司没有明确声明任何政治和战略动机，但这种可能性仍然存在。[33]

在沙捞越，有一个名为"生冈纪馆"（Yorioka Kikan）的间谍组织，该组织以日产商会的创始人兼所有者生冈正三（Yorioka Shozo）的名字命名。[34]盟军消息称，该公司在沙捞越的经理和在古晋的代理人以及一名雇员均为该间谍组织中的活跃成员，他们分别是仓崎（Kurasaki）、森（Mori）和松井富（Matsui Tomisaku）。[35]1941年8月，一名爪哇人疑因"代表日本人从事间谍活动"，在荷属婆罗洲西部的三发给特工提供情报而被捕，在古晋被判6年监禁。[36]8月初，美国海军情报局向英属北婆罗洲当局通报了4名日本人的间谍活动，包括勾结西海岸的当地首领，从他们手中获取战略信息。[37]

1940年10月，山打根领事谷口高桥（Taniguchi Takahashi）明目张胆地在其领事辖区——英属北婆罗洲、文莱和沙捞越进行了一次大规模巡游，"毫不掩饰地为侵略部队选择适宜的登陆点"[38]。此前一个月，特许公司接待了以前田利为（Maeda Toshinari，1885—1942）为首的八名日本国会参议院议员，当时他们正在对日本在太平洋的托管地进行访问。[39]该代表团团长拥有中将头衔，后来在1942年4月被任命为婆罗洲防卫军（Borneo Defence Force）司令。[40]

关于日本商业公司与日本情报机构之间的密切联系，一个最有趣也最明显的例子是野村合名会社（Nomura and Company）。野村合名会社从事橡胶种植，总部位于马辰，在新加坡设有分支，在婆罗洲和苏门答腊均有种植园。1940年法国败给纳粹德国后，日本情报活动变得愈发频繁，而该公司的突然扩张也恰好在此期间，这无疑释放着一些明显信号。野村合名会社相继在曼谷、泰国和吉兰丹边境上的双溪哥乐（Golok River）和海南岛上设立了办事处，还计划在巴达维亚设立办事处，在英属北婆罗洲的山打根附近打造橡胶园。荷属东印度群岛和中国政府都怀疑野村合名会社在从事间谍活动，最有力的证据是"该公

· 32 ·

司在海南办事处的地址同'海军情报官员'的地址吻合"[41]。

虽然婆罗洲没有像马来亚藤原机关（Fujiwara Kikan）那样以高效著称的情报机构[42]，但当地的日本情报网络的确已经广泛而深入地渗透进了民众的生活。沙捞越政府首席秘书（1939—1941）兼代理执政官（在拉惹缺席时代替其管理政府）约翰·贝维尔·阿彻（John Beville Archer）于1939年在新加坡讲述了这样一个故事，充分反映了前述事实。

> ……我在东海岸的公路边拜访一户日本人，在他们家品尝寿喜烧。我们4个人蹲在地板上，一边聊天一边看女孩子们做饭。她们一会儿说马来语，一会儿说英语。我们询问她们的名字，还让她们猜我们是做什么的。结果没想到的是，她们不但知道我们的名字，还知道我们的工作和住址！就是这么简单的一个故事，我只是想表明，他们的间谍网络真是无孔不入。[43]

一份盟军情报机构的报告也证实了婆罗洲的日本人确实存在这些特点。

> 他们看上去怡然自足，对当地人保持着一种平和而不失威严的态度。在英属北婆罗洲的斗湖地区，大多数中国人的生计依赖于日本人。如果日本人希望达成某些政治或经济目的，他们就会表现得友好而热情……日本商业公司员工和个体户热衷于收买可能拥有有用信息或有相关渠道来获取有用信息的官员等人。作为回报，日本人则会设法满足他们的需求——金钱、女人、饮品或者野心。据权威可靠的资料显示，英属北婆罗洲一些地区官员收到过价值不菲的圣诞礼物……在古晋，日本人与其他亚洲人（尤其是马来人）相处非常融洽。

有些人甚至娶当地妇女为妻，或者在名义上加入伊斯兰教。[44]

反日情绪

除了少数名声败坏的公司，日本人在婆罗洲生活的大部分时间里很少引起关注，他们也没给当地居民或殖民当局制造任何大麻烦。1919年中期，五四运动[45]爆发后，反日情绪开始在婆罗洲显现。当地居民，尤其是中国人，开始公开抵制日货。中国的装卸工拒绝在山打根码头装卸日本货物。[46]而这只是婆罗洲乃至整个东南亚反日情绪的开端。

大萧条（1929—1933）对日本和东南亚都造成了不利影响，而日本制造商却企图在该地区倾销商品，结果招致西方殖民政府的仇视，他们的进口商品和在当地的商业活动因此遭到抵制。随后日本杂货店等小型商户纷纷倒闭，日本大企业在当地的分公司也因经济萧条而被迫关闭。总而言之，婆罗洲的很多日本人都遭受了经济损失。

经济危机的负面影响还未完全消散、经济还未复苏，日本帝国陆军就在所谓的九一八事变后①，于1931年入侵并占领中国东北部，建立了"满洲国"。这为日本进行旷日持久的全面侵华（1937—1945），企图征服整个中国大陆拉开了序幕。日本对中国的进攻在整个东南亚的华人群体中掀起了广泛的反日情绪。紧接着中日之间爆发了一连串的日货抵制运动和一系列的辱骂行为以及肢体冲突，那些对日本人友好的中国人和经常光顾日本商店的中国人遭到殴打，被社会所排斥。

随着日本帝国陆军在1940年9月占领印度支那北部，并于1941年7月控制印度支那南部，日本的"南进"政策似乎已付诸实践，战争由

---

① 原文误写作七七事变（Marco Polo Bridge Incident），应为九一八事变。——译者注

传言变为现实不过是早晚的事。

日本"南进"行动开启后，殖民当局开始对当地日本人的经济活动施加更严格的限制，并对他们的日常活动进行监视。在荷属东印度群岛，日本移民在1936年就被施加了严格限制……1941年初，印度群岛政府最终冻结了日本在其殖民地的资产。[47]

20世纪30年代末至40年代初，由于日本移民社区在东南亚难以生存，大多数日本人决定收拾行李，和家人一同返回日本。在1941年11月，日本人被要求离开荷属东印度群岛，包括荷属婆罗洲。[48]那些留下来的人发现他们陷入了困境。1941年12月7日，太平洋战争爆发，他们只能挤在收容营里，直到日本帝国陆军到达后才获得解放。

注

1. Saya Shiraishi和Takashi Shiraishi著《东南亚殖民地中的日本人：概述》(The Japanese in Colonial Southeast Asia)第7页。
2. 英属马来亚成立于19世纪20年代，范围包括今马来半岛等地。
3. 荷属东印度群岛的范围包括今印度尼西亚共和国等地。
4. 意思是"到中国去"，一般指在中国或东南亚地区的日本妓女。
5. James Francis Warren著《阿驹与唐行小姐：新加坡1870年—1940年间的娼妓行业》(Ah Ku and Karayuki-san:Prostitution in Singapore 1870-1940)。
6. Bob Reece著《日本占领时期：1941年—1945年日本统治下的沙捞越》(Masa Jepun: Sarawak under the Japanese 1941-1945)第12页。
7. Saya Shiraishi和Takashi Shiraishi著《东南亚殖民地中的日本人：概述》(The Japanese in Colonial Southeast Asia)第8页。
8. 同上第10页。

9.同上第14—15页。

10.1928年10月1日《沙捞越公报》(Sarawak Gazette)第211页。

11.K. G. Tregonning 著《现代沙巴史，1881年—1963年》(A History of Modern Sabah:North Borneo 1881-1963)第185页。

12.Eric Robertson 著《日本档案：战前日本在东南亚的渗透》(The Japanese File:Pre-War Japanese Penetration in Southeast Asia)第55页。

13.Thomas J. Lindblad 著《在达雅族和荷兰之间：1880年—1942年东加里曼丹的经济》(Between Dayak and Dutch:The Economic History of Southeast Kalimantan, 1880-1942)第58—59页。

14.同上第73页。

15.Ooi Keat Gin 著《自由贸易与土著的利益：1841年—1941年布鲁克家族与沙捞越经济的发展》(Of Free Trade and Native Interests:The Brookes and the Economic Development of Sarawak,1841-1941)第304—305页。

16.Shimomoto Yutaka 的文章《太平洋战争前在沙捞越的日本移民》("Japanese Immigrants in Sarawak before the Pacific War")，发表于1986年《文莱博物馆馆刊》(Brunei Museum Journal)第6期第148—163页。

17.Peter H. H. Howes 著《露天的游乐场或者鹤鸵的猎食地》(In a Fair Ground:Or Cibus Cassowarii)第124—125页。

18.Bob Reece 著《日本占领时期：1941年—1945年日本统治下的沙捞越》(Masa Jepun: Sarawak under the Japanese 1941-1945)第15页；K. G. Tregonning 著《现代沙巴史，1881年—1963年》(A History of Modern Sabah:North Borneo 1881-1963)第93页。

19.1939年，九原矿业公司更名为日本产业株式会社(Nihon Sangyo Kabuishiki Kaisha)并接管了橡胶等产业。

20.K. G. Tregonning 著《现代沙巴史，1881年—1963年》(A History of Modern Sabah:North Borneo 1881-1963)第83—84页；A. Cook 的文章"Notes on the Recent Development,Explorations and Commercial Geography of British North Borneo"，发表于《曼彻斯特地理学会会刊》(Journal of the Manchester Geographical Society)1890年第6期第63—75页。

21.K. G. Tregonning 著《现代沙巴史，1881年—1963年》(A History of Modern Sabah:North Borneo 1881-1963)第83页。次年，曾在菲律宾工作的美国林务员 D. M. Mathews 被该部门任用。

22. 关于布鲁克执政时的经济政策，参见 Ooi Keat Gin 著《自由贸易与土著的利益：1841年—1941年布鲁克家族与沙捞越经济的发展》（*Of Free Trade and Native Interests:The Brookes and the Economic Development of Sarawak,1841-1941*）第27—30、42—43、54—56、58页。关于婆罗洲有限公司和伐木业，同上第298—299页。

23. Thomas J. Lindblad 著《在达雅族和荷兰之间：1880年—1942年东加里曼丹的经济》（*Between Dayak and Dutch:The Economic History of Southeast Kalimantan,1880-1942*）第104页。

24. 同上。

25. 同上第104—106页。

26. 同上第105页。

27. 同上第107页。

28. Bob Reece 著《日本占领时期：1941年—1945年日本统治下的沙捞越》（*Masa Jepun: Sarawak under the Japanese 1941-1945*）第13页。1937年3月20日，日产商会促成了沙捞越的蕾妮·西尔维娅（Ranee Sylvia）对东京和京都的访问。参见1937年5月1日《沙捞越公报》（*Sarawak Gazette*）。

29. 引自《1941年—1945年日本统治下的沙捞越》（*Sarawak under the Japanese 1941-1945*）第14页 S. G. 斯坦福德（S. G. Startford）中校的评论。

30. 日本在缅甸、夏洛特皇后群岛（Queen Charlotte Islands）、温哥华、暹罗南部的北榄（Paknam）附近也进行了类似的活动，同时还从澳大利亚的塔斯马尼亚（Tasmania）和菲律宾采购大量铁矿石。参见 Eric Robertson 著《日本档案：战前日本在东南亚的渗透》（*The Japanese File:Pre-War Japanese Penetration in Southeast Asia*）第72页。

31. Thomas J. Lindblad 著《在达雅族和荷兰之间：1880年—1942年东加里曼丹的经济》（*Between Dayak and Dutch:The Economic History of Southeast Kalimantan,1880-1942*）第88页。

32. Eric Robertson 著《日本档案：战前日本在东南亚的渗透》（*The Japanese File:Pre-War Japanese Penetration in Southeast Asia*）第128—129页。

33. 同上第65页。

34. Shimomoto Yutaka 的文章《太平洋战争前在沙捞越的日本移民》（"Japanese Immigrants in Sarawak before the Pacific War"），发表于1986年《文莱博物馆馆刊》（*Brunei Museum Journal*）第6期第148—163页。

35. CO 531/31/2；K. H. Digby 著《荒野中的律师》（*Lawyer in the Wilderness*）第33页。

36.J. L. Noakes 著《关于日军在1941年6月至1941年12月占领沙捞越期间采取的防御措施的报告,以及日本入侵沙捞越期间英军和沙捞越军事部队的行动报告》(Report on Defence Measures Adopted in Sarawak from June 1941 to the Occupation in December 1941 by Imperial Japanese Forces;Also an Account of the Movement of British and Sarawak Military Forces during the Japanese Invasion of Sarawak)第20页。

37.Alsnob 著《北婆罗洲、沙捞越与文莱》(North Borneo,Sarawak & Brunei)。

38.Eric Robertson 著《日本档案:战前日本在东南亚的渗透》(The Japanese File:Pre-War Japanese Penetration in Southeast Asia)第126页。

39.North Borneo Company 编《伦敦政府致英国殖民部》("London to Colonial office")。

40.Bob Reece 著《日本占领时期:1941年——1945年日本统治下的沙捞越》(Masa Jepun: Sarawak under the Japanese 1941-1945)第56页。

41.Eric Robertson 著《日本档案:战前日本在东南亚的渗透》(The Japanese File:Pre-War Japanese Penetration in Southeast Asia)第69页。

42.Fujiwara Iwaichi 等著《第二次世界大战期间日本陆军在东南亚的情报活动》(Japanese Army Intelligence Operations in Southeast Asia during World War II),原版为日文,由 Akashi Yoji 翻译。

43.John Belville Archer 的文章《1912年至1946年沙捞越掠影:一位拉惹的自传》("Glimpses of Sarawak between 1912 and 1946: Autobiographical Extracts & Articles of an Officer of the Rajahs"),发表于 Vernon L. Porritt 编《东南亚研究特刊》(Special Issue of the Department of Southeast Asian Studies)第32页。

44.文章《北婆罗洲的英国殖民地》("British Territories in North Borneo"),摘自《澳大利亚在东南亚的登陆部队战时情报报告》(Australian Landing Force Southeast Asia)。

45.1919年的五四运动是一场爱国运动,导火索是巴黎和会上中国外交的失败。五四运动推动了中国走向现代化及文学等领域的发展。

46.例如英属北婆罗洲山打根的情况,参见《政府行政官弗雷德·弗雷泽斯致伦敦政府》(Officer Administering the Government Fred Frasers to President of the Court of Directors)。

47.Saya Shiraishi 和 Takashi Shiraishi 著《东南亚殖民地中的日本人:概述》(The Japanese in Colonial Southeast Asia)第20页。

48.Hiroshi Shimizu 的文章《战前荷属东印度的日本商业社区的演变:从唐行小姐到

综合商社》("Evolution of the Japanese Commercial Community in the Netherlands Indies in the Pre-War Period ,From Karayuki-san to Sōgō Shōsha"),发表于《日本论坛》(*Japan Forum*)1991年第1期第3卷第55页。

第三章

即 将 到 来 的 战 争

日本出于经济、政治和帝国主义目的而进行领土扩张的意图在20世纪30年代昭然若揭，加之西方列强对其勃勃野心的容忍态度，日本开始故意挑起争端，直至引发战争。事后看来，日本帝国发动全面侵华[1]早已成定局。

南进政策与"大东亚共荣圈"

矢内原忠雄（Yanaihara Tadao）在20世纪30年代中期对日本的前途命运发表了以下观点。

> 鉴于日本与南太平洋诸岛（东南亚岛屿区域）之间密切的地理和历史联系，日本企图在南太平洋为其过剩的人口和资本积累寻找出路是顺理成章的事情。在狭长的日本本土右方，小笠原群岛零星地散布在太平洋上，为日本向南太平群岛推进提供了跳板。从政治地理学的角度来看，日本的扩张自然是朝着这个方向。[2]

这样的观点并不少见，也得到了许多日本人的支持。扩张运动与倡导帝国主义政策的秘密组织密切相关。[3]日本人将南进计划称作"nanshin"，该词在论证和支持这一行动的观点中频频出现。1936年5月下旬，日本政府似乎以"和平的经济发展"为由采取了"南太平洋政策"。[4]

石原广一郎（Ishihara Koichiro）就是主要倡导者之一，他在自己创办的报纸《大阪时事》（*Osaka Jiji*）上广泛发表文章，宣扬各种充满人种优越感的观点。《大阪时事》后来成了日本非官方的南进游说机构。石原广一郎的观点和智囊团组织昭和研究会（Showa Kenkyukai，成立于

1937年）的其他成员的文章对东京的军事策划者起到了一定的影响。[5] 石原广一郎在《十字路口的日本》(Japan at the Crossroads, 1940）的序言中称，他的部分观点"已经被当前内阁，近卫文麿的第二次内阁（1940年7月—1941年10月）采纳"[6]。事实上，近卫文麿、海军大将末次信正（后来的内务大臣）和担任日本明伦会（Merinkai）的联合创始人的中将田中国重[7]都曾为石原广一郎的沙文主义著作《新日本的建设》(The Building of New Japan, 1934）作过序，《十字路口的日本》很大程度上就是基于这本书著成的。[8]

在执行南进政策时，日本的军事计划将进一步致使对南部地区（东南亚）的军事占领。一旦投入行动，南方军的总指挥官将继续入侵并占领菲律宾、英属马来亚、荷属东印度群岛和部分英属缅甸的土地。[9]虽然日军预估泰国或法属印度支那不会进行任何反抗，但以防潜在的威胁，他们仍计划对两地实施"全面占领"。[10]

南进政策的最终目的是建立一个新的东亚秩序——"大东亚共荣圈"。这一概念由近卫文麿第二次内阁的外交大臣松冈洋右（1880—1946）于1940年8月首次提出。

> 对日本人来说，"大东亚共荣圈"一词传达的不是帝国主义或扩张的信息，而是合作的信息。为了解释和招顺日本与亚洲人民的关系……这一说法连同其他主张在侵华战争期间和太平洋战争爆发前就已被提出。这等同于鼓吹，战争的目的是为日本人民谋求最大利益，给予他们信心，同时争取被日本军队占领的国家（中国）或即将被占领（东南亚）的国家的支持。作为一个口号，"大东亚共荣圈"意在团结被占领国家的人民共同抵抗帝国主义和殖民主义（颇具讽刺意味），动员他们参与战争并在随后到来的和平时期投身"大东亚共荣圈"建设。随着战争范围的扩大，日本方面对共同繁荣的强调也在增加。[11]

"大东亚共荣圈"起初以日本和中国为核心,以法属印度支那、泰国和荷属东印度群岛组成的南太平洋地区(东南亚)为次要领地。1940年9月,英属马来亚、婆罗洲和英属印度也被并入其中。[12] 婆罗洲拥有大量的油田和开采设施、丰富的橡胶和木材资源,相较于英属马来亚和荷属爪哇而言更加有利的战略位置,因此在日本的军事规划中占据着重要地位。

即将到来的战争

从20世纪20年代末到1941年12月,国内外环境和各种事件共同塑造了日本的外交政策,导致日本决定使用零式舰载战斗机(Mitsubishi Zero)轰炸位于夏威夷群岛珍珠港的美国太平洋舰队。一连串由日本精心策划和不可抗的事件最终促使美国国务卿科德尔·赫尔(Cordell Hull)于1941年11月26日向日方发出《赫尔备忘录》,东京方面将此视为最后通牒。从日本的角度来看,发动战争似乎是正当的防卫行为。导致赫尔发出最后交涉文书的一连串事件不带喘息地接连发生,而非过山车般有急有缓。

最开始是经济大萧条(1929—1931),接着是九一八事变(1931年9月18日),卢沟桥事变(1937年7月7日),《慕尼黑协定》的签订(1938年9月30日),德国军队击败法国军队(1940年6月),法国维希政府允许日本在印度支那北部使用军事基地(1940年9月),《德意日三国同盟条约》的签订(1940年9月),德国国防军进攻俄罗斯(1941年6月),日本军队占领印度支那南部(1941年7月),美国、英国、英联邦和荷兰对日本实施贸易禁运(1941年7月),最后以《赫尔备忘录》的签发(1941年11月26日)收尾。

大萧条严重打击了日本经济,其纺织业(尤其是丝绸业)在美国市场彻底崩溃。失业率骤然上升，许多工厂的工人回到农村，过着食不果腹的日子。移民是打破这种黑暗局面的万全之策，但1924年美国通过《移民法案》，将日本人拒在了门外。而在另一边，与日本隔海相望的中国东北部看似是一个可行的选择，那里幅员辽阔、资源丰富，但发展落后，可以充分吸纳日本的贫困人口。

但中国东北部的广阔土地处于军阀张学良的管辖之下，而他又是中国国民党领导人蒋介石（1887—1975）的支持者。1928年后期，"少帅"（日本人对张学良的称呼）将东北三省黑龙江、吉林和辽宁纳入了以南京为首都的中华民国的版图。热河省被纳入了受民族主义者支持、以张学良为领导核心的东北政务委员会管辖范围内。日本试图通过张学良已故父亲的两位密友来游说他，但没有成功。1929年1月，张学良在"离开这两位客人，去注射他每天都要注射的吗啡"时朝他们开了枪。[13]

1930年秋天，蒋介石在北方的敌人欲联合起来推翻其统治，作为回应，张学良率军南下，占领了湖北北部，继而控制了具有战略意义的京汉铁路和津浦铁路的北路段，并没收了天津关税收入。[14]前一年春末，张学良曾试图收回俄罗斯控制下的中长铁路，驱逐该地区的俄国人，但莫斯科方面以强大的军事力量做出回击，挫败了张的这一举动。张的失败让东京的强硬派看到，唯有铁腕手段才能保障日本在中国的利益[15]，俄罗斯的回应就是个例子。

1931年9月18日晚，3名日本军官蓄意策划了一场活动，在奉天（今沈阳）外的一段铁路上安放炸药。这一事件后来被称为九一八事变。之所以选择奉天，是因为它是中国东北部的主要城市，驻扎着中国最大的军营。虽然爆炸造成的损失很小，甚至完全没有影响火车运营，但日本关东军（Kwantung Army）坚持将爆炸嫁祸给中国，并以此为借口予以报复。次日早晨，日本军队占领了奉天。在朝鲜军司令部的支援下，关东军开启了占领中国东北部的战役。九一八事变为日本公然蔑视东京文官内阁、对中国东北部进行殖民统治提供了借口。[16]到1932年1月，中国东北部实际已处于日本的军事控制之下。同年2月，随着中国最后一位清朝皇帝爱新觉罗溥仪（1906—1967）任"满洲国"执政，日本扶持下的傀儡政权——"满洲国"正式成立，由溥仪担任执政。

在此期间，东京的日本首相犬养毅（1855—1932）则在设法推迟"满洲国"的建立，遏制日军在中国的势力。1932年5月15日，犬养毅在他的官邸被暗杀，使得文官内阁失去对军队的控制。1932年9月15日，日本正式承认"满洲国"为主权国家，由东京承担其内部安全和防卫责任。

到1933年4月，日军向西占领了热河省，意味着中国山海关以北（长城尽头）的整片地区都已处于日本的控制之下。这给中国民族主义者和爱国者带来了毁灭性的打击。1934年3月，在新京长春，溥仪皇帝身穿龙袍，在"满洲国"朝臣以及日本军官的共同见证下成为傀儡皇帝，改元"康德"（寓意"太平盛世"）。

九一八事变和犬养毅首相遇刺确立了日本军方在国内外的主导地位。日本军方已蓄势待发。如果说九一八事变是日本帝国发动侵华战争的开端，那么卢沟桥事变（1937年7月7日）则揭开了全面侵华（1937—1945）的序幕。

> 1937年7月7日，日本在北平（今北京）的驻军将卢沟桥（也叫马可·波罗桥）[17]选为夜间军事演习基地，允许士兵向空中发射空包弹，以模拟真实战况。晚上10点30分，中国守军向日军的集合区发射了一些炮弹，但没有造成任何人员伤亡。随后，日军以失踪1名士兵为由，下令对宛平城发动进攻。[18]

卢沟桥事件引发了中国上下铺天盖地的声讨和指责。在好战情绪的煽动下，日本陆军动员国内的5个师进入备战状态。南京国民政府派遣了4个师向河北保定地区进发。但在东京，一直支持"北进"的反俄派陆军参谋部却反对攻打中国北部。支持"南进"的日本海军则以不同视角看待当前形势。

> 假定控制中国沿海地区和长江以北直至武汉一带足以确保中国服从日本的政治和经济要求……那为何不使用同样的招数，在华北甚至其以南的区域也建立傀儡政府呢？但从长远来看，日本海军最关心的还是东南亚的石油、锡矿和橡胶。[19]

年轻军官，特别是陆军中的政治煽动者——所谓的"青年土耳其党人"，在海军和陆军之间都很有影响力。他们当中部分人采取反资本主义、反政治和排外的立场，主张"昭和维新"，即"从资本家和政治家手中'夺回'属于在位的昭和天皇的财富和权力……建立一个以天皇为名义、由武装力量统治的纳粹主义国家"。[20]

真正采取陆军的强硬路线，对中国展开激烈攻势的是近卫文麿（1891—1945）[21]，此人于1937年6月至1939年1月出任日本首相，采用了向中国猛烈进攻的强硬政策。1937年10月，日方以集中而迅猛的攻势占领了华北地区，这一战法甚至被认为是希特勒的闪电战的先导。[22] 11月，上海沦陷，12月13日，日军实施了臭名昭著的南京大屠杀，这无疑是整个二战期间，日本在亚洲战区犯下的最严重的罪行。[23] 到1938年冬天，中国东部和中部的所有主要城市和铁路干线都已落入日本之手，蒋介石和国民党军队撤入位于中国内陆西南部长江沿岸的重庆。

在南京沦陷前不久，美国"班乃号"军舰被击沉，英国"瓢虫号"皇家海军舰艇也在长江上遭到炮轰。据称，如果当时英美两方能及时采取行动，太平洋战争（1941—1945）或许能够避免。[24] 但当时华盛顿和伦敦方面均没有意愿介入日本的侵华战争，因此让主动权落到了"南进"派的手中。随着事态的发展，"南进"派继续坚持他们的主张，导致了日本的"南进"和珍珠港事件。再之后是3个重要事件：《慕尼黑协定》的签订（1938年9月30日）、法国投降（1940年6月）和法国维希政府允许日本使用印度支那北部的军事设施（1940年9月）。

英国首相内维尔·张伯伦（1869—1940）在签署《慕尼黑协定》后发表的那句"这是属于我们时代的和平"被视为软弱的表现。1938年10月，日军主动对广州发起海上攻击并占领了这座城市，标志着日军挺进中国南部。东京方面预测，在香港的英军不会采取任何军事行动，事实也的确如此。1940年6月，德国军队正式踏上巴黎街头，借此机会，日本迫使维希政府在当年9月授权其使用印度支那北部的军事设施（机场和港口）。日军进入印度支那释放着一个明显的信号——"南进"即将成为现实。1941年7月，日本向维希政府施压，要求让出印度支那南部。在得到批准后，日本立即遭到了美国、英国、英联邦和荷兰的严厉报复，即向日本实施打击性的贸易禁运。

日本的战略物资（例如1936年仅20%的石油可自给自足，100%的橡胶得进口）严重依赖进口，贸易禁运无疑是迫使日本向西方列强低头的终极"武器"。[25]日本的石油进口的主要来源地是美国（80%）和荷属东印度群岛（10%）。处在脆弱形势下的日本从20世纪30年代初就已预料到将来可能面临的敌对局面，并已着手增加储存设施和加强炼油产能："增加储油量，以支撑日本的征服行动和开采已占有的石油资源；增加炼油产能，以处理所占有油田中的石油"。[26]日本在1934年设法获得了3000万桶的石油，5年后，石油储量增加至5100万桶。[27]

1939年初和1940年初，小林（Kobajasi）率领日本贸易代表团抵达荷属东印度群岛的巴达维亚，同阿利迪厄斯·W. L. 特贾尔达·冯·斯塔肯博赫·斯泰乔威尔（Alidius W. L. Tjarda van Starkenborgh Stachouwer）总督就日本欲购买石油用于工业发展一事进行磋商。尽管日方称，他们与荷属东印度群岛之间有着相比美国更加顺畅的贸易往来，但荷兰当局还是让他们吃了闭门羹。[28]

日本没有料到西方国家态度会如此强硬，以为可以继续向南推进而不招致任何不利后果。英美贸易禁令是日本驻美国大使野村吉三郎（1877—1964）在华盛顿与赫尔进行积极谈判时出台的。禁令的目的很明确：使日本在18个月内耗尽石油储备，进而被迫终止在中国的军事行动并主动撤离中国，而日本也将因此蒙受巨大的国耻。这对日本来说，着实是个令人不快的结果。但有趣的是，伦敦和华盛顿方面的许多人都预测，东京不会屈服于压力，做出让步。[29]

"……为了帝国的生存和安危"

"1941年4月17日的陆海军政策草案"对南进政策作了概述，其中写道：

（1）根据巩固"大东亚共荣圈"的进程，日本对南政策的目的是迅速加强防卫态势，以保全帝国的生存和安危。[30]

该文件还指出将通过外交手段维护"与泰国和法属印度支那的友好关系"以及"与荷属东印度群岛密切的经济关系"，并"将努力维持与南方其他国家之间正常的商业关系"。然而，针对不利的情况，该文件也表明将采取下列措施：

（3）如果在实施上述政策的过程中发生下述情形，并且没有其他任何可行办法时，日本帝国将使用军事手段保全自身的生存和安危。这些军事手段的目标、目的、实行日期和方式将视欧洲的战争和日本与苏联之间外交关系的发展情况而定。

（a）日本的生存受到美国、英国、荷兰等国家的贸易禁令的威胁。

（b）美国单方面或联合英国、荷兰或中国来逐步加大对日本帝国的钳制，使日本无法在自我防卫的基础上承受这些压力[31]。

1941年9月初,包括天皇在内的军事和文官领导都意识到,除非野村能在华盛顿的谈判中取得突破,否则日本与美国和英国的战争将不可避免。事实上,日本早在该年年初就做好了迎战准备。日本海军制定了突袭珍珠港的计划,并在地形与珍珠港相似的鹿儿岛进行了完全保密的演习。对于这场同英美的较量能否胜出,海军将领并不那么有把握。不过陆军方面倒是显得非常自信和果敢,他们设想的最坏情况无非从印度支那南部撤军,而绝不会是从被占领的中国撤军。近卫文麿第二次内阁(1940年7月—1941年10月)的陆军大臣东条英机(1884—1948)中将就主张陆军的强硬立场。

到10月中旬,面对来自三方面的巨大压力——陆军的强硬态度、海军蓄势待发、与华盛顿方面达成协议无望,近卫公爵被迫下台,由东条英机接替首相职位(1941年10月—1944年7月)。大家普遍认为,如果不能通过外交途径解决问题,那么只能诉诸战争。正如东条英机首相所言:

> 两年后(1943年),我们的军用石油将耗尽,船只将无法使用。每当想到美国在不断加强他们在西南太平洋的防御、美国舰队的壮大还有尚未结束的"支那事变"(中日战争)等问题时,我就感到困难重重……我担心,如果我们坐以待毙,也许两三年后我们就会沦为三等国家。[32]

东京方面所做的最后努力是向华盛顿提出这样一项提议:日本愿意从印度支那南部的基地撤出,以换取禁运的解除。但华盛顿方面在1941年11月26日的《赫尔备忘录》中的回应,却是向日本下达最后通牒。美国驻东京大使约瑟夫·克拉克·格鲁(Joseph C. Grew)在回忆这一决定性事件时写道:

提案的草案最初并不是作为最后通牒提出的,而在谈判毫无进展地拖延了七八个月之后,顺理成章地被当作了最后通牒。漫长而无果的谈判给了日本亲轴心国分子和极端反动势力足够的时间来组织和巩固他们的力量,同时向日本民众传达这样一种信息:美国只是在拖延时间,并无达成协议的意愿。在这种情形下,《赫尔备忘录》自然会被日本视作最后通牒,而战争也将一触即发。[33]

从日本政府的角度出发,发动战争是"为了自身的生存"。随着冬日的到来,一场已成定局的战争正在悄然临近。

注

1.1937年至1945年。

2.Wolf Mendl编《日本与东南亚》第Ⅰ卷《从明治维新到1945年》(*Japan and South East Asia, Vol.I:From the Meiji Restoration to 1945*)第248页。

3.Eric Robertson著《日本档案:战前日本在东南亚的渗透》(*The Japanese File:Pre-War Japanese Penetration in Southeast Asia*)第1—22页。

4.同上第9页。

5.关于石原等人的观点,参见Joyce C. Lebra著《档案选读:第二次世界大战中的日本"大东亚共荣圈"》(*Japan's Greater East Asia Co-Prosperity Sphere in World War II: Selected Readings and Documents*)第44—45、64—67、99—103、116—117页。

6.Eric Robertson著《日本档案:战前日本在东南亚的渗透》(*The Japanese File:Pre-War Japanese Penetration in Southeast Asia*)第5页。

7.由石原、田中和东亚调查局(East Asiatic Investigation Bureau)的大川周明于1932年创立。日本明伦会(Merinkai)拥有500名成员,其中大部分都是预备役军人。该组织主张"昭和维新"(Showa Restoration)。《日本档案:战前日本在东南亚的渗透》第4页。

8. 同上第5页。

9.《占领南部重要地区的命令》("Orders Relating to the Occupation of the Vital Southern Area"),译自日文文件《特别情报公报:日本在东南亚的计划与行动》(*Special Intelligence Bulletin: Japanese Plans and Operation in S.E.Asia*)。

10. 同上。

11. I. C. B. Dear 编《牛津第二次世界大战百科全书》(*The Oxford Companion to the Second World War*)第501页。

12. Ooi Keat Gin 著《东南亚:从吴哥窟到东帝汶的历史百科全书》(*Southeast Asia: A Historical Encyclopedia from Angkor Wat to East Timor*)第554页。

13. Jonathan D. Spence 著《追寻现代中国》(*The Search for Modern China*)第390页。

14. 同上第391页。

15. Richard Storry 著《1894年—1943年日本与西亚的衰落》(*Japan and the Decline of the West in Asia 1894-1943*)第141页。

16. Yoshihashi Takehiko 著《奉天密谋》(*Conspiracy at Mukden*)、Mark Peattie 著《对石原莞尔思想影响下日本对抗西方的研究》(*Ishiwara Kanji and Japan's Confrontation with the West*)。

17. 西方人把这座位于北京的铁路桥称为马可·波罗桥,因为意大利探险家马可·波罗曾赞美过这座桥及周围的景色。清朝的乾隆皇帝也曾为这座桥作过诗。中国人称其为卢沟桥。

18. Jonathan D. Spence 著《追寻现代中国》(*The Search for Modern China*)第445页。

19. Richard Storry 著《1894年—1943年日本与西亚的衰落》(*Japan and the Decline of the West in Asia 1894-1943*)第148页。

20. 同上第149页。

21. 也被称作近卫公爵。

22. 关于抗日战争,参见 Lincoln Li 著《1937年—1941年日本军队对华北政治与经济的影响》(*The Japanese Army in North China 1937—1941: Problems of Political and Economic Control*)。

23. 1937年12月13日,日本华中方面军占领南京,这里曾经是南京国民政府的所在地(当时国民政府已迁到汉口)。在6周里,日本士兵进行了疯狂的杀戮、掠夺和肆意破坏。这场夺去超30万人生命的暴行被称为"南京大屠杀"。

24. Richard Storry 著《1894年—1943年日本与西亚的衰落》(*Japan and the Decline of the West in Asia 1894-1943*)第154页。

25. 日本依赖进口的相关研究，参见 J. Cohen 编《战时和战后重建的日本经济》(*Japan's Economy in War and Reconstruction*) 收录的 Mitsubishi Keizai Kenkyu 的文章《第28号专题研究》("Special Study No.28")。

26. S. Woodburn Kirby 等著《对日作战》第 I 卷《新加坡的沦陷》(*The War Against Japan.Vol. I: The Loss of Singapore*) 第481页。

27. 同上。

28. 关于日本与荷属东印度群岛的贸易，参见 Anne Booth 的文章《日本进口商品的渗透和荷兰的回应：殖民时期印度尼西亚经济政策的制定》("Japanese Import Penetration and Dutch Response:Some Aspects of Economic Policy Making in Colonial Indonesia")，发表于 Shinya Sugiyama 和 Milagros C. Guerrero 编《战间期东南亚的国际商业竞争》(*International Commercial Rivalry in Southeast Asia in the Interwar Period*) 第133—164页。

29. 同上第156—157页。

30. Wolf Mendl 编《日本与东南亚》第 I 卷《从明治维新到1945年》(*Japan and South East Asia, Vol.I:From the Meiji Restoration to 1945*) 第246页。

31. 同上。

32. Peter Duus 编《剑桥日本史》第6卷《20世纪》(*The Cambridge History of Japan, Volume 6:The Twentieth Century*) 第336页。

33. Joseph C. Grew 著《动荡的时代：1904年—1945年外交记录》(*Turbulent Era:A Diplomatic Record of Forty Years,1904-1945*) 第 II 卷第1338页。

第四章

日本侵占婆罗洲

婆罗洲人口稀少，民族众多，各民族过着相互隔绝、与世无争的生活，他们一生中从未目睹或经历过现代战争。1941年12月日本帝国军队登陆该岛，婆罗洲人民传统的、慢节奏的和平生活从此被打破。截至1942年2月初，整个婆罗洲岛在不到两个月的时间里便落入日本手中，英国和荷兰殖民政府几乎没有做出反抗。同日军精密策划、高效执行的军事行动相比，英国和荷兰在兵力和心理上的准备都远远不足。除了岛上的中国人外，婆罗洲的大多数土著居民都无法意识到太平洋战争（1941—1945）会带来怎样的后果，以及对他们的生活和生计的影响。

日本帝国的作战计划

在太平洋战争之前，尽管婆罗洲位于东南亚的中心位置，却远离主要的贸易路线。不过从军事角度来看，该岛相较于东南亚的其他地区仍然算是首选目标。连接东西方的重要海上通道——马六甲海峡，以及中国南海的南部海域都掌控在英国驻新加坡的海军手中，任何对婆罗洲的军事入侵都必须考虑到这点。太平洋战争之前，新加坡是通往物资丰饶地区的门户，例如北边的英属马来亚（有丰富的橡胶、锡矿和铁矿资源）和东南边的荷属东印度群岛，尤其是苏门答腊岛南部（盛产石油、橡胶）和爪哇岛（盛产大米）。婆罗洲的机场离新加坡和爪哇岛的距离很近，岛上石油资源丰富（主要分布在东部），使之成为众多国家的垂涎之地（地图4.1）。

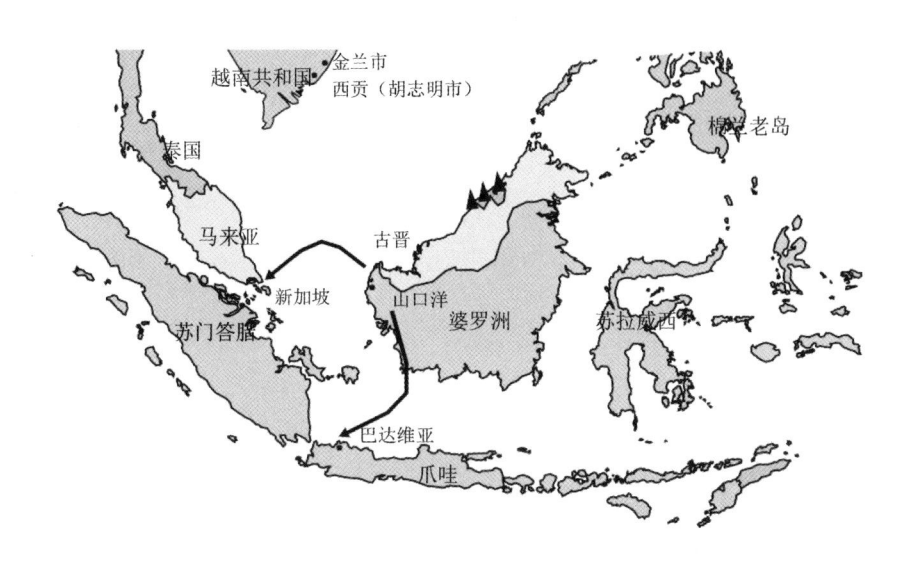

→ 空袭行动路线
▲ 石油设施

地图4.1 婆罗洲的战略位置

在英属婆罗洲，美里（沙捞越）和诗里亚（文莱）拥有丰富的油田，罗东（沙捞越）有1个炼油厂。在荷兰管辖的土地上，石油产区位于东部的打拉根和南部的巴厘巴板，巴厘巴板还有1个港口和1个炼油厂。除了工业所需的燃油外，巴厘巴板还生产高辛烷值航空汽油，美里和诗里亚供应的是船用原油。打拉根生产的低蜡原油可以不经过任何精炼而直接用作燃料。事实上，巴厘巴板是当时世界上第三大炼油中心。单在1939年，此地出口的燃油、苯、煤油、润滑油、石蜡就达到了650万桶。[1]

位于沙捞越古晋城外的停机坪和西婆罗洲西南方向96公里的两座机场——三口洋1号和2号机场（Singkawang Ⅰ and Ⅱ）可勉强作为军事基地，来对距离机场560公里开外的新加坡和740公里开外的巴达维亚（现在的雅加达）发动空袭。此外，在马哈坎河上游的梅拉克（Melak）

· 57 ·

还有1个代号为"三马林达Ⅱ"（Samarinda Ⅱ）的军用机场[2]。

因此，从军事战略角度看，婆罗洲确实可作为日本帝国军队的一个重要战略目标。1941年后期，战争已不可避免且迫在眉睫，日本帝国正在为入侵和占领婆罗洲制定切实可行的计划。

与此同时，婆罗洲的日本居民也正忙着为帝国的宏图打下基础。一份盟军情报机构的报告中引用的一篇日期为1941年6月的资料对婆罗洲当地的情况描述如下：

> 日本人正在谋划一场造谣诽谤运动，来动摇当地人的信心，激起他们的恐惧，播下叛变的种子，进而削弱地方政府，壮大自身的队伍。而另一方面，荷属东印度群岛的荷兰当局则通过全境范围内的监听人员来搜集集市谣言、咖啡店和理发店的谈话、俱乐部和协会以及市场的反应，并取得了不错的成果。[3]

1941年11月15日，由总参谋长杉山元（Sugiyama Hajime）将军颁布的一份军事文件写道，婆罗洲（虽然没有特别提及此名）被纳入"关键地区"之列，是日本的进攻目标之一。

> 根据以下指示，南方军总司令官将与海军合作，迅速占领至关重要的南方地区，……须占领的重要地区包括：菲律宾、英属马来亚、荷属东印度群岛、缅甸的一部分。[4]

英属婆罗洲可以说是英属马来亚和荷属婆罗洲（荷属东印度群岛的构成部分）的延伸。

事实上，占领婆罗洲是日本的重中之重。根据日本帝国海军司令官三上作夫（Sakuo Mikami）的说法，婆罗洲的重要程度要高于爪哇和苏门答腊，"因为日本须要尽快占领油田，而且婆罗洲的地形决定了在战争初期占领该岛的可能性较大"[5]。

日本计划将三口洋的机场和古晋城外的武吉斯塔巴（Bukit Stabar）停机坪作为空袭爪哇和新加坡的基地。占领婆罗洲是日本帝国在东南亚的扩张计划的早期目标之一。

"焦土行动和阻遏行动……是他们起码能够承受的。"

同日本严阵以待的态势相反，英属婆罗洲和荷属婆罗洲对这场侵略战毫无应对准备。因此，当日军在1941年12月初发动袭击的时候，他们只能束手就擒。当时伦敦和海牙政府本身就岌岌可危，一个被包围，一个被攻占（1940年5月中旬）。

20世纪30年代中期，战争即将到来的流言四处流传，英国皇家空军开始在婆罗洲寻找合适的着陆位置。他们在古晋（西南部）、民都鲁（Bintulu，中北部）、美里－罗东（东北部）各规划了1条飞机跑道，从1936年开始施工。[6]位于古晋以南约11公里处的武吉斯塔巴停机坪和美里－罗东飞机跑道于1938年下半年开始投入使用，民都鲁的工程暂时被搁置。[7]英属北婆罗洲和文莱均没有规划飞机跑道。尽管沙捞越有两座停机坪可用，但都还没有部署军用飞机。

至于防御力量，英属婆罗洲只有1支从新加坡派遣来的印度步兵营——第15旁遮普团第2营，由C.M.莱恩（C.M. Lane）少校（后晋升为中校）负责指挥。[8]该营有1050人，于1941年4月抵达婆罗洲。抵达后，1个150人的步兵连、1个拥有6英寸炮台分遣队和1个皇家工兵爆破小组被派往沙捞越的美里－罗东和文莱诗里亚北部约51公里处的油田和炼油厂。为了支援这支步兵营，布鲁克政府动员了欧裔民政长官、沙捞越警队[9]和志愿者。第15旁遮普团第2营、沙捞越和文莱的地方部队共同组成了以"SARFOR"（Sarawak Forces，沙捞越军队）命名、总计

2565人的部队。[10]

针对婆罗洲现有的军事力量,沙捞越国防部长约翰·莱尔·诺克斯(John Lyle Noakes)在他的报告中这样评论道:

> 第15旁遮普团第2营在古晋和美里都配备了良好的机动运输装备,如10辆通用运载车。他们的步枪、弹药、燃油等都十分充足,在古晋有4个18磅炮弹,一些反坦克步枪和迫击炮……由C. P. 柯克兰(C. P. Kirkland)下士率领的英国皇家空军6人分遣队驻扎在古晋武吉斯塔巴停机坪,操纵着英国皇家空军测向台。[11]

第15旁遮普团第2营的到来要归功于查尔斯·维纳·布鲁克(Charles Vyner Brooke,1874—1963)在1941年3月所做的努力:根据1888年的条约条款,他向英国驻新加坡的沙捞越代理机构提出申诉,请求英国履行支援沙捞越防御事业的承诺。[12]

由于资源不足,英方采取了焦土战术来防止敌人利用石油设施和飞机跑道,并针对美里-罗东和诗里亚的油田和炼油厂采取了阻遏计划。

尽管与荷属婆罗洲相邻,但在安全和防御措施方面,英方并没有同荷兰方采取任何协调行动。荷属婆罗洲也面临着同等的威胁,其东部和南部的打拉根、巴厘巴板和马辰都拥有至关重要的油田和炼油厂,西部离坤甸不远的三口洋有数个可用的机场。

其实在1940年10月,英荷两方就针对婆罗洲的防御战略在新加坡召开过会议。[13]一些人认为,如果不保卫海上航线,那么保卫陆上具有战略意义的基地将无从谈起。另一种观点是,只出动200架飞机掌控空权就足以确保英属和荷属婆罗洲的安全。很明显,会议代表们最终并没有得出明确的结论或策略。[14]

之后在1941年8月,1名爪哇人因疑似协助在荷属西婆罗洲三发的日本特工从事间谍活动而被捕。在这一事件的敦促下，布鲁克政府的官员与西婆罗洲的荷兰官员开始尝试进行直接接触[15]，但英国驻新加坡的沙捞越代理机构当时对此并不授予许可，在战争爆发后才破天荒地准许了，但此时双方已经来不及采取联合行动了。[16]

尽管如此，西婆罗洲的荷兰军队指挥官马尔斯（Mars）中校和英国军事指挥官佩弗斯（Peffers）中校仍然于1941年10月在古晋举行了一次会议。会议上，荷兰指挥官在听取了沙捞越防御措施（针对石油设施的阻遏计划和针对古晋城外的武吉斯塔巴停机坪的防御计划）的简报后，对荷兰的计划只字不提。虽然双方同意交换联络官，但在战争爆发前后，双方都没有做出任何实质行动。

荷属婆罗洲殖民政府和英属婆罗洲政府一样势单力薄，没有足够的人手和物资来应对一场现代战争。但不同的是，英国同纳粹德国仍然势如水火，而荷兰在1940年5月就被德国占领了。总部位于爪哇岛巴达维亚的荷属东印度群岛政府虽然继续忠于伦敦的荷兰流亡政府，但在军事方面，他们几乎束手无策，无法为自己或爪哇海对岸的荷属婆罗洲等边远殖民地做些什么。

荷属婆罗洲一开始几乎没有任何防御准备或应急措施来应对即将爆发的战争，直到1940年5月10日荷兰在欧洲战败，荷属东印度群岛才开始进入备战状态。作为荷属婆罗洲的行政、金融和工业中心的马辰自然成为军事基地。在总督 B. J. 哈加（B. J. Haga）博士的领导下，荷兰殖民当局实施了一项动员方案。许多机构和组织又重新活跃起来，它们包括荷兰皇家东印度陆军（Koninklijk Nederlandsch-Indisch Leger）、当地民兵团（Landswatcht、Stadswatcht）、青年团（Jeugd Oefen Corps）、阻遏行动部队（Algemene Vernielings Corps）、防空洞部队（Luct Beschermings Dienst）、志愿军（Vrijwillinggers Oefen Corps）。[17]建成于1936年并配有3架刘易斯式机枪的乌林（Ulin）机场、邦托（Bunto）附近的大余（Dayu）机场、安帕（Ampah）附近的坎德里斯（Kandris）机场和哥打瓦林因（Kotawaringin）机场的维修工作也在进行中。

荷属婆罗洲政府要求平民上交猎枪，无论是欧洲制造的还是当地组装的，每上交一件武器都会得到相应补偿。所有收集的枪械都存放在马辰，其中一部分分配给了新成立的一个小型达雅克兵团——巴里托突击队(Barito Rangers)。荷兰妇女被招募到马辰临时建立的急救医院担任护士，该医院有100个床位。她们同一些中国人和本土人一起接受训练。

总的来看，荷属婆罗洲的防御力量包括一支250人的荷兰皇家东印度陆军及一些当地民兵团、志愿军和警察。除此之外，荷兰殖民当局并没有明确的军事或政治立场，他们设想的是采用焦土战术，撤退到茂密的热带丛林进行游击战。民政机关将直接撤离并迁入内地。他们最初选择的是迁到坎当岸(Kandangan)，不过之后摩拉特威(Muara Teweh)和普鲁卡胡(Puruk Cahu)也被列为备选项。

随着事态的急剧发展，1941年11月起，马辰以及荷属婆罗洲其他地区的日本人被遣返回国。12月下旬，一项针对大米储量的调查显示，一些无良的中国商人和当地商人囤积大米，恶意推高价格从中获利，导致大米储量严重短缺。另一方面，由于无法从爪哇进口大米，荷兰殖民当局只能选择从内陆采购大米。为此政府划拨了35万法郎，不过收效甚微。阻遏行动部队被分配了用于拆卸作业的2辆卡车和1辆客车，阻止侵略军利用港口附近的道路、桥梁、机场、仓库和船只。

总而言之，无论是在人员和装备方面还是在心理（主观认知）方面，英属和荷属婆罗洲当局都完全没有准备。沙捞越政府战前秘书长约翰·贝尔维尔·阿彻(John Belville Archer)简洁地描述了当时的状况：

> 一些人（尤其是中国人）很清楚现代战争意味着什么。中国多年来一直处于战争状态，尽管日本人只是轻描淡写地将之称为"事件"。而达雅克人、马来人、马兰诺人(Melanaus)以及其他民族很少或根本对此没有概念。在他们看来，战争

就是一次"远征"——几个沙捞越突击兵和警察在数百名达雅克非正规军的陪同下,跋山涉水地追捕几个总是领先一步的达雅克反动分子。如果伤亡人数达到两位数,那就是一场大战了。[18]

新加坡的英军高级将领们非常清楚婆罗洲面临的严峻形势,但他们对外只传达积极的信息,至少让欧裔居民和本土人还保持着士气。1941年11月,结束了在古晋为期两天的巡游后,马来亚(包括英属婆罗洲)陆军总司令A. E. 白思华(A. E. Percival)中将在他的战后回忆录中记录了当时的危机状况。关于第15旁遮普团第2营,白思华这样写道:

已经没有人能假装情况乐观了,但至少这样会让敌方部署更大的兵力来占领这个地方,因为如果我们完全不做防守,他们就没必要部署那么大的兵力了。我觉得这才是正确看待问题的方式。[19]

为了鼓舞士气,白思华承诺派遣几门高射炮,并告诉他们(沙捞越人民)"威尔士亲王号"(战列舰)和"反击号"(战斗巡洋舰)将在几天后抵达新加坡的海军基地。[20]但最终白思华连两门博福斯高射炮的承诺都没有兑现。虽然两艘船舰在随后不久抵达新加坡,接着又向北驶往了吉兰丹滩头,但它们都在1941年12月10日在关丹海域沉没了。因此当日本人开始进攻时,婆罗洲几乎处于孤立无援的状态。

与此同时,荷兰当局也深感恐慌。如前所述,荷兰方一直没有详细具体和一致同意的计划来应对入侵,总督、军事指挥官和警长就采取何种行动或策略各执己见。在形势持续恶化的情况下,总督撤销了格伦(Groen)的警长职位,将他调派去管理防空洞。拉登·赛义德·苏坎托·科克罗德莫霍(Raden Said Sukamto Cokroadmojo)成为新一任警长。但军事指挥官被解职后,却找不到接替者,军队因此陷入一片混乱。[21]

好在沙捞越秘书长西里尔·德拉蒙德·勒·格罗斯·克拉克（Cyril Drummond Le Gros Clark，1945年去世，任期始于1941年5月）[22]在拉惹缺席时承担起了执政官的职务。[23]他命令所有布鲁克政府官员在敌方入侵时坚守在岗位上。该命令于1941年6月发出，12月1日通过电报予以确认。[24]但随着事态急转直下，敌对行动已不可避免，政府内部认为，秘书长应该撤离古晋，以防被敌方利用。但勒·格罗斯·克拉克坚持要留下来。他后来在拘留期间对自己当时的立场作了如下解释：

> 我同沙捞越人民在一起生活了多年，我相信我为他们奉献了无私而忠诚的服务。我也决心留下，在这段考验时期同他们患难与共。[25]

与沙捞越不同的是，英属北婆罗洲特许公司的官员并没有得到明确的指示，应该继续留任，还是在敌军入侵时逃跑。从军事角度来看，北婆罗洲武警队和北婆罗洲志愿军都收到了英国驻新加坡最高司令部的指示（1941年12月20日）——不要作战。实际上，志愿军在敌对行动爆发后就立马解散了，这是一项为避免不必要的牺牲而做出的审慎决策，因为志愿军无论是在训练程度还是武器装备方面都比不上正规部队。[26]

入侵前夕

诗里亚的泵站和主要石油储区非常壮观，可以说它们本身就是一道奇异的风景。炽热的石油从烧焦的油罐中溢出，没过防火墙，流进诗里亚河。伴随着滚滚黑烟和东方升起的满月,燃烧的石油顺着河流缓缓向下游飘去,这种景象十分令人难忘。主火场和气井中的火焰有两米多高。与此同时,轰隆的雷声和闪电不断。爆炸声偶尔响彻整片油田,那是炸弹被投掷到了固定泵、压缩机和其他便携式机械等独立装置上了。[27]

沙捞越油田有限公司的R. G. 汤姆·泰勒(R. G. Tom Tyler)在日记里用37页的篇幅详细记录了他在1941年12月8日至18日的所见所闻,其中就包括上述"景观"。对于迫不得已而采取的阻遏计划,他遗憾地叹息道,"多年的努力在几个小时内就化为废墟"[28]。他在沙捞越罗东的主炼油厂也目睹了类似的场景,"那里的炼油厂和油罐区内只剩下一片烧焦的废墟和仍在燃烧的油罐。除了工厂和机器外,罗东约4万吨的石油储备全部荡然无存"[29]。

荷兰当局对其管辖范围内的油田和设施也进行了类似的破坏,以便阻止侵略军使用石油和机械设备。[30]在这方面,英属和荷属婆罗洲在几个月前就做足了准备工作,只是待到日军攻势明显时才开始实施[31]。1941年8月启动的一项阻遏计划使石油产能减少到了原来的30%。[32]

白思华来古晋的目的之一是重新部署第15旁遮普团第2营,让他们重点防守古晋城外的机场。

指挥官被命令集中精力防御武吉斯塔巴停机坪,如有必要,则放弃海岸和河流的防御,任由海军登陆。除非敌方的攻击达到足以使该阵地完全不堪一击的程度,否则不得从停机坪撤退。不到万不得已任何人都不得撤离停机坪。就像白思华说的那样,"撤离的人已经够多了,我们一定要在古晋战斗到底"。[33]

白思华这么做,是奉空军上将罗伯特·布鲁克·波帕姆爵士(Sir

Robert Brooke-Popham)之命。作为英国在远东的总司令,罗伯特·布鲁克·波帕姆主张保卫古晋和这里的机场,因为"古晋一旦被攻占,敌方就可能进一步占领荷属婆罗洲三口洋(婆罗洲西北角)的小型机场。这些机场距离新加坡只有560公里,比印度支那南部的任何一座机场距离新加坡都更近。"[34]莱恩少校早先就主张把他的兵力全部集中在古晋城外的机场。当时他采取的策略如下:

> 经决定,英属北婆罗洲、文莱或纳闽岛不纳入保护范围内……志愿军和警队只用于维护内部安全……据预估(1941年9月),古晋将无法抵御敌方攻击,所以只能更改计划,对机场进行静态防御。[35]

日本进攻和占领婆罗洲

在有关日军入侵和占领婆罗洲的描述中经常会出现"无任何反抗""迅速而高效地执行"以及更加夸张的"没开一枪""在公园里散一次步的功夫"之类的表述。日军的确没有或者说很少遭遇反抗,伤亡数量也很低,这主要得力于他们精心策划的军事行动、训练有素且经验丰富的战地指挥官和纪律严明的部队、专业的执行力、精良的武器和军事装备,他们几乎控制了婆罗洲周围的全部空域和海域。

日本侵略军分两拨分别对英属婆罗洲和荷属婆罗洲发起进攻。[36]1941年12月13日,第124步兵团和第2海军特别陆战队离开越南南部的金兰湾向美里进发,随后在12月15日在巴兰角(Tanjong Baram)附近登陆。与此同时,坂口支队和三浦支队于1941年12月夺取了棉兰老岛的达沃。12月20日,今村均中将的第16军第56团从达沃出发前往打拉根。海军少将西村祥治(Shoji Nishimura)负责攻占荷属婆罗洲的石油设施,这是重要的战略目标之一。

日军对荷属婆罗洲的征服行动进展得非常顺利，几乎没有遇到阻碍。到1942年2月，南部和东部的所有主要城镇都已沦陷。日本帝国陆军经陆路从巴厘巴板穿越梅拉图斯山脉，抵达主要的行政中心马辰；另一边，日本帝国海军在沿海登陆，经珀莱哈里抵达马辰。在双方的猛烈夹击下，马辰轻而易举地便被拿下了。

从登陆美里（1941年12月16日）到占领马辰（1942年2月10日）的两个月里，日军迅速取得了绝对胜利。

虽然整个过程中没有严肃的对峙或激烈战斗，但当地对入侵部队也不是毫无回应。荷兰的海上飞机于12月17日和18日对巴兰角附近的日本船只进行了轰炸和扫射，但没有造成多大破坏。12月19日，一架来自三口洋二号机场的荷兰军机成功击沉了一艘保卫船队的驱逐舰。[37]于12月22日从美里前往古晋的日本侵略军在次日夜晚遭到荷兰潜艇的攻击，"两艘敌船被击沉，另有两艘受损"。紧接着在24日晚上，"另一艘荷兰潜艇也击沉了一艘驱逐舰，但在回泗水的中途自己沉没了"[38]。有目击者称，荷兰飞机击沉了四艘从山都望驶往古晋、载有民政工作人员的日本运输船。[39]

婆罗洲各地的城镇接连被攻占，就像多米诺骨牌一样接二连三地倒下，完全照着日本的军事计划。在马辰失守的第5天，新加坡也投降了。据报道，英国战时首相温斯顿·丘吉尔（1940—1945）曾这样评价道："这是英国历史上最严重的一场灾难和最屈辱的投降"[40]。1942年3月1日，巴达维亚沦陷，1周后，荷兰在万隆投降。

表4.1 1941年12月至1942年2月，日本入侵和占领婆罗洲

入侵/占领时间	城镇/区域	领地
1941年12月16日	美里	英属婆罗洲沙捞越
1941年12月16日	马来奕；诗里亚	英属婆罗洲文莱
1941年12月16日	文莱小镇	英属婆罗洲文莱
1941年12月24日	古晋	英属婆罗洲沙捞越
1941年12月31日	林梦；老越	英属婆罗洲沙捞越
1942年1月9日	哲斯顿	英属北婆罗洲
1942年1月3日	保佛；纳闽	英属北婆罗洲
1942年1月11日	打拉根	荷属婆罗洲东部
1942年1月19日	山打根	英属北婆罗洲
1942年1月24日	巴厘巴板	荷属婆罗洲东部
1942年1月27日	邦戛	荷属婆罗洲西部
1942年1月28日	利多机场	荷属婆罗洲西部
1942年1月29日	三口洋	荷属婆罗洲西部
1942年1月29日	坤甸	荷属婆罗洲西部
1942年2月10日	马辰	荷属南婆罗洲

出处：《婆罗洲行动，1941年—1945年》第8、12、18页；《对日作战》第Ⅰ卷《新加坡的沦陷》第223页；《"旭日"升起在婆罗洲：1941年—1945年日本占领下的沙捞越》第31—36页；《牛津第二次世界大战百科全书》第788—789页。

表4.1按时间顺序列出了被日军占领的主要城镇。败阵后，莱恩少校率领第15旁遮普团第2营越过边境，撤至婆罗洲西部。[41]爪哇岛沦陷后，莱恩和他的士兵们于1942年4月初投降并被带往爪哇岛。后来这支印度军队又作为战俘被带回古晋峇都林当（Batu Lintang）的旧营房。自此这些营房有了新的名称和功能——峇都林当战俘集中营，据说是婆罗洲最大的集中营。

注

1.PRO WO 208/1693，1945–01。

2.这座机场似乎是荷兰人秘密建造的，日本人在占领打拉根后才知道它的存在。参见 C. van Heekeren 著《谋杀与火灾：东婆罗洲》(Moord en brand, Oost-Borneo)第108—110页。

3.PRO WO 208/105,1945–09–28。

4.PRO WO 203/6310。

5.Cdr. Mikami Sakuo 著《荷属东印度的海上军事行动：1941年12月—1942年3月》(Naval Operations in the Invasion of Netherlands East Indies Dec. 1941-Mar. 1942)。

6.《1935年沙捞越行政报告》(Sarawak Administration Report 1935)第21页;《1938年沙捞越行政报告》(Sarawak Administration Report 1938)第23页。

7.J. L. Noakes 著《关于日军在1941年6月至1941年12月占领沙捞越期间采取的防御措施的报告，以及日本入侵沙捞越期间英军和沙捞越军事部队的行动报告》(Report on Defence Measures Adopted in Sarawak from June 1941 to the Occupation in December 1941 by Imperial Japanese Forces; Also an Account of the Movement of British and Sarawak Military Forces during the Japanese Invasion of Sarawak)第9页。五万英镑的建造费用由英国空军部和布鲁克执掌的沙捞越政府均摊。

8.C. M. Lane 著《第二次世界大战回忆录》(The Second World War Memoirs)第36页。

9.沙捞越警队成立于1932年。其前身沙捞越突击队组建于19世纪中期，成员都是来自乌都(Undup)河的伊班人。作为布鲁克执掌沙捞越时期唯一的军队，沙捞越突击队只有不到400人，由一名欧洲军官指挥；在20世纪30年代初被改组为野战部队沙捞越警队。参见 Robert Pringle 著《拉惹与叛徒：1841年—1941年布鲁克政府统治下的沙捞越伊班人》(Rajahs and Rebels: The Ibans of Sarawak under Brooke Rule, 1841-1941)第167页；另见1949年10月7日《沙捞越公报》(Sarawak Gazette)。

10.K. D. Shargava 和 K. N. V. Sastri 著《1939年—1945年第二次世界大战期间印度武装部队史：1941年—1942年东南亚战役》(Official History of the Indian Armed Forces in the Second World War, 1939-1945: Campaigns in Southeast Asia, 1941-1942)第370页。

11.J. L. Noakes 著《关于日军在1941年6月至1941年12月占领沙捞越期间采取的防御措施的报告，以及日本入侵沙捞越期间英军和沙捞越军事部队的行动报告》(Report on Defence Measures Adopted in Sarawak from June 1941 to the Occupation in December 1941 by Imperial Japanese Forces; Also an Account of the Movement of British and Sarawak Military Forces during the Japanese Invasion of Sarawak》第 7 — 8 页。

12. 同上第 9 — 10 页。关于英国对沙捞越承诺，参见 Ooi Keat Gin 的文章《失信的承诺？大英帝国未能履行对布鲁克执政下的沙捞越（英国"保护国"）的条约义务》("A Broken Promise? Great Britains Failure to Honour Treaty Obligations to Brooke Sarawak, A British Protectorate")，发表于《印度尼西亚和马来世界》(Indonesia and the Malay World)1999 年第 77 卷第 27 期第 46 — 63 页。

13. AWM 54 243/5/35;AWM 54 213/1/3。

14. 关于上述提议，参见 Shargava 和 Sastri 著《1939 年 — 1945 年第二次世界大战期间印度武装部队史：1941 年 — 1942 年东南亚战役》(Official History of the Indian Armed Forces in the Second World War, 1939-1945: Campaigns in Southeast Asia,1941-1942)第 365 — 366 页。

15. J. L. Noakes 著《关于日军在 1941 年 6 月至 1941 年 12 月占领沙捞越期间采取的防御措施的报告，以及日本入侵沙捞越期间英军和沙捞越军事部队的行动报告》(Report on Defence Measures Adopted in Sarawak from June 1941 to the Occupation in December 1941 by Imperial Japanese Forces;Also an Account of the Movement of British and Sarawak Military Forces during the Japanese Invasion of Sarawak)第二章。

16. 同上。

17. Ramli Nawawi 等著《1945 年 — 1949 年南加里曼丹地区革命史》(Sejarah Revolusi Kemerdekaan, 1945-1949)第 11 页。

18. Vernon L. Porritt 编《东南亚研究特刊》(Special Issue of the Department of Southeast Asian Studies)第 31 页。

19. A. E. Percival 著《马来亚之战》(The War in Malaya)第 94 页。

20. 同上。

21.《马辰人及其文化》("Buku Urang Banjar & Kebudayaannya")第 9 — 11 页。

22. 在厦门学习了一段时间的中文后，勒·格罗斯·克拉克在拉惹查尔斯·维纳·布鲁克的建议下，于 1929 年出任秘书长，负责中国事务。1941 年 5 月，他被任命为首席秘书长。在被指控从事反日活动后，日本人将他从峇都林当转移至前英属北婆罗洲。在日本投降前不久，他和其他囚犯在根地咬被处决。

23. 1941 年 9 月下旬，在布鲁克政府统治 100 周年的庆祝活动结束后，查尔斯·维纳·布鲁克同其夫人蕾妮·西尔维娅一起离开了沙捞越。在拉惹缺席的情况下，最高级别官员——首席秘书长勒·格罗斯·克拉克担任行政官，代替拉惹管理政府。

24. J. L. Noakes 著《关于日军在1941年6月至1941年12月占领沙捞越期间采取的防御措施的报告，以及日本入侵沙捞越期间英军和沙捞越军事部队的行动报告》(*Report on Defence Measures Adopted in Sarawak from June 1941 to the Occupation in December 1941 by Imperial Japanese Forces; Also an Account of the Movement of British and Sarawak Military Forces during the Japanese Invasion of Sarawak*)第15页。

25. 沙捞越行政官兼首席秘书长勒·格罗斯·克拉克在1942年1月24日的讲话——《沙捞越和北婆罗洲，1941年—1959年》(*Sarawak and North Borneo, 1941-1959*)。

26. Danny Tze Ken Wong 著《移民社会的转型：沙巴华人的研究》(*The Transformation of an Immigrant Society:A Study of the Chinese of Sabah*)第143页。

27. 《R. G. 泰勒的日记手稿，1941年12月8日—18日》(*Tyler, R. G. Typescript Diary, 8-18 December 1941*)。

28. 同上。

29. 同上。

30. 关于打拉根和巴里巴板的阻遏计划，参见 Jacob Zwaan 著《1940年—1946年的荷属东印度：1940年—1942年间的过渡形态》(*Nederlands-Indie 1940-1946.I.Gouvernmenteel Intermezzo 1940-1942*)第160、166—167页。

31. 关于阻遏行动的更多细节，参见《1941年5月对英国、荷兰占领区的油田破坏计划》("Plans for destruction of oil plants, British and Dutch territory")；《1942年7月—1945年诗里亚和美里的油田被毁情况报告》("Oil fields project:destruction of Seria and Miri fields, July 1942–1945")。

32. S. Woodburn Kirby 等著《对日作战》第Ⅰ卷《新加坡的沦陷》(*The War Against Japan.Vol. I: The Loss of Singapore*)第222页。

33. J. L. Noakes 著《关于日军在1941年6月至1941年12月占领沙捞越期间采取的防御措施的报告，以及日本入侵沙捞越期间英军和沙捞越军事部队的行动报告》(*Report on Defence Measures Adopted in Sarawak from June 1941 to the Occupation in December 1941 by Imperial Japanese Forces; Also an Account of the Movement of British and Sarawak Military Forces during the Japanese Invasion of Sarawak*)第24页。

34. Shargava 和 Sastri 著《1939年—1945年第二次世界大战期间印度武装部队史：1941年—1942年东南亚战役》(*Official History of the Indian Armed Forces in the Second World War, 1939-1945: Campaigns in Southeast Asia, 1941-1942*)第373页。

35. S. Woodburn Kirby 等著《对日作战》第Ⅰ卷《新加坡的沦陷》(*The War Against Japan.Vol.I:The Loss of Singapore*)第222页。

36.关于日本侵略和占领婆罗洲的军事行动,参见《婆罗洲行动,1941年—1945年》(*Borneo Operations, 1941-1945*)。

37.同上第9页;S. Woodburn Kirby等著《对日作战》第Ⅰ卷《新加坡的沦陷》(*The War Against Japan.Vol.I:The Loss of Singapore*)第223页。

38.S.Woodburn Kirby等著《对日作战》第Ⅰ卷《新加坡的沦陷》(*The War Against Japan.Vol.I:The Loss of Singapore*)第224页。但根据日本方面的说法,护航队的3艘船遭到了敌方潜艇的袭击,均严重损坏,但文献中未提及有无船只被击沉。参见《婆罗洲行动,1941年—1945年》(*Borneo Operations, 1941-1945*)第12页。

39.布鲁克政府的高级官员A. J. N. Richards引自R. H. W. Reece著《以布鲁克之名:白种人拉惹政权在沙捞越的结束》(*The Name of Brooke: The End of White Rajah Rule in Sarawak*)第143、161页。

40.Winston Churchill著《命运的转折点》(*The Hinge of Fate*)第81页。

41.关于第15旁遮普团第2营的命运,参见C. M. Lane著《第二次世界大战回忆录》(*The Second World War Memoirs*);A. V. M. Horton的文章《英国撤离古晋记》("A Note on the British Retreat from Kuching"),发表于《沙捞越博物馆馆刊》(*Sarawak Museum Journal*)1986年12月第36卷第57期第241—249页;A. E. Percival著《马来亚之战》(*The War in Malaya*)第165—175页;Shargava和Sastri著《1939年—1945年第二次世界大战期间印度武装部队史:1941年—1942年东南亚战役》(*Official History of the Indian Armed Forces in the Second World War, 1939-1945: Campaigns in Southeast Asia, 1941-1942*)第374—380页。

第五章

婆罗洲的分割

截至1942年4月初，日本已实现对婆罗洲的绝对控制，接下来的任务就是军事重组、建立新的秩序和维持稳定。之所以要重建婆罗洲政府，是因为婆罗洲能为日本提供大量战争所需的重要资源，尤其是石油、橡胶和各种矿物。由于战况瞬息万变，规划和重组工作也必须跟上形势变化。有鉴于此，前英属婆罗洲和荷属婆罗洲分别由日本帝国陆军和日本帝国海军管辖，这种格局一直维持到了日本投降和1945年8月中旬太平洋战争结束。

军事重组

在攻下沙捞越、文莱和英属北婆罗洲（前英属婆罗洲的全部领地）后，川口支队于1942年3月中旬被调往菲律宾。在出发前，支队将职责移交给了刚从法属印度支那抵达婆罗洲、由中畑恕一（Nakahata Joichi）大佐率领的中畑部队（第4独立混合联队）。[1] 第4独立混合联队隶属于南方军，担负着维护前英属婆罗洲治安、执行扫荡行动、建立军政府、开发战争所需的自然资源等任务。[2] 5月5日，第4独立混合联队作为前田利为中将[3]领导的战斗的序列被编入婆罗洲守备军[4]（Borneo Garrison Army）。婆罗洲守备军是在东京大本营的命令下于1942年4月按照南方军的作战序列编排成立的。

陆军总司令部于5月初抵达美里，接管当地部队（婆罗洲守备军）。但前田中将并不打算把总部设在这个主要的石油中心，而是选择将沙捞越布鲁克政府的所在地古晋作为更合适的行动基地。

1942年7月，第4独立混合联队被进一步改组为独立守备步兵第40和第41大队，各500人。[5] 颇为讽刺的是，前英属婆罗洲在整个1943年期间只有1个500人的营队。从1944年9月22日起，婆罗洲守备军变更为第37军。

在敌对行动停止后，位于巴厘巴板的海军第22特别根据地队（22nd Special Naval Base Force）承担起了维持前荷属婆罗洲法律和秩序的责任。在打拉根，第2海军守备部队（2nd Naval Garrison Unit）负责军事事务。

瓜分土地

根据1941年11月26日日本帝国陆军和海军之间预先商定的权力划分，某领地的"主要"责任将由其中之一承担，"次要"责任由另一方承担。基于这一原则，前英属婆罗洲主要归日本帝国陆军管辖。中国香港、菲律宾、英属马来亚、苏门答腊、爪哇和缅甸的主要行政权也划分到了日本帝国陆军手中。而前荷属婆罗洲、苏拉威西（旧称西里伯斯）、摩鹿加群岛、小巽他群岛、新几内亚、俾斯麦群岛和关岛则主要由日本帝国海军管辖。[6]

海军可以在陆军的领地范围内（中国香港、马尼拉、新加坡、槟城、泗水和达沃）建立"行动基地"，但他们实际上只有两个海军专员办公室，分别在新加坡和泗水（Surabaya）。而陆军只在望加锡设立了一个联络处。[7]

这种按地理划分军事权力和责任的机制符合日本帝国长期以来的实践和目标。

> 一般来说，人口密集、行政任务复杂的地区由陆军管辖；人口稀少，且将被保留用以造福日本帝国的原始地区则由海军管辖。[8]

这份政策声明明确概括了日本帝国将永久占有这些土地的意图。

根据望加锡的西南舰队民政府（海军民政府）首席民政官冈田文秀（Okada Fumihide，任期为1942年7月至1944年3月）所说，"海军民政府的基本政策就是'永久占领'[9]"。"这是军事机密"，冈田在他的回忆录中透露，"只有少数行政部门人员知情"[10]。这在1942年3月14日根据"管理原则"发出的第3167号机要秘书处文件中有明确说明。

> 应以永久保留的目的，将以海军为主要行政机关的领地置于日本控制之下。为此，海军应制定行政等政策，促进整个地区有机并入日本帝国。[11]

基于这一清晰的权责划分，日本帝国陆军和海军分别接管了前英属婆罗洲（北婆罗洲）和前荷属婆罗洲（南婆罗洲），行政中心分别设立在古晋和马辰（地图5.1）。[12]

日本殖民统治时期婆罗洲的管理

在占领初期（1941年12月），南婆罗洲的军事管理由西南方面舰队负责。西南方面舰队的最高首领是总司令，其下是管理民政府的监察长（Sokan），由文官担任。冈田就是这一时期的民政府Sokan。上述民政府也即海军民政府，设立在望加锡。民政府有3个地方行政分支：苏拉威西民政部，位于望加锡；加里曼丹（婆罗洲）民政部，位于马辰；斯兰岛（Ceram）民政部，位于安汶。各由1名部门负责人和1组从各部（内政部、财政部、农林部、商业部和工业部等等）招募的文职官员负责管理。

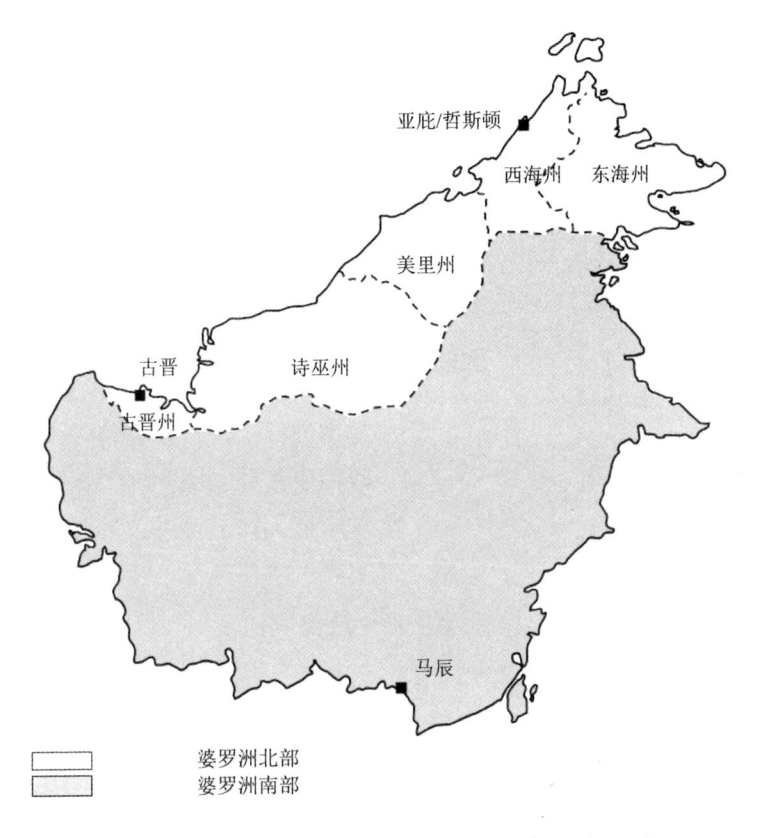

地图5.1　日本殖民统治时期(1941—1945)的婆罗洲

南婆罗洲由婆罗洲民政部主任管理。婆罗洲民政部包括4个部门：秘书处、政治事务部、经济部和卫生部，每个部门都配有1名领导（见图5.1）。在战争形势对日本不利的情况下，南遣舰队第2支队接管了指挥权（见图5.2）。婆罗洲民政部的首席民政官控制着多个机构（见图5.3）。

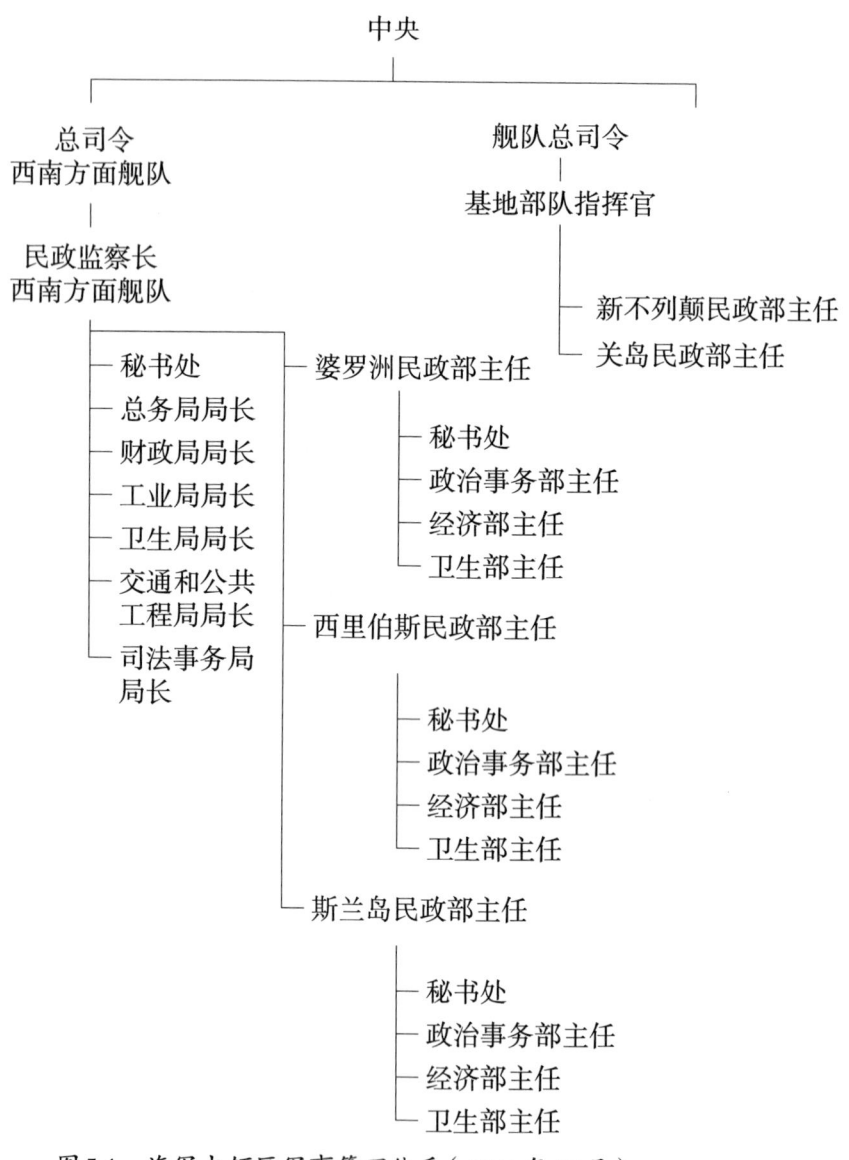

```
                          中央
        ┌──────────────────┴──────────────────┐
      总司令                                舰队总司令
    西南方面舰队                           基地部队指挥官
        │                                     │
    民政监察长                                 ├── 新不列颠民政部主任
    西南方面舰队                               └── 关岛民政部主任
        │
        ├── 秘书处
        ├── 总务局局长
        ├── 财政局局长
        ├── 工业局局长
        ├── 卫生局局长
        ├── 交通和公共工程局局长
        ├── 司法事务局局长
        │
        ├── 婆罗洲民政部主任
        │     ├── 秘书处
        │     ├── 政治事务部主任
        │     ├── 经济部主任
        │     └── 卫生部主任
        │
        ├── 西里伯斯民政部主任
        │     ├── 秘书处
        │     ├── 政治事务部主任
        │     ├── 经济部主任
        │     └── 卫生部主任
        │
        └── 斯兰岛民政部主任
              ├── 秘书处
              ├── 政治事务部主任
              ├── 经济部主任
              └── 卫生部主任
```

图 5.1　海军占领区军事管理体系（1941年12月）

出处：《日本对印度尼西亚的军事管理》第55页。

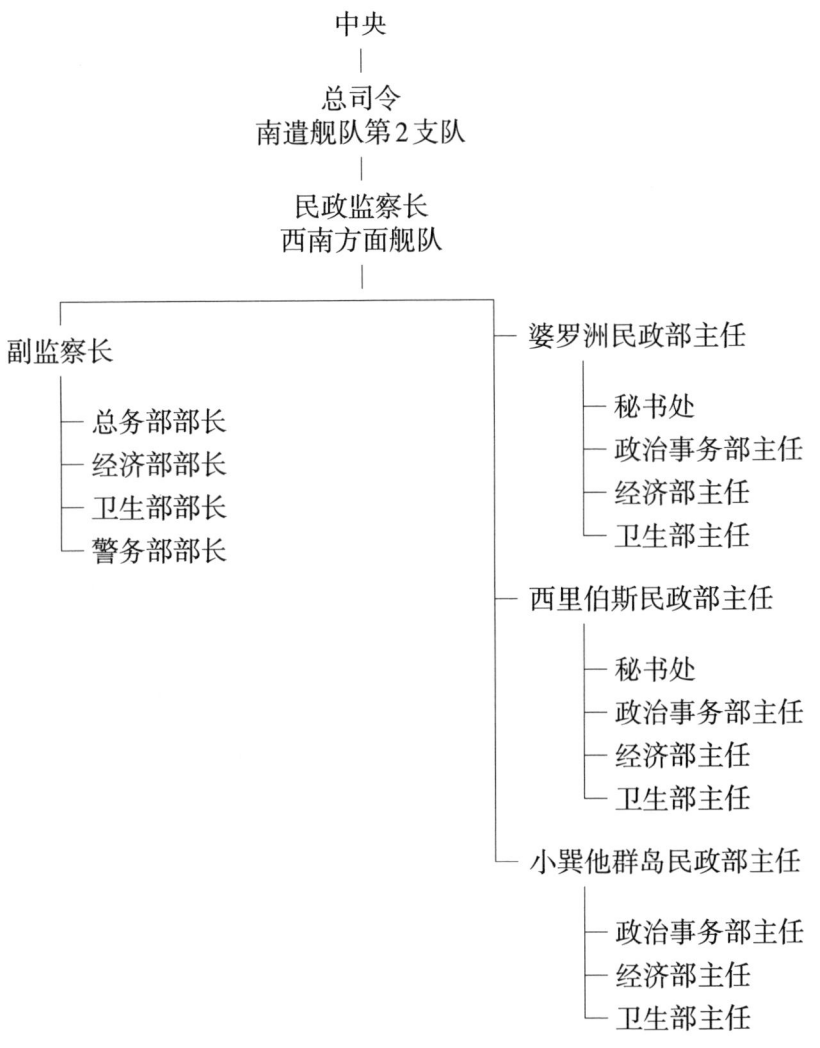

```
                        中央
                         |
                        总司令
                     南遣舰队第2支队
                         |
                       民政监察长
                      西南方面舰队
                         |
        ┌────────────────┴────────────────┐
     副监察长                        婆罗洲民政部主任
        ├─ 总务部部长                    ├─ 秘书处
        ├─ 经济部部长                    ├─ 政治事务部主任
        ├─ 卫生部部长                    ├─ 经济部主任
        └─ 警务部部长                    └─ 卫生部主任

                                    西里伯斯民政部主任
                                         ├─ 秘书处
                                         ├─ 政治事务部主任
                                         ├─ 经济部主任
                                         └─ 卫生部主任

                                    小巽他群岛民政部主任
                                         ├─ 政治事务部主任
                                         ├─ 经济部主任
                                         └─ 卫生部主任
```

图5.2 海军占领区军事管理体系（后期）

出处：《日本对印度尼西亚的军事管理》第56页。

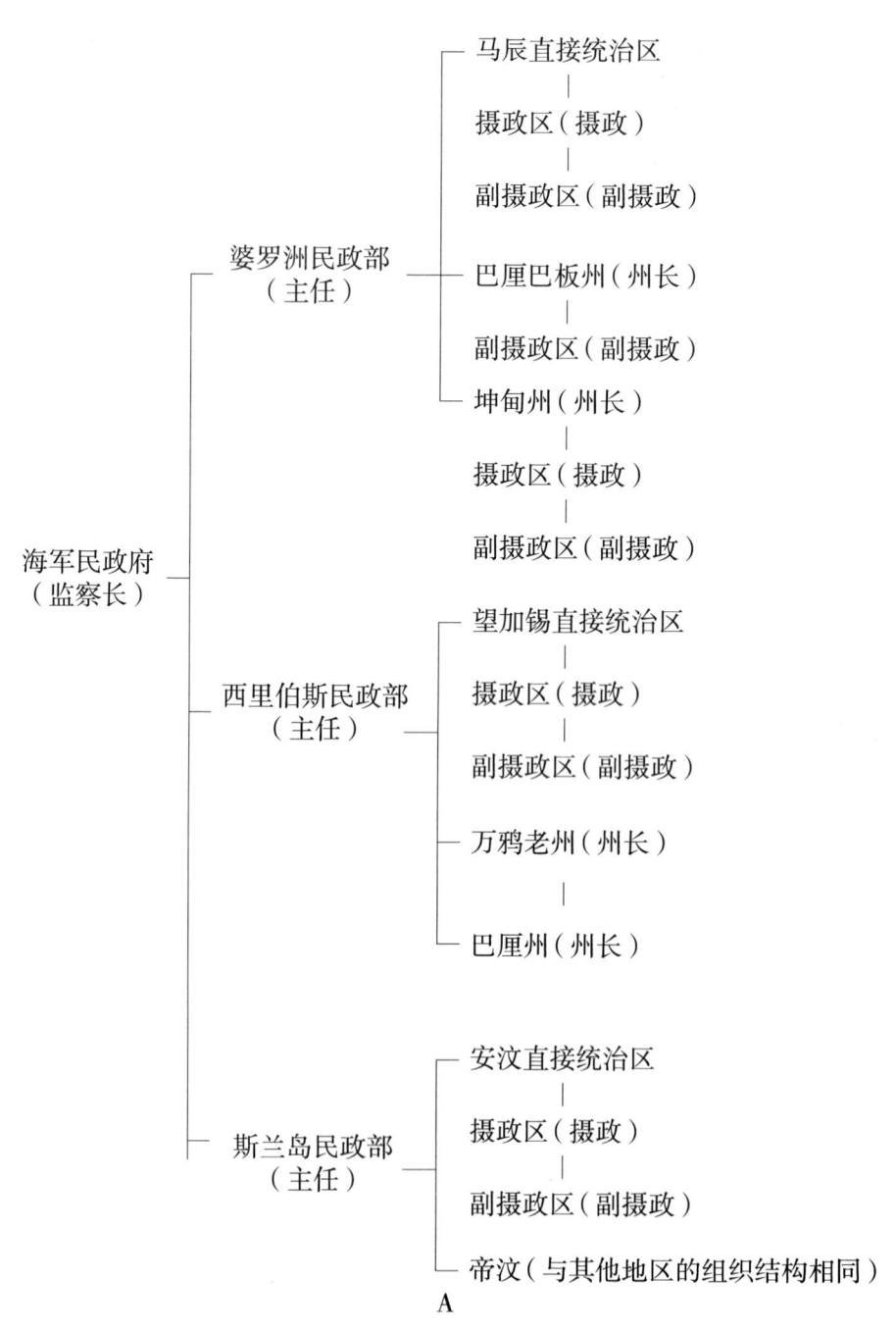

```
                                    ┌─ 马辰直接统治区
                                    │
                                    ├─ 摄政区（摄政）
                                    │
                                    ├─ 副摄政区（副摄政）
                                    │
                   ┌─ 婆罗洲民政部 ──┼─ 巴厘巴板州（州长）
                   │   （主任）     │
                   │                ├─ 副摄政区（副摄政）
                   │                │
                   │                ├─ 坤甸州（州长）
                   │                │
                   │                ├─ 摄政区（摄政）
                   │                │
                   │                └─ 副摄政区（副摄政）
                   │
                   │                ┌─ 望加锡直接统治区
                   │                │
                   │                ├─ 摄政区（摄政）
海军民政府 ────────┤                │
（监察长）         ├─ 西里伯斯民政部─┼─ 副摄政区（副摄政）
                   │   （主任）     │
                   │                ├─ 万鸦老州（州长）
                   │                │
                   │                └─ 巴厘州（州长）
                   │
                   │                ┌─ 安汶直接统治区
                   │                │
                   │                ├─ 摄政区（摄政）
                   └─ 斯兰岛民政部 ─┤
                       （主任）     ├─ 副摄政区（副摄政）
                                    │
                                    └─ 帝汶（与其他地区的组织结构相同）
                                    A
```

图 5.3　海军民政府（1942 年 10 月）

出处：《日本对印度尼西亚的军事管理》第 210 页。

战前由荷兰直接控制的领地（各由1名叫作"区长"的社区领袖管理）被纳入日本帝国海军的管辖范围。战前所谓的"自治区"由各自的拉惹（苏丹）管辖，现在拉惹被重新指定为"区长"，西婆罗洲被划分为12个自治区，名义上变成了由各自的"区长"管理。

在更高的行政级别上，各民政部的管辖区域被重新命名为"州"（Shu），由"州长"（Shu-cho）管理。如果某个州与民政部所在地重合，那么该州应归为民政部的"直辖区"。例如位于南婆罗洲的马辰就由婆罗洲民政部直接管辖。[13]

战前属于荷兰的区（Afdeeling）被改名为"摄政区"（Bun），由"摄政"（Bun-cho）管理。但打拉根和巴厘巴板不包含在内，它们都归马辰的婆罗洲民政部管辖。战前的"次区"（Onderafdeeling）变成了"副摄政区"（Fuku Bun），由"副摄政"（Fuku Bun-cho）管理。州长、摄政和副摄政都由日本文官担任。副摄政以下级别的官员，如郡长（Gun-cho，对应战前的基亚伊即Kiai），则由本地人担任，但须经过选拔。

> 日本当局从当地居民中聘请尽可能多的优秀人才和有经验的人士从事基层工作。与此同时，在选择和分配职务时也应当做出适当的考量，以提升管理效率和获得当地人民的信任。[14]

在战前殖民时期，基亚伊受督察（Controleur）和副督察（Adspirant Controleur）的监督，在日本殖民统治时期，郡长的工作和活动由分县管理官监督。各个郡由多个副郡构成，每个副郡包括多个村。每个村都有1位村长。

1942年3月14日海军省的一份机密文件中提到了日本帝国海军领地（包括南婆罗洲）的具体管理原则。

> 被占土地的管理一般应遵循先前的制度，行政人员须顺应各地的风俗习惯、社会结构、宗教和文化……在沿用先前

· 81 ·

的行政体制时须遵循一个关键目标：重用那些真正愿意与日本合作的当地首领和官员。荷兰人以及其他外国人的雇用应仅限于特殊情况，例如对管理当地人口有特别优势时。[15]

另外，也有人建议对当地居民实行间接管理。"雇用那些受欢迎的官员、长者和州长"可以起到一定的缓冲作用，来"尽量减少日本公民与当地民众的直接接触"[16]。

基于永久占领政策，马辰民政部的工作人员都是从日本招过来的。对此冈田解释道：

> 通过把各政府部门的人才派往东南亚，将文职官员任命为首席民政官（Sokan）、局长和民政部负责人（Chokan），海军正在积极而细致地为未来打下基础。如果只是为暂时的作战需求而建立行政机构，那就没必要下这么大功夫了。[17]

日本帝国陆军控制下的北婆罗洲自上而下分别是婆罗洲守备军指挥官、参谋长、州长和8大部门（总务、警务、财政、工业、通信、军政、敌方财产管理和调研部）领导。从1943年4月起，调研部被重新命名为"调研机构"（见图5.4及图5.5）。

和南婆罗洲的管理模式不同（日本帝国海军对整个南婆罗洲、西里伯斯和小巽他群岛分别进行单独管理），北婆罗洲被划分为5个行政省份（Shu）：古晋州（包括布鲁克执掌沙捞越期间的第1和第2行政区、西婆罗洲和纳土纳群岛）、诗巫州（第3行政区）、美里州（第4和第5行政区、文莱）、西海州（前英属北婆罗洲西海岸和纳闽）和东海州（前英属北婆罗洲东海岸）。1942年中期，敌对行动停止，西婆罗洲坤甸地区被移交给了日本帝国海军当局，随后并入南婆罗洲。上述省份被进一步划分为县市（见表5.1）。

· 82 ·

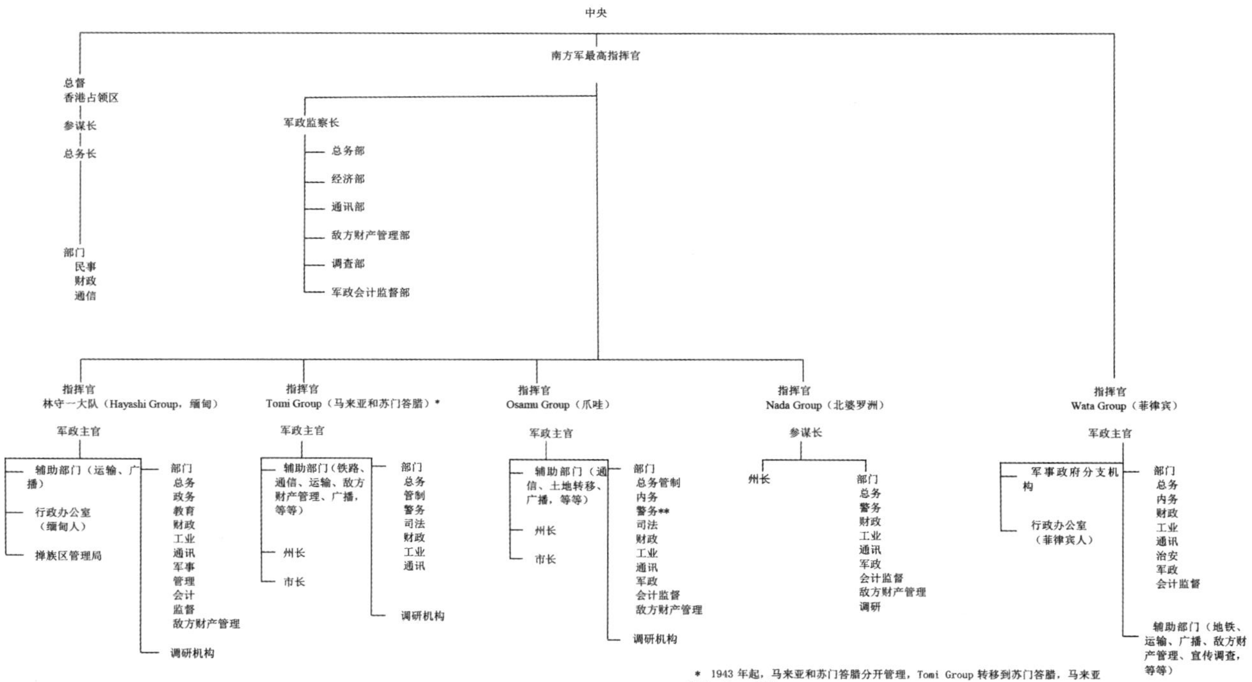

图 5.4 陆军占领区军政府结构（1941 年 12 月）

出处：《日本对印度尼西亚的军事管理》第 53 页。

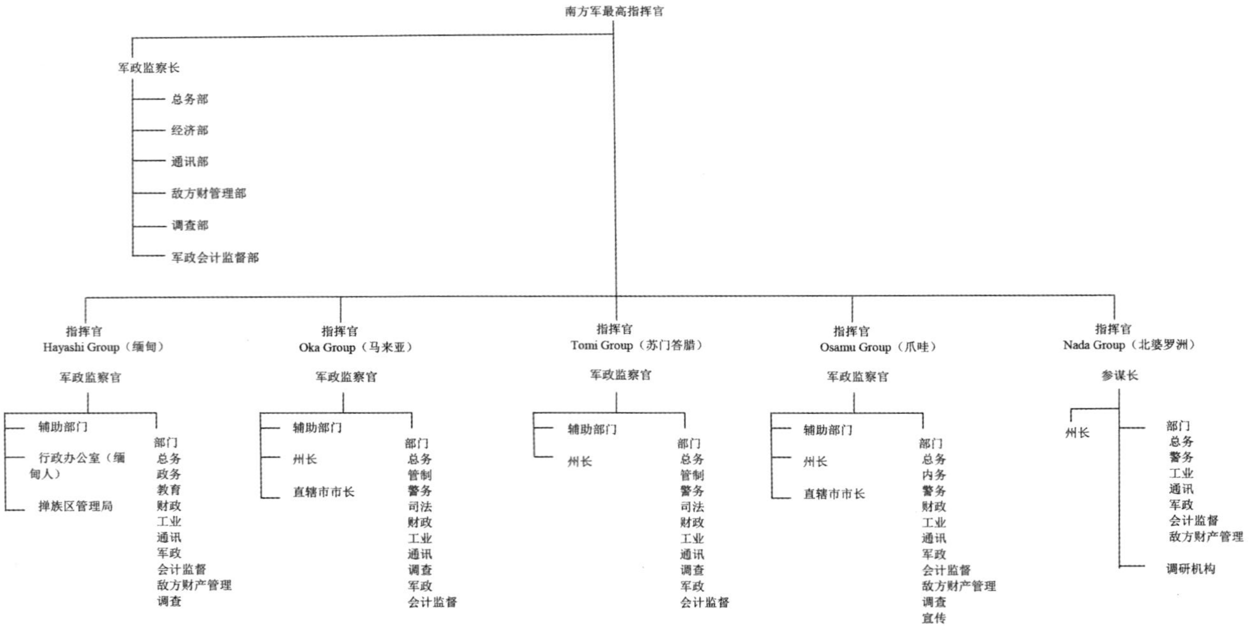

图 5.5 陆军占领区军政府结构（1943 年 4 月）

出处：《日本对印度尼西亚的军事管理》第 54 页。

尽管海军和陆军对其各自管辖的土地的长期政策存在差异，但他们都必须遵守一些一般性指导方针和行政原则。3个必须实现的基本目标是"恢复公共秩序，加快获取对国防至关重要的资源，确保军事人员在经济方面的自给自足"[18]，这3点的重要性不言而喻。在行政体制方面，"应尽可能利用现有的政府组织，尊重以往的组织结构和本土惯例"[19]。

表5.1 北婆罗洲行政区划

省份（州）	区域	县市
古晋州	沙捞越第1和第2行政区；西婆罗洲；纳土纳群岛	古晋，成邦江
诗巫州	沙捞越第3行政区	诗巫；民都鲁
美里州	沙捞越第4行政区；文莱	美里；文莱镇
西海州	英属北婆罗洲西海岸，包括纳闽岛	哲斯顿；博和托（Bohoto，包括纳闽）；古打毛律（Kota Belud）；根地咬
东海州	英属北婆罗洲东海岸	斗湖；山打；拿笃（Lahad Datu）；比鲁兰（Beruran）

出处：《澳大利亚在东南亚的登陆部队战时情报报告》；《"旭日"升起在婆罗洲：1941年—1945年日本占领下的沙捞越》第40、62页；《日本占领时期：1941年—1945年日本统治下的沙捞越》第55—56页。

由于之前的本土统治者和当地官员在管理上粗枝大叶、敷衍马虎，产生了不少遗留问题，陆军副部长向新加坡军政总部负责人发出指示称：

> 赢得民心是当下极为关键的环节……但从最近的一些有关自治区首领待遇的报告来看……他们在战前分配到的行政津贴等拨款可能已被大幅削减，随着威望降低，他们的待遇已经大不如从前……因此，各陆军部队在对待自治区首

领时应特别谨慎……要让他们的威望相比殖民时期有所提升……[20]

然而，在加速获取资源的过程中，当局仍然免不了让土著人蒙受损失。"获取重要资源，实现国防和占领军的自给自足必定会给土著人造成经济上的困难，我们必须接受这个事实"[21]。

无论是陆军还是海军，他们对待各自管辖的土地上的当地居民的态度和方式都遵循着基本的人种原则。他们要让当地人明白，日本人不是他们的敌人。因此"当地的风俗习惯和宗教信仰暂时不会受到干涉"[22]。

在确保占领军能够自给自足和获取到国防所需重要资源的前提下，应尽量减少对当地人的生活影响，但不得因此采取单纯以安抚为目的的措施。同时要注意不激起民族主义运动。[23]

对于管辖的土地上的中国居民，"海军和陆军的主要目标是……利用他们现有的商业组织和实践，来使我们的政策受益"[24]；华人社区之间以及他们与中国大陆之间的联系必须被切断[25]；参与反日和起义活动的华人以及其他人将受到严肃处理，包括肉刑。

法律与秩序

在成立警察部队和司法体制之前，维护法律和秩序的任务由当地军事指挥官及其部队代为负责。具体来说，南婆罗洲的治安工作由总部设在巴厘巴板的海军第22特别根据地队承担。北婆罗洲的治安工作由第4独立混合联队承担。

在南婆罗洲以及其他日本帝国海军的领地，民政部警察部队负责一般性的警务工作，对警察和司法部的警务部门负责。民政部以马辰为中心，其警察部队也自然以此为中心，其分支设在打拉根、巴厘巴板和坤甸等主要城市。民政部警察部队由日本军官领导，他们从土著居民中招募士兵，尤其青睐那些在战前荷兰殖民地警察部门服役过的人。

民政部警察部队同日本海军特警队（Tokkei Tai）之间保持着密切合作。后者的主要职责是从海军第22特别根据地队抽调人员，对抗并消灭反日分子、起义分子和他们的地下活动。海军特警队通过收买包括中国人在内的当地居民来组建特工和线人网络，以获取他们周边的信息。民政部和日本商业团体之间的联络机构——报国会（Hojin Hokokukai）也会向海军特警队提供情报，但他们这么做不是为金钱，而是出于爱国责任。[26]在揭露、调查、逮捕、审讯以及处决那些参与或涉嫌参与当地起义活动的嫌疑人时，海军特警队往往会采用高压手段。他们逼供的手法令人胆寒。

在战后审讯中，海军特警队成员称"会通过严刑拷打逼迫嫌疑人认罪……强制他们在空白文件上签名或摁下指纹，之后再将指控内容填上去"[27]。

在打击一系列抗日活动（尤其是1943年10月至1944年1月的坤甸事件）的过程中，海军特警队的残暴狠毒体现得淋漓尽致。[28]海军特警队与守备队（Keibi Tai）也有着密切合作。在南婆罗洲，海军特警队和守备队由同一名军官领导。

一般来说，嫌疑人的调查结果和审讯报告都会呈交给海军军事法庭（Naval Court Martial）进行审议，以便对他们做出适当的审判。婆罗洲司法机构是位于泗水的海军军事法院，其司法程序实质上形同虚设，因为他们是基于海军特警队出具的证词和陈述来作出裁决，而这些信息通常都是使用酷刑获取来的。在战后的审讯中，南婆罗洲的海军特警队副指挥山本聪一（Yamamoto Soichi）中尉描述了海军军事法院里的一段场景。

> 12名被告人被带入法庭，排成1排。他们没有辩护人。在报完姓名等细节后，他们被问及是否认罪。随后被告方全数认罪并被带离法庭，法官宣布休庭，以考虑量刑。复庭后，法官宣布判决结果——对被告人全部处以死刑。在诸如此类的审判中，没有哪个被告人被判无罪。而对于这个特殊法庭给出的判决结果，也不存在任何上诉的可能。[29]

此外，许多犯罪嫌疑犯，特别是那些涉嫌参与了起义活动的人，实际上都已经在海军特别根据地队指挥官的命令或批准下以及守备队的协助下，被海军特警队处决了。

虽然海军特警队同宪兵队同样劣迹斑斑、臭名昭著，但他们没有经过任何警务工作培训，也没有形成宪兵队引以为豪的严格纪律，因此在公务执行方面做得十分糟糕。海军特警队成员普遍都来自农村家庭，受教育程度和智力水平都很低。海军特警队各单位的头子都是那些在战场上因立下战功而获得提拔的下级军官。

民政部警察部队和海军特警队的背后还隐藏着一个从事间谍活动的日本帝国海军秘密情报机构花机关（Hana Kikan）。该机构的特工主要是日本人，他们渗透进社会的各个层面，充当"监听站"的作用。

北婆罗洲的宪兵队与南婆罗洲的海军特警队在职责内容和行事方式上没有太大不同，但宪兵队在北婆罗洲拥有最高的警察权力，并直接对陆军总司令和东京参谋本部负责。宪兵队办事处位于古晋爪哇道（Jalan Jawa）上的一幢风格别致的两层平房内，其职责是监视当地居民，及时调查并消除反日行为的迹象。协助宪兵队的是一个特工和线人网络。"有时候，只要有人出于嫉妒、怨恨或报复目的提供对他人不利的信息，不管对方是谁，都有可能遭到逮捕和刑罚"[30]。这对所有人来说都是煎熬，无论他们在战前的地位和影响力如何。例如在古晋和诗巫，几名与战前中国救助基金有牵连的中国商人就曾接受过宪兵队的问话。以下是哲斯顿体育俱乐部大楼内（1944年4月起被宪兵队征用为总部）的几名嫌疑人经历过的刑罚：

> 在时间有限的情况下，他们会使用水刑，因为水刑是最快速、最有效的惩罚方式。4名日本卫兵将受害者扶起，向他嘴里插入一根连接着水桶的水管，然后按住他的喉咙，强行将水灌进肚子。在灌下两桶水后，受害者因为腹部无法承受水的巨大重量而晕倒在地。接着4名卫兵朝受害者的背部和腹部猛踩，直到水从他的耳、鼻、口等部位渗出。[31]

以下是宪兵队在被带刺铁丝网包围的战俘和平民的拘留营内惯用的酷刑之一：

> 除了水刑，他们还经常使用其他许多残忍和非法的刑罚。例如在不做任何防护的情况下，让犯人暴晒几个小时。将犯人的双臂吊起（有时甚至会导致他们双臂脱臼），然后将整个身体绑住，任其被昆虫叮咬。把犯人关进狭小的笼子，连续几天不给食物。把犯人关进没有一丝光线和新鲜空气的地下牢房数周，几乎不给他们食物。强迫犯人长时间跪立在尖锐物体上……如果找不到受罚的个体，他们会惩罚集体。[32]

这些场景在古晋城外的峇都林当战俘集中营（婆罗洲最大的集中营）和其他一些婆罗洲的日本设施内都曾真实发生过。

一旦被举报有罪，就一定会被认定为有罪，无论是自愿认罪还是被迫认罪，都应立即受到惩罚，这就是日本人的"正义"。比起长期监禁，他们更倾向于对犯人进行斩首。

当地居民都曾目睹日本人的这些手段,认为日本的做法过于残忍和惨无人道。如果有人胆敢拒绝向日本哨兵鞠躬,那他一定会被扇一顿耳光,偶尔还会被踢打胸部和腹部,以示惩戒。对于偷窃等轻罪,日本人会选择当众羞辱罪犯,比如在他的脖子上挂一张写明犯罪细节的牌子,然后带他游街一圈。婆罗洲的土著人(例如沙捞越的伊班族)对日本的司法手段普遍都感到震惊。

> 伊班人对日本司法的态度可以用"adat jipun salah(日本人的行事方式是错误的)"和"adat jipun endah manah(日本的习俗是腐朽的)"这两句话来概括。"Ukum jipun(日本司法)"已经成了罪行与罪罚极不相称的代名词。[33]

在北婆罗洲,军事当局从1942年11月起恢复了战前的民事法庭制度,地方法官改用沙捞越刑法。

日本帝国海军领地(包括南婆罗洲)的司法系统的发展经历了两个阶段。在占领婆罗洲的第1年,日本保留了战前的地方法院和刑事法院。地方法院有两所,一所在望加锡,另一所在泗水。前者的司法管辖范围是苏拉威西岛以东地区,后者是整个南婆罗洲。1942年4月底,司法系统开始运作,其遵循的原则如下:采用一审终审制;不恢复民事法院;重开刑事法院;恢复战前的司法制度;消除法院中的种族歧视;尊重自治地区的当地法院系统。[34]根据"重开刑事法院"原则,望加锡设立了一所刑事法院;第1庭负责处理"刑期在3个月以下或罚金在500卢比以下的轻罪案件",第2庭负责其他的刑事案件[35]。刑事法院第1庭在其直接管辖区的各个县设有分庭,第2庭只设立在主要的中心城市,特别是马辰、望加锡和安汶。在各个自治区域,战前法院和宗教法院都保留了下来。

之后在1942年11月1日,司法系统经历了一次全面改革。

这一天，日本当局在婆罗洲颁布《临时民政法院条例》（*Ordinance of the Temporary Civil Administration Courts*），成立了民政法院。至此，刑事审判的基本法规制定完成（军事法庭外的刑事审判除外）……望加锡的地方法院变成了高等法院，一个以此为中心的新的司法体系形成。在这所高等法院之下，还有9所地方法院设立在各县。万鸦老（Menado）和南婆罗洲还设立了乡村法院。[36]

高等伊斯兰法院和适当照顾穆斯林群体需求的地方伊斯兰法院只存在于南婆罗洲。[37]

注

1.《婆罗洲行动，1941年—1945年》（*Borneo Operations, 1941—1945*）第19—20页。

2.同上第20页。

3.前田于1940年9月访问了英属北婆罗洲。参见第二章。

4.婆罗洲守备军（Borneo Defense Force）也叫作婆罗洲防卫军（Nada 9801 Unit 或 Nada Group）。

5.1942年12月，独立守备队第41大队被调往泰国。一年后，他们又回到婆罗洲。《婆罗洲行动，1941年—1945年》第22—23页。

6.《陆军与海军关于在占领地区进行军事管理的协议》（"Army-Navy Central Agreement for Establishing Military Administration in Occupied Territories"）;《占领南部重要地区的命令》（"Orders Relating to the Occupation of the Vital Southern Area"）;《陆军与海军关于在占领地区进行军事管理的协议》（"Army-Navy Central Agreement for Establishing Military Administration in Occupied Territories"）。以上均译自日文文件《特别情报公报：日本在东南亚的计划与行动》（*Special Intelligence Bulletin: Japanese Plans and Operation in S.E.Asia*）。

7.The Okuma Memorial Social Sciences Research Institute编《日本对印度尼西亚的军事

管理》(*Japanese Military Administration in Indonesia*)第132页。

8.《陆军与海军关于在占领地区进行军事管理的协议》("Army-Navy Central Agreement for Establishing Military Administration in Occupied Territories"),译自日文文件《特别情报公报:日本在东南亚的计划与行动》(*Special Intelligence Bulletin: Japanese Plans and Operation in S.E.Asia*)。

9.Okada Fumihide的文章《西里伯斯的民政管理》("Civil Administration in Celebes"),发表于Anthony Reid 和 Oki Akira 编《日本人在印度尼西亚:1942年—1945年精选回忆录》(*The Japanese Experience in Indonesia: Selected Memoirs of 1942-1945*)第142页。

10.同上。

11.H. J. Benda、K. Irikura 和 K. Kishi 编1942年3月第6号文件《占领区军事管理执行纲要》(*Outline on the Conduct of Military Administration in Occupied Areas*)第27、29页。

12.自1944年4月起,哲斯顿取代古晋,成为日本帝国陆军第37军指挥部所在地。

13.H. J. Benda、K. Irikura 和 K. Kishi 编《海军民政府文件汇编》(*Navy Civil Government*)1942年10月第208页。

14.同上第207页。

15.H. J. Benda、K. Irikura 和 K. Kishi 编《占领区军事管理执行纲要》(*Outline on the Conduct of Military Administration in Occupied Areas*)第29页。

16.同上。

17.Okada Fumihide的文章《西里伯斯的民政管理》("Civil Administration in Celebes"),发表于Anthony Reid和Oki Akira编《日本人在印度尼西亚:1942年—1945年精选回忆录》(*The Japanese Experience in Indonesia: Selected Memoirs of 1942-1945*)第142页。

18.H. J. Benda、K. Irikura 和 K. Kishi 编《南部占领区的管辖原则》(*Principles Governing the Administration of Occupied Southern Areas*)第1页。

19.同上。

20.H. J. Benda、K. Irikura 和 K. Kishi 编《关于南部占领区行政管理的电报》(*Telegram on the Administration of Occupied Southern Areas*)第47页。

21.H. J. Benda、K. Irikura 和 K. Kishi 编《南部占领区的管辖原则》(*Principles Governing the Administration of Occupied Southern Areas*)第2页。

22.H. J. Benda、K. Irikura 和 K. Kishi 编《占领区军事管理执行纲要》(*Outline on the

Conduct of Military Administration in Occupied Areas）第29页。

23.同上第29—30页。

24.同上第30页。另参见 H. J. Benda、K. Irikura 和 K. Kishi 编《管辖华人的措施》（*Principles Governing the Implementation of Measures relative to the Chinese*）第180—181页。

25.H. J. Benda、K. Irikura 和 K. Kishi 编《占领区军事管理执行纲要》（*Outline on the Conduct of Military Administration in Occupied Areas*）第30页。

26.Ooi Keat Gin 的文章《精心策划的战略还是毫无意义的杀戮》（"Calculated Strategy or Senseless Murder"），发表于Peter Post编《太平洋战争中的印度尼西亚》（*Indonesia in the Pacific War*）第215页。

27.MFAA INV.NR 01955第3页。

28.《婆罗洲行动，1941年—1945年》第八章。

29.摘自《第3号审讯报告》（*Interrogation Report No.3*），NIOD 009799-009803。

30.《沙捞越时报》（*Sarawak Tribune*）1946年1月10日。

31.Stephen R. Evans 著《日本殖民统治下的沙巴》（*Sabah under the Rising Sun Government*）第39页。

32.Edward F. L. Russell 著《武士道：日本战争罪行简史》（*The Knights of Bushido: A Short History of Japanese War Crimes*）第57页。

33.Bob Reece 著《日本占领时期：1941年—1945年日本统治下的沙捞越》（*Masa Jepun: Sarawak under the Japanese 1941-1945*）第91页。

34.The Okuma Memorial Social Sciences Research Institute 编《日本对印度尼西亚的军事管理》（*Japanese Military Administration in Indonesia*）第181页。

35.同上第181—182页。

36.同上第182页。

37.同上第183页。

第六章

北婆罗洲

1942年底，在占领前英国殖民地沙捞越、文莱和英属北婆罗洲（统称为北婆罗洲）大约1年后，日本成立了一批机构组织，并实施了一些政策。北婆罗洲人民的日常生活跟战前相比发生了翻天覆地的变化。虽然战时物资匮乏，条件艰苦，但这也激发了人们的创造力和智慧。一些人在惊恐之中安然度过了日本殖民统治时期，一些人在经受各种各样的困境和灾难后幸运地活了下来。而那些在艰难时期失去至爱的人，他们的伤痛是任何语言都无法抚慰的。

恐惧情绪

根据日本帝国陆军的政策，当局建立了军政部（Gunseibu）来管理北婆罗洲多元化、多民族的5个省份（州）。这5个省份总面积超过210100平方公里，人口在100万左右。军政部的总部最初设在石油生产中心美里，1942年中期迁至古晋，接着又在1944年4月迁至哲斯顿。

在战争时期建立军政部无疑会制造恐惧情绪，让统治者与民众之间的关系变得紧张。在军事当局的铁腕统治下，战前的那种随性、悠闲、懒散的生活方式很快就消失了，取而代之的是警觉多疑和忧虑不安。宪兵队几乎渗透进了"各个角落"，他们的线人也许就是你的邻居、熟人等可能会举报你有不妥行为的人。残暴成性的宪兵队让所有北婆罗洲的居民都为之战栗。他们在"刑讯前拷打犯人"的惯常做法令人咂舌，这在很大程度上加剧了民众的恐惧。

对日本人来说，向任何一个日本人鞠躬是一种司空见惯的社会文化礼仪，但在北婆罗洲的当地人看来，却是一种新奇的行为。

> 白天的时候，当地人必须向到访的日本军官或士兵90度深鞠躬，并称呼他们为"Tuan"（老爷）。如果不遵守这些礼

仪规范,就会被狠狠地扇一耳光。[1]

以下这段行鞠躬礼的情节可能听起来很滑稽,但对于生活在当时的人们来说,这几乎是个生死攸关的时刻,而绝非一出残忍的闹剧。

> 有时候,日本哨兵会离开岗亭,到附近转一转,舒展下疲惫的双脚。保险起见,识趣的公民在路过岗亭时会恭敬地鞠个躬,哪怕里面看上去没有人![2]

扇耳光是对那些没有礼数的公民的一种粗鲁的警告方式。对当地人而言,鞠躬礼象征着新政权下新时代的到来。

但并不是所有人都对扇耳光的行为持消极态度。出生于沙捞越的首位律师、政治家兼马来西亚内阁大臣杨国斯(Stephen Yong Kuet Tze, 1921—2001)就冲着一名粗鲁对待下属的日本上司勇敢地扇了一巴掌。这位"向来脾气暴躁,对员工有暴力倾向"的主管在被告知航程取消后大发雷霆。

> 他冲着办公室大喊"阴谋!阴谋!"身材矮小、面色苍白的王福祥(Wong Foo Siang)是在场唯一精通日语的员工,他试图用日语小声向上司解释原因,但还没等他说完,主管就给了他一巴掌。我(杨国斯)当时就站在他们附近,在目睹这一幕后我非常生气,于是走上前,一个字没说就朝那个日本人甩了一记同样响亮的巴掌。他惊得呆住了,然后抬起手想打过来。我意识到自己不是他的对手,于是就向后退了一步,没让他打中。[3]

好在日本总经理及时赶来解围,让那位主管离开了现场。不过,杨国斯的做法绝对是个例。

除了扇耳光等野蛮行为外，有权势的日本人（包括步兵）还会对平民实施暴力。日本士兵对待平民的这种苛刻和粗鲁态度可能是源于他们的农民出身，或者自身的卑微地位和自卑感。作为一种补偿，对他人实施暴力能让他们获得优越感。[4]

经济政策

美里和诗里亚的油田以及罗东的炼油设施（美里以北11公里）令日本垂涎已久。北婆罗洲建立后，石油开采便成了日本的头等要务。为此，日本当局制定了以下指导方针：

> 应重点开发石油资源并提供石油开采所需的一切，包括优先分配资金、设备等。
>
> 石油企业初期应由军事当局直接管理，待条件允许时方可转为私人管理。
>
> 在选择合适的开采区时，应当考虑开采和运输难度；应在提取航空汽油方面格外努力。
>
> 恢复当地生产石油所需的必要设施，同时充分考虑现有设施的状况以及日本和中国东北地区的生产情况。[5]

尽管在日军登陆前几天，石油设施遭到破坏，但盟军的空中侦察报告显示，美里、诗里亚和罗东的设施仍可正常运作。1944年全年的日均产量达到了1200桶。而且根据盟军在1944年10月拍摄的照片来看，罗东炼油厂被修复得相当好。

航拍照片显示，日本总共有14个储油罐，约60万桶的储量……与战前65万桶的储量大致相当……此外，他们还有足够的管道来铺设3条5公里长的新线路……很明显……日本在1943年7月1日至1944年6月30日期间修复了这几条线路，从该地区运送了近1100万桶原油和燃油，以及约460万桶炼油厂成品。[6]

日本人似乎将许多早前带去新加坡保管的重要设备（包括蒸汽驱动的泵机）和部件运往了美里-罗东。据战后估算，美里和诗里亚在3年半的日本殖民统治期间总共生产了1149.8万桶石油。[7]

日本还设法在罗东建造了第3个也是最先进的一个蒸馏单元，用以生产具有重要战略意义的润滑油。该蒸馏单元每天仅加工2500桶原油。日本还以惊人的速度修复好了在阻遏行动中受损的海上输油管道，这可能是为了增加日本的石油供应。考虑到油船在摩拉（Muara）停泊比在罗东停泊更加安全，日本计划铺设一条连接诗里亚和摩拉、总长192公里的新管道。该项目在战争结束时已基本完工。连同新管道一起修建的还有5座位于摩拉的深水管道码头。他们还从爪哇引进了数百名劳工，后者被强迫在日本工程师的监督下从事重活。[8]

1944年9月的一份日本报告揭示了北婆罗洲在石油供应方面对日本战事的重要性："目前为止，几乎所有运往日本的原油都产自美里、诗里亚和罗东。其中船用燃油的供应最为充足……。"[9]

军政部允许一家中国公司继续在沙捞越北部的金矿区——石隆门开采金矿，但前提是所有矿产都必须交付给军方。一直以来被认为已经枯竭的汞和锑资源（最早开采于19世纪20年代，停止于19世纪90年代）也被一家日本公司重新开采了起来。作为军火工业中的战略矿物，1943年的汞矿产量达到20吨，锑矿产量达到500吨，这些资源都被运回了日本。[10]煤矿的开采集中在沙隆(Sadong)中部的实文然县(Simunjan)和布鲁克顿(Brooketon,原来叫作摩拉达米特即 Muara Damit)。这两地的煤矿和焦炭都被运往了爪哇和新加坡。[11]

在农业方面,当局重点要解决的是农作物的自给自足,如水稻、木薯、红薯、玉米、蔬菜等。这与"在各地区基本实现粮食自给自足"的方针相符。[12]在古晋州等省份,军政部管理着农业站并负责设立定居农业补贴方案。1942年3月,农业培训中心成立,从古晋延伸至斯里阿曼(Sri Aman)公路沿线的塔拉特(Tarat)。这个面积40公顷的农业培训中心是一座示范农场,里面种植了各类农作物,目的是从中筛选出适合大规模种植的品种。[13]塔拉特中心还开办了为期3个月的农业课程,其中包括日语教学。作为补充,一些城镇的郊区还建有为当地居民供应新鲜蔬菜的农场,比如1944年4月在古晋周边的塞卡马(Sekama)建立的蔬菜农场。这种由政府支持的蔬菜农场在其他地区也得到了复制,例如"老越镇上游的蔬菜农场、特鲁桑(Trusan)集市上方的小农场和文拉博河(Merapok River)上的农场"。[14]

军政部还组织实施了多项措施,以事先商定的固定价格购买农户生产的粮食。从古晋到斯里阿曼公路沿线约1000公顷的土地被指定为农业用地。[15]在日本任命的驻斯里阿曼伊班联络官以利押·贝(Eliab Bay)的监督下,伊班中心地带的比雅特(Bijat)的一项稻田农垦计划取得了圆满成功。[16]据说在日本殖民统治期间粮食极度短缺的荒年里,比雅特的水稻养活了古晋的全部人口。[17]像这样的"自产自用"或者"绿色行动"得到了当局的极力推广,尤其在城镇中。与此同时,他们还指导农民增加农作物产量,对违背该政策的行为加以制止。[18]

木材是军政部着重开发的第2大资源。开发木材的最初目的是修建建筑(主要是石油设施),但在1943年之后,随着日本在战局中失利,他们开始使用木材制造小船。因为将货物运送至海岸附近的货船上必须用到小艇,所以需要大量的木材。依靠当地伊班人和劳务者,伐木作业在多地展开着。一家日本公司在伦乐(Lundu)经营着一座伐木场,负责为沙捞越河口丹戎不碌港（Sungai Priok）造船作业提供木材。[19]另一家日本公司在古晋东北部的诗巫遥河（Sebuyau River）上经营木材业。野村合名会社在拉让河下游处的拉萨特河（Sungai Lasat，距离下游的诗巫约48公里的航程）以及拉让河上游处的塞普汀（Seputin，加帛的北方）各有一座伐木场。[20]巴旺阿山（Bawang Assan）附近也有一个日本人经营的伐木场。诗巫和民都鲁的中国人开的锯木厂应日本当局的要求负责提供锯木，用于油田的维修和造船。[21]在整个日本殖民统治期间，民都鲁的锯木厂生产了约400吨锯木。[22]

由于北婆罗洲人口稀少、分布零散，军政部只能依靠海外劳工，也就是中国和爪哇的劳工，来开展伐木工业。这些劳工均由北婆罗洲劳务协会（Kita Boruneo Romukyokai，成立于1943年5月）管理。中国劳工和爪哇劳工的性质、合同条款和福利截然不同。例如，从中国上海和华南地区（主要是广州和汕头）引进的中国技工（以木匠为主）的工资是当地工人的10倍。"最开始是每天10.80元，食宿免费"，爪哇工人"每天工作8小时，工资50分，加班工资是20分/时"[23]。虽然爪哇工人也有免费食宿，"但他们不管在生活条件还是工资待遇方面都比不上中国工人，因为中国工人技术纯熟，他们从事的行业（古晋和山打根的造船业）也有着重要的战略意义"[24]。

> 婆罗洲引进的爪哇劳工总计有12000人……其中2700人被分配到美里油田，4800人分配到前英属北婆罗洲的军事工程，800人分配到北婆罗洲的土方工程，400人分配到沙捞越和北婆罗洲的种植园，1500人分配到北婆罗洲的道路建设工程，剩余1150人在其他地方从事杂活。[25]

日本殖民统治时期，东南亚和北婆罗洲的许多地区都受到了恶性通胀的负面影响。[26]日常必需品等物资和材料的短缺导致价格上涨，促使日本当局在没有足够的经济支撑的条件下发行军票。军政部总共发行了30万元的军票[27],并且军票也开始流入市场。

当局发行军票用于支付商品和服务以及投资木船和机场建设等重大发展项目,这进一步加剧了通货膨胀。到1943年底,在沙捞越流通的货币总面值超过2800万元,比1941年12月流通的货币总面值多出约1300万元,且其中有超过1500万元是军票,这说明大部分的沙捞越旧币已被弃用。[28]

发行军票符合日本对南方地区的政策。[29]
1942年中期,横滨正金银行(Yokohama Shokin Ginko)取代了战前沙捞越唯一的一家西方银行——古晋的特许银行。此外,新成立的日本南部发展财政部(Japanese Southern Development Treasury)还专门开设了办公室来监管北婆罗洲所有的投资项目。两家日本保险公司——东京海上保险公司(Tokyo Kaijo Kasai)和三菱海上保险公司(Mitsubishi Kaijo Kasai)也正式投入运营。

在商业和贸易方面,军政部采取的措施是控制现有的中国商业组织和分销网络。[30]他们征招那些务实本分、乐于合作的中国商人来为军队提供服务,对于其他不太愿意配合的中国商人,则带有强制意味地"鼓励"其参与合作。为控制商业和贸易活动,当局引进了多家日本财阀(Zaibatsu,大型商业集团)。享有盛誉的三井集团(Zaibatsu Mitsui)通过其下的三井农林和三井物产垄断了许多基础农产品(大米、玉米、木薯、红薯和椰子油)的采购(价格管控)和分销。西米被三菱集团下的斗湖产业(Tawau Sangyo)垄断。这些财阀通常会与集市里的中国店主建立代理合作关系。例如老越的顺德公司(Soon-Teck Kongsi)就充当着日本人的代理,负责沙捞越东北部临近文莱的整片地区。[31]当地土著居民对日本征收甘榜和长屋的物资(尤其是大米等粮食)的做法非常愤慨。但是他们无力反抗,因为中国代理人在到访时通常有日本士兵陪同。私藏大米等农产品的行为并不稀奇,但如果引起怀疑,就免不了遭到殴打或者其他形式的严厉惩罚。这也是当地居民对中国代理人和日本人深恶痛绝的原因。

食物短缺不可避免地会诱发走私活动。走私风险极高,一旦被逮捕或被泄露给日本人,就只有死路一条。但因为利润丰厚,走私活动依然十分猖獗。[32]可以说,财阀的垄断力度越大,走私商品的价格就会越高,黑市就愈加繁荣。

面临各类日常必需品的短缺,人们不得不积极寻求变通,使用其他替代方法来获取这些必需品。[33]比如从内陆水道上随处可见的亚答树(水椰)中提取糖分和盐分,将红树灰和椰子油混合在一起制成肥皂,把多余的红薯用来制酒。恩特农树（Entenong）的树皮经过浸泡可用来制作麻袋和绳子。为了进一步解决物资短缺问题,当地人还恢复了传统的生活方式。例如,他们使用从雨林中收集的达玛脂(来自龙脑香科树和坡垒)来代替煤油。由于没有了猎枪和弹药[34],当地的猎人又重新用上了狩猎陷阱和吹箭的原始狩猎方式。通过祈求神灵的帮助和指引来治疗疾病的古老医术也开始兴起,传统的巫医再度大行其道。

面对同盟国的封锁和战时的动荡,日本帝国陆军在开采自然资源(尤其是石油)以支撑帝国战事方面仍然取得了一定的成功。相较于农村地区,日常用品短缺的问题在城镇地区更为突出,因为农村地区的土著居民早已习惯了靠种地、采集林产品和捕捞海产品为生的生活。总体而言,对于占据了婆罗洲大半人口的土著居民来说,日本殖民统治时期算不上过分艰苦。

社会文化政策

日本帝国陆军在社会文化方面的政策侧重于传播日本的价值观、世界观,让人们从根本上将日本视为亚洲主导国、将日本人看作亚洲领导人。日本在北婆罗洲各地大力推行日本化，以"一切都属于日本"的思维取代对西方的"美化"和"屈从"，从而达到让当地各族人民亲日和忠日的目的。一些令当地人印象较为深刻的活动包括日语教学、练习天皇崇拜仪式[35]、灌输日本精神、推广"亚洲人的亚洲"和"大东亚共荣圈"理念。

谴责以同盟国主心骨——英国和美国为主的西方国家成了一种常态，那些批判沙捞越布鲁克、文莱的英国殖民顾问、前英属北婆罗洲特许公司管理人员等战前殖民时期掌权者的社区领袖和本地人被军政部视作爱国者。古晋著名的沙捞越领袖帕劳万·阿邦·哈吉·穆斯塔法拿督（Datu Pahlawan Abang Haji Mustapha，1906—1964）在前田利为[36]将军（婆罗洲守备军即婆罗洲防卫部队的首任军事指挥官）逝世一周年（1943年9月5日）之际发表了一篇言辞激烈的反西方演讲。

> 在过去的1个世纪里，我们的祖先对英国的统治感到非常不满。英国人的工资奇高，他们的最低工资比当地居民的最高工资还要高。所有高效益的商业都被英国人垄断，所得利润也全被转移到英国，导致北婆罗洲没有任何资金用于发展。这就是英美两国在整个东亚地区的一贯做法。尽管我们心有不满，但也只能屈从，因为我们没有能力推翻他们。日本人很清楚这一点，他们奋勇反抗，最终将英美列强逐出了东亚。现在他们正在着手打造"大东亚共荣圈"。值得庆幸的是，北婆罗洲得以幸免于旷日持久的战争，这里的人民目前享有充足的食物和工作岗位。而这些都要归功于日本军队。他们保卫着整个东亚，他们永远不会被打败。我们切勿被敌人的宣传误导。我们不能忘记，日本军队在战斗的同时，从未停止为我们谋求福祉。让我们为日本的繁荣和军队的强盛而祈祷，祝愿"大东亚共荣圈"的建设能够圆满完成。[37]

不过还有一批人，他们则更加谨慎，不愿轻易投靠新的主人。拉让河上游的伊班族首领朱贾·阿纳克·巴里恩（Jugah Anak Barieng，1903—1981）就是一个例子。在这场持续已久的冲突中，他明智地选择了中间立场。据当时的一位在场人员回忆："有一次他（朱贾）被迫代表日军发言，在谈及战时条件下生活的种种改善时，他的言语中夹杂了许多微妙的讽刺"[38]。前英属北婆罗洲古达的穆斯塔法（Tun Datu Mustapha，1918—1995），则直接逃离了婆罗洲，拒绝为日本人效力。年近80岁的华人甲必丹王长水将军（Ong Tiang Swee，1864—1950）以年事已高为由辞去了公职，从此不再公开露面。[39]

随着日语的推广，文化渗透政策初见效果。利用战前政府的马来学校和遍布北婆罗洲的乡村教会学校，日本当局开始对当地的办公场地的儿童和成人广泛开展日语教学。例如"在老越镇，人们每天都会去学校学习两个小时的日语"，教授日语课的老师有3位，"1位当地华人、1位马来人和1位文莱马来人"，他们均在文莱接受过日语教学培训。[40]

除了教授新语言外，当局还试图给本地人灌输日本的价值观。因此日本的道德观念、纪律、天皇崇拜、广播体操、历史和地理知识也成了学校课程的重要组成部分。与此同时，当局还注重加强对青少年的爱国精神教育。在昭和天皇裕仁（1901—1989）的肖像前鞠躬等礼仪是所有人必须遵守的。每天早晨，学校的孩子们会在老师的指导下唱日本国歌（《君之代》）[41]，注视日本国旗（旭日旗）冉冉升起。在日本占领的整个北婆罗洲，所有学校都会举行这样的仪式。

军政府对当地宗教的态度是尊重、接纳和不予干涉，这样的立场基本可以避免当地居民对新政权的争议和排斥。其实这也是因为日本人大多笃信佛教，了解基督教、伊斯兰教以及相关的习俗和教条的人少之又少所致。教堂和清真寺仍可照常开放，当地的习俗和宗教信仰不会受到任何干涉。

日本人还主动向诗巫的穆斯林家庭分发大米。无论他们出于何种动机，总之穆斯林"对日本人的示好并不买账，他们也没有明显表现出亲日行为",而且基本"对日本人的说辞毫不理会"[42]。

社会政治政策

一份日本情报文件概述了日本在北婆罗洲的3项政策。

> 针对北婆罗洲的发展,我们目前(1942年)的政策是:(a)……根据当地君主的地位和能力,利用他们为军政府服务;(b)继续使用当地的一部分重要资源作为储备,特别是石油;(c)必须尽快限制中国人的政治权力。[43]

第2项石油开采政策已得到落实。日本军方试图利用政府内部的本土精英人士的领导力来赢得土著居民的支持,同时采取措施适当地镇压中国人的势力。显而易见,军政部对待土著居民和中国人的态度截然相反。在中国大陆,日本帝国陆军正面临着中国军队的顽强抵抗,海外华人包括北婆罗洲的华人,对新的军事政权已然构成了危险,因此有必要对他们进行镇压。

沙捞越和前英属北婆罗洲的拿督等非王室首领在穆斯林群体中依然保有最高社会地位。文莱的苏丹艾迈德·塔朱丁(Ahmad Tajuddin, 1913—1950)、朝廷官员和贵族们也可保留其头衔和地位。一些拿督勉强肯同意与日本军事当局配合,一些却表现得非常积极,比如古晋的拿督帕劳万·阿邦·哈吉·穆斯塔法(Pahlawan Abang Haji Mustapha)。还有一些当地领袖,例如古达的穆斯塔法,则千方百计地想避免为其所用。1942年中期,哈吉·哈伦(Haji Harun)的父亲去世,军政部强迫他接替拿督的职位,但他称自己不清楚该去哪里招募劳工,而且帮日本"慰安所"(军妓院)招募年轻女性违背了他的伊斯兰信仰。[44]被逼无奈下,哈吉·哈伦只好带着家人逃往菲律宾,在那里他加入了美国驻菲律宾武装部队(United States Forces in the Philippines)的一支游击队。

地位稍高的马来人被任用为本土官员。在此之前,他们是欧裔州长、助理州长或郡长在同土著人打交道时不可或缺的助手[45],但现在,他们为日本裔州长、助理州长和郡长服务。一些马来人还被雇用为警察。马来公务员继续履行他们的公职,为日本"老爷"服务。除了薪资外,他们每周还会收到定量的大米。

将受过良好教育的伊班人吸纳进军事政府也是发挥本土精英优势的一条途径。1942年1月敌对行动结束后不久,日本当局就将有教会教育背景的伊班人以利押·贝任命为战前"第2行政区"(伊班族的主要聚居地)的联络员。如前所述,贝在比雅特水稻种植计划中发挥了重大作用。利用自身的影响力,贝还将其他许多受过教育的伊班人举荐为郡长。对非穆斯林土著居民来说,这确实是一个难得的发展机会。先前提到,在战前的体制中,欧洲人可以担任州长、助理州长和郡长,本土官员主要来自马来贵族阶级。因此,将伊班人任命为郡长,甚至赋予他们等同于战前州长的地位(例如以利押·贝),对非马来群体来说,这绝对是获得从政经验的宝贵机会。[46]

在前英属婆罗洲,任用土著的先例根本不存在,无论他们教育水平如何。不过那些土著首领(拿督、贵族)和村长(Orang Tua)对军政部赋予他们的头衔一点儿也不稀罕,却只能乖乖配合。他们承担着最招人厌恶的职责,"根据村民的资源储备来调整日本当局的征收量"[47]。军政部给每位土著首领和村长都颁发了1枚锡制徽章和1本授权书(Surat Kuasa),每参加1次会议,他们就能得到1元补贴。[48]

在警队,下级军官朱英·英索尔(Juing Insol)是个突出的例子。朱英是沙里拔的伊班人,为了取悦日本人,有一次领着一群戴着手铐的欧洲人沿着古晋的主集市一路游行至中央警察局。在战争初期,他还在勿洞(Betong)和斯里阿曼围捕过欧洲人。[49]由于他的亲日行为,朱英晋升到了警察部队中的高级职位,甚至还被允许在汽车上悬挂蓝色旗帜,穿日本帝国陆军的制服和佩剑。[50]他也曾帮助北婆罗洲志愿军(Kyodotai)招募过巴劳(Balau)伊班人。

随着日本在战局中逐渐失利,当局实施了一系列举措来争取当地人的支持。1943年6月初,当局组建了义警团(Jikeidan)来辅助警队维持治安。[51]在城市地区,义警团的运作方式如下:

> 一般每10户设1名组长,每30户或100户设1名上级。户主被安排在夜间巡逻,执行停电等形式的防空措施,询问陌生人身份信息,搜查嫌疑人。[52]

在沿海和内陆地区,义警团以一个长屋和甘榜村落为单位。长屋和甘榜村落的首领分别是长屋长(Tuai Rumah)和村长(Ketua Kampung/Orang Tua)。大部分土著居民都是在别无选择的情况下才加入的义警团。除了组建义警团外,当局还将一些本土人招募为水兵,他们佩戴"锚徽章,左臂处和布帽上镶有红色的月桂花环"[53]。

1943年10月10日,军政部成立北婆罗洲志愿军,正式招募当地青年进行军事训练。这些青年包括杜顺人、马来人、巴乔人、海达雅克人(伊班人)、陆达雅克人(也称比达友人)和毛律人。军政部的这一策略旨在利用当地人力保卫北婆罗洲,应对盟军的进攻(表6.1)。军事训练另一层目的是借他们之力动员他们的同胞支持日本战事。北婆罗洲志愿军尝试:

> ……培养未来的村庄首领,引导他们接受日本政权、认同日本的理想和理念,并与日本和谐共处。经过两年的培训,他们返回甘榜村落担任村长,将两年来学到的一切再灌输给当地的村民。[54]

为期约6个月的第1期培训主要是军事训练，包括武器使用、飞机识别、步兵战术与防御姿势训练以及3R（读、写、算）[55]。第2期培训长达18个月，主要进行"农业、建筑、环境卫生、个人卫生、野外作业和工程以及沟通和理解方面的专业培训"[56]。

1944年早期，军政部批准成立了达雅克合作社（Perimpun Dayak）。当局意图利用这个青年组织来获得伊班人和比达友人的支持，并教导当地青年要效忠和服从日本帝国。与此同时，在战前帮助本土商人绕过华人中间商的达雅克合作社以社区福利组织的形式重新成立，并更名为达雅克联队。该福利组织负责筹集资金，帮助北婆罗洲志愿军招募新兵，并将当地教师送往城镇接受日语培训[57]。

表6.1 北婆罗洲志愿军

单位	学员数量
古晋联队	350
诗巫联队	300
美里联队	180
根地咬联队	300
山打根联队	150
总计	1280

出处：《情报公报第237号第2182项》。

1943年10月1日，军政部下令在12月8日之前成立县级咨询委员会。[58] 这项法令颁布的背景是：1943年6月16日东条英机首相在日本国会的讲话中透露他想鼓励被占领地上的土著人从政，他的这一想法在之前一直不被看好。

> 日本帝国的当前目标是继续深入发展，在这一年中根据土著人的意愿和文化水平持续采取措施，推动当地人参与到政治中来。[59]

从一年两次的会议和"咨询"的角色来看,在北婆罗洲各县设立咨询委员会的目的从一开始就很明显,那就是争取当地群众的支持。1943年10月1日的法令实际上强调了"参与权"是属于沙捞越、文莱和前英属北婆罗洲的土著人的特权,这项"权利"不归"第三国公民"——中国和印度的移民所有。当局理所当然地认为,提升土著人的社会地位会让他们对日本心存感激。

咨询委员会委员都是县长从土著精英中选拔的。[60]特别委员则从中国移民等非土著居民中选拔。每位成员在就职典礼上都会获得1枚荣誉勋章。所有这些形式和流程都是为了提升本土精英的地位,赋予他们价值感,这也符合陆军副部长在1943年12月5日发布的指示——"要让他们的威望相比殖民时期有所提升"[61]。为了维护文莱苏丹艾迈德·塔朱丁(Ahmad Tajuddin)尊贵地位,当局授予他为荣誉委员。荣誉委员无论是在职权还是地位上都高于普通委员。在会议期间,各县级咨询委员会讨论水稻等粮作物增产、粮食价格的控制、教育等当地人关心的问题。[62]

前英属婆罗洲的中国居民,尤其沙捞越的中国居民(其中相当一部分出生在本地,而非中国)的政治参与度普遍低。日本当局对此深谙于心。他们当中有一部分与在中国大陆的家人仍保持着联系,不过这层关系十分脆弱,而且这样的情况正在逐渐减少。除了少数例外,北婆罗洲的中国人基本向战前的中国救济基金和英国的喷火基金会(British Spitfire Fund)捐过款,以支持中国和英国的战事。自1937年中期抗日战争爆发以来,华人群体的政治意识开始觉醒。中国救助基金的成立更是让他们重新意识到了与祖国之间的纽带。基金会中的积极分子大力宣扬爱国精神,并向海外华人宣传,他们虽然远离祖国,但仍有责任和义务支持中国的抗日斗争。这等同于说,支持抗日事业是每个中国人义不容辞的爱国责任。[63]当地的中文媒体也开始通过报纸和收音机号召华人支持祖国的事业,从而加剧了华人的反日情绪。在这之前,婆罗洲的华人对日本或日本人并没有明显的态度倾向。

由此不难理解，在日本发动全面战争征服整个婆罗洲之前，只有华人明显意识到危机并表现出担忧。他们深知自己会成为日本镇压的主要对象。南京大屠杀仍令他们记忆犹新。

日本占领婆罗洲后，占据城市人口大半的中国居民逃往农村地区，以躲避日军。一旦落入日本人手中，男性难逃成为强迫劳工的命运，女性则极有可能被强奸或沦为日本军队的慰安妇。这种恐慌情绪催生出了两种现象。其一，到达适婚年龄的中国女性匆匆出嫁，使得古晋的人口在这一时期增长了10%。[64]其二，恐慌促使古晋三分之一到一半的中国人逃往到了内陆和山都望等沿海地区，依靠土地为生。[65]

总体而言，北婆罗洲的居民，尤其是中国居民，并未对日本的侵略行为表现出反抗，加之这一地区中国居民普遍存在政治参与度低，当局并没有实施大规模的抗日分子扫荡行动，因此相比马来亚，婆罗洲得以幸免于一场可怖的大屠杀。日本帝国陆军曾在军事当局成立不久后对马来亚地区（尤其是新加坡和槟城）的中国居民进行过一场大规模的肃清运动。[66]不过北婆罗洲的中国居民仍需要向当局缴纳"赎金"（马来亚的中国同胞缴纳的"赎金"总计达到了5000万叻币[67]）。为了惩罚北婆罗洲的中国居民在战前犯下的"罪行"——支持红军，当局强制他们共缴纳300万叻币。具体金额分布见表6.2。

表6.2 北婆罗洲中国居民缴纳的赎金

地区	强制缴纳金额（叻币）
古晋	900000
诗巫	700000
美里	300000
哲斯顿（西海岸）	600000
山打根（东海岸）	500000
总计	3000000

出处：《以布鲁克之名：白种人拉惹政权在沙捞越的结束》第144—145页；《"旭日"升起在婆罗洲：1941年—1945年日本占领下的沙捞越》

第58页;《移民社会的转型：沙巴华人的研究》第146—147页。

赎金总额与1942年4月由军政总部发布的政策指令相符,该指令特别提到将对整个马来亚的华人群体索取5000万叻币的赎金。[68]虽然指令没有明确说明应对北婆罗洲的华人群体索取多少赎金,但可以肯定的是,300万叻币这一数额是当地指挥官根据华人群体的经济状况确定的。

颇为讽刺的是,收集赎金的任务被安排给了中国救助基金的战前成员,他们必须硬着头皮向同胞收取天价赎金。这是一项无比艰巨的任务,如果不履行或不愿履行,就会面临更严酷的监禁、刑罚甚至是死亡。军政部将不同方言、地区、宗族、姓氏的华人社团强行合并在一起,组建了"华人华侨联合会（Kakeo Kokokai）"。在大部分华人聚居的主要城市中心,华人华侨联合会以各种不同的名称存在着。[69]这一组织对赎金的收集工作起到了一定的帮助。

古晋的印度移民数量较少,而且普遍都具有商业背景。军政部曾游说他们加入和支持印度独立联盟（Indian Independence League）,并成为印度国民军（Indian National Army）的一分子。印度独立运动领袖苏巴斯·钱德拉·鲍斯（Subhas Chandra Bose,1897—1945）也曾于1943年12月13日亲自到访古晋,然而只有极少数印度人愿意提供支持。在战前英属北婆罗洲的特许公司任职过的印度人也拒绝加入印度独立联盟和印度国民军。虽然战时被俘虏的第15旁遮普团第2营的士兵在峇都林当的拘留营内屡遭酷刑,但古晋的大多数印度人仍然坚定不移地忠于英国。[70]

慰安妇

日本帝国陆军在北婆罗洲开设的军妓院被委婉地称作"慰安所",

安置其中的慰安妇必须为日本军官提供性服务，这都是大家心知肚明的。一些较为熟知的军妓院见表6.3。这些慰安妇来自日本帝国的各个占领地，特别是朝鲜、中国和爪哇，其中也包括婆罗洲土著人中的妇女。同来自其他国家的妇女一样，当地大多数的慰安妇是被日本人强行"征召"而来。古晋的欧亚混血护士莉娜·里基茨（Lena Ricketts）在谈及为日本人拉皮条的4名当地妇女时这样说道："她们都是十七八岁的姑娘，家境很好。这几个皮条客强迫女孩子的父母把她们交出来，然后把她们直接送往了妓院……这几个女孩子被1名日本妇女看管着，不准外出。"[71]

表6.3 北婆罗洲军妓院（慰安所）

地址	慰安妇*	顾客
文莱	—	—
马来奕中华学校	韩国人和中国台湾人	各级军官
沙捞越	—	—
美里	韩国人和中国台湾人†	各级军官
诗里亚休闲会馆	韩国人和中国台湾人	各级军官
古晋，婆罗洲有限公司经理的1套平房内	韩国人和日本人	普通士兵†
古晋猪巷（Pig Lane）的中华学校	韩国人和日本人	各级军官
古晋圣玛利亚学校招待处	韩国人和日本人	各级军官
古晋塔布安路（Tabuan Rd）陈家宅邸	韩国人，日本人，爪哇人‡	日本军官
诗巫幸福花园（Happy Garden）	韩国人，中国台湾人，本土人	各级军官
前英属婆罗洲 §		
哲斯顿吴桂昌（Wu Kui Chan，音译）	日本人，中国大陆人，爪哇人	各级军官
哲斯顿诸圣堂	日本人，中国大陆人，爪哇人	各级军官
哲斯顿圣衣会	日本人，中国大陆人，爪哇人	各级军官
哲斯顿崇真会教堂	日本人，中国大陆人，爪哇人	各级军官
哲斯顿山脊路（Ridge Rd）教学楼	日本人，中国大陆人，爪哇人	各级军官
哲斯顿哈灵顿路	日本人，中国大陆人，爪哇人	各级军官
哲斯顿史密斯路	日本人，中国大陆人，爪哇人	各级军官
山打根世双楼（Sai Siung Lou，音译）	日本人，中国大陆人，中国台湾人	各级军官
山打根新生华（Sin Sheng Hwa，音译）	日本人，中国大陆人，中国台湾人	各级军官

注：

* 所有妓院中都有或多或少的中国妇女和本土妇女。

† 老越等其他小城镇也有韩国和中国台湾妓女。

‡ "普通士兵"不包括中国台湾和韩国人员，他们主要在古晋峇都林当战俘拘留营担任卫兵。

§ 在保佛、根地咬和兰瑙也有日本人建立的妓院，这些地方有日本守备军。

出处：《日本占领时期：1941年—1945年日本统治下的沙捞越》第93—95页；《移民社会的转型：沙巴华人的研究》第152—153页；《苦涩而非甜蜜：1941年—1945年莉娜·里克茨在日本占领沙捞越期间的经历》第48页；《露天的游乐场或者鹤鸵的猎食地》第148页。

峇都林当战俘拘留营（Batu Lintang Prisoners of War and Internment Camp）内的士兵也可定期造访当地的吉原（Yoshiwara）妓院。[72]军妓院内的妇女须定期接受军医的健康检查，因此患有性病的士兵只能寻找妓院外的妇女，否则将受到严厉惩罚。

长期担忧年轻女性被迫卖淫，是许多华人家庭为子女匆忙安排婚事的主要原因。但另一方面，当地也有一些妇女为了满足物质需求，自愿与日本人（通常是军部的高层）同居。

集中营生活

峇都林当战俘拘留营位于古晋西南方向约5公里处，在整个战争期间充当着除轴心国（德国和意大利）和中立国（瑞士）国民以外的欧洲人的"居所"。这里关押着被围捕或主动投降的殖民地行政官员、私营企业雇员、传教士、学校教师、医务人员以及他们的家属。

峇都林当战俘拘留营是婆罗洲最大的一所战俘和平民拘留设施。它于1942年8月开放，1945年9月关闭。该拘留营还在纳闽、山打根、布哈拉（Berhala）岛和马辰设有小型的监禁中心，位于山打根的监禁中心后迁至兰瑙（Ranau）。

1942年1月中旬，特许公司官员和日本军队在保佛（Beaufort）举行了一场会议，要求该地的行政长官继续管理西海岸的民政事务，警队指挥官继续维持当地的法律和秩序。[73]这种状态一直持续到1942年5月16日日本人接管控制权，欧裔官员被围捕和拘留。1月19日，日本帝国陆军占领了当时的特许公司的行政中心——东海岸的山打根，随后将该地的特许公司官员一网打尽，监禁在曾经的麻风病疗养院所在地巴哈拉岛（Berhala Island）。他们后来又被转移到了峇都林当。在沙捞越，布鲁克政府的欧裔官员基本遵守着留在原岗的指示，只有第3行政区的州长和官员逃往了内陆，但随即又被抓捕或主动投降，并作为囚犯被带往古晋。[74]

经过一番波折后，关押第15旁遮普团第2营的峇都林当战俘拘留营也被用于监禁从坤甸带回古晋的投降者。前荷属婆罗洲的荷兰军事人员和平民最开始关押在马辰和其他较小的战俘营，后来也被转移到了峇都林当。

营内的战俘和平民数量时有波动。1942年8月至1943年4月，战俘的数量大约在4000，其中包括1500名澳大利亚人、2250名英国人（大多来自新加坡樟宜）、300名荷兰人和印度尼西亚人（来自西婆罗洲的坤甸）。1943年1月，峇都林当战俘拘留营内有男性94名、女性266名，其中天主教修女179名。之后不久，又有一批平民从前英属北婆罗洲转来。1945年9月澳大利亚军人被释放，囚犯人数降至2024名，包括战俘和被关押的平民。[75]然而，1名峇都林当的战俘从1945年9月的澳大利亚军报《桌面》（Table Tops）上引用的统计数据却显示如下：

在古晋（峇都林当）的盟军战俘有2808人死亡，382人失

· 115 ·

踪（可能已死亡），活着的战俘有1387人（这一数字包括所有被关押者和军事人员）。[76]

另一位被关押者提供了以下"官方数据"：

战争期间婆罗洲被关押者	4660
确认已死亡	2896
失踪或推测已死亡	382
古晋地区（峇都林当）的生还者	1387[77]

整个峇都林当战俘拘留营被8公里长的带刺铁丝网包围着，不同类别的被关押者被隔离在铁丝网围成的不同院落内。曾被监禁在此的圣詹姆斯教堂的圣公会牧师彼得·豪斯（Peter Howes）对峇都林当这样描述道：

> 一组组营房被带刺的铁丝网围成"院落"，"院落"外有两道围墙，围墙中间是一条通道。通道上每隔一段距离就建有一座瞭望台，每座瞭望台上都有一名卫兵，通道上也有人巡逻。外层围墙包围着整个营地，围墙之间的土地后期在被翻新后用于了耕种。[78]

各个院落分别关押着澳大利亚军官、英国军官、英国普通士兵、印度军队（第15旁遮普团第2营成员）、荷兰和印度尼西亚平民、荷兰天主教牧师等等。

在峇都林当服役的军事人员不到120人。营地指挥官是营辰次（Tatsuji Suga）少佐（后来成为中佐），协助其管理营地的是永田少尉（后来成为大尉）。后者负责在营辰次、营地管理员尾岛少尉、营地医生山本、军需官泷野中尉和渡边中尉以及其他负责行政和官僚事物的

· 116 ·

人员不在时管理营地。营地的卫兵大部分是韩国人和中国台湾人。[79]

同其他太平洋战争期间的日本拘留营一样,在逆境和生死边缘挣扎求存的故事以不同形式在峇都林当上演。食物短缺、营养不良、疾病、肮脏的生活环境、警卫的变态虐待、作为"白种人苦力"在军事设施中卖命工作(主要是修理机场和在古晋港口装卸货物)[80],面对种种困境,他们展现出了非凡的意志和聪明才智。

关于亚洲和欧洲战况的新闻被政治宣传、异端邪说和谣言所掩盖。拥有一台收音机就意味着能够收听到英国、澳大利亚和美国的广播电台。广播电台提供从同盟国角度报道的战争新闻,而这无疑能给人们带来被拯救的希望。因此日本当局坚决禁止当地居民和峇都林当的囚犯通过报纸或广播获取同盟国的新闻。

一批英国战俘在其指挥官的命令下排除万难,利用从日本商店等地方收集来的废品秘密组装了一台短波收音机和用来发电的发电机。[81] 这台收音机代号为"老妇人"(也叫"哈里斯夫人"),发电机代号为"吉利"。在几个月的时间里,尽管囚犯的休息区经常会被突击检查(有时还会被地毯式搜查),但这一小群收音机操作员("董事会")仍然在日本指挥官和卫兵的眼皮底下成功隐瞒了他们的活动。他们通过暗语来传递"老妇人"带来的盟军胜利的消息,营地牧师在拘留营里举行的葬礼上利用基督教《圣经》中的比喻来传达"新闻"。此外,他们还采用了以下传播消息的巧妙策略。

> 他们派一人通过电报将新闻摘要发送给R.G.艾克曼。艾克曼以其过目不忘的记忆力将新闻摘要记下来。之后他每周都会轮流访问每个营房,将消息传递出去。消息传递的过程是经过精心安排的,以确保阅兵场上来来往往的人员数量保持不变。每离开一个获得消息的人,便上来一个等待被告知的人。[82]

这些成就无不体现着战俘们过人的想象力和勇气。1945年9月5日，澳大利亚军队解放峇都林当，掀起了整个事件的高潮。

一场压轴大戏即将上演。澳大利亚指挥官托马斯·伊斯蒂克（Thomas Eastick）少将——一个以任何标准来看都举足轻重的人物——登上主席台，从营辰次手中接过军刀，就在他准许营辰次退下时，"老妇人"和"吉利"的"董事会"成员大喊道：

"等一下，我们有东西给您看。"

伦纳德·亚历山大·托马斯·贝克特（Leonard Alexander Thomas Beckett）下士自豪地把收音机和发电机递给少将，然后转身向营辰次问道："没想到吧？"

现在我终于明白什么是"杀气腾腾的眼神"了，如果没有这场胜利，伦纳德的下场将会非常惨烈。[83]

注

1. Leonard Edwards 和 Peter W. Stevens 著《老越和加拿逸地区简史》（Short Histories of the Lawas and Kanowit Districts）第53页。
2. Gabriel Tan 著《日本占领期间的沙捞越简史》（Japanese Occupation Sarawak: A Passing Glimpse）第84页。
3. Yong Kuet Tze 著《双重人生：回忆录》（A Life Twice Lived: A Memoir）第75页。
4. 关于暴力事件，参见 Bob Reece 著《日本占领时期：1941年—1945年日本统治下的沙捞越》（Masa Jepun: Sarawak under the Japanese 1941-1945）第91—92页、Stephen R. Evans 著《日本殖民统治下的沙巴》（Sabah under the Rising Sun Government）第30—31页。
5.《南方地区经济政策纲要》（Outline of Economic Policies for the Southern Areas）第19页。
6.《婆罗洲油田》（Borneo: Oilfields）第6—7页，PRO WO 208/104。

7.G. C. Harper著《塞里亚油田的发现与开发》(*The Discovery and Development of the Seria*)第23页。关于战前美里的石油产量,参见 Ooi Keat Gin 著《自由贸易与土著的利益:1841年—1941年布鲁克家族与沙捞越经济的发展》(*Of Free Trade and Native Interests:The Brookes and the Economic Development of Sarawak, 1841-1941*)第136—143页。

8.Bob Reece 著《日本占领时期:1941年—1945年日本统治下的沙捞越》(*Masa Jepun: Sarawak under the Japanese 1941-1945*)第148页。

9.《每周情报评论》(*Weekly Intelligence Review*)第131期,PRO WO 208/104。

10.1946年9月2日《沙捞越公报》(*Sarawak Gazette*)。

11.同上。

12.H. J. Benda、K. Irikura 和 K. Kishi 编《南方地区经济政策纲要》(*Outline of Economic Policies for the Southern Areas*)第20页。

13.R. A. Cramb 的文章《日本占领期间沙捞越的农业和食品供应》("Agriculture and Food Supplies in Sarawak during the Japanese Occupation"),发表于 Paul H. Kratoska编《食品供应和日本占领下的东南亚》(*Food Supplies and the Japanese Occupation in Southeast Asia*)第147页。

14.Leonard Edwards 和 Peter W. Stevens 著《老越和加拿逸地区简史》(*Short Histories of the Lawas and Kanowit Districts*)第54页。

15.Ong Kee Hui 的文章《1941年6月—1945年6月沙捞越农业部报告》("Report on the Department of Agriculture"),R. A. Cramb 的文章《日本占领期间沙捞越的农业和食品供应》("Agriculture and Food Supplies in Sarawak during the Japanese Occupation"),发表于 Paul H. Kratoska编《食品供应和日本占领下的东南亚》(*Food Supplies and the Japanese Occupation in Southeast Asia*)。

16.Bob Reece 著《日本占领时期:1941年—1945年日本统治下的沙捞越》(*Masa Jepun: Sarawak under the Japanese 1941-1945*)第147、154页。

17.1946年9月2日《沙捞越公报》(*Sarawak Gazette*)。

18.Leonard Edwards 和 Peter W. Stevens 著《老越和加拿逸地区简史》(*Short Histories of the Lawas and Kanowit Districts*)第51—52页。

19.Bob Reece 著《日本占领时期:1941年—1945年日本统治下的沙捞越》(*Masa Jepun: Sarawak under the Japanese 1941-1945*)第144页。

20.Vinson H. Sutlive 著《沙捞越的敦朱加:殖民主义与伊班人的回应》(*Tun Jugah of Sarawak:Colonialism and Iban Response*)第105—106、167页。另见 Bob Reece

著《日本占领时期：1941年—1945年日本统治下的沙捞越》(*Masa Jepun: Sarawak under the Japanese 1941-1945*) 第145—146页。

21.Leonard Edwards 和 Peter W. Stevens 著《老越和加拿逸地区简史》(*Short Histories of the Lawas and Kanowit Districts*) 第51页。

22.Vinson H. Sutlive 著《沙捞越的敦朱加：殖民主义与伊班人的回应》(*Tun Jugah of Sarawak:Colonialism and Iban Response*) 第106页。

23.Bob Reece 著《日本占领时期：1941年—1945年日本统治下的沙捞越》(*Masa Jepun: Sarawak under the Japanese 1941-1945*) 第150页。

24.同上。

25.同上。

26.Paul H. Kratoska 著《日本占领时期马来亚的社会与经济》(*The Japanese Occupation of Malaya:A Social and Economic History*) 第197—203、207—213页。

27.《沙捞越时报》(*Sarawak Tribune*)，1946年4月11日。

28.Bob Reece 著《日本占领时期：1941年—1945年日本统治下的沙捞越》(*Masa Jepun: Sarawak under the Japanese 1941-1945*) 第141页，发表于 Seki Yoshihiko 编《日本经济政策》(*Japanese Economic Policy*) 1946年2月第151页。沙捞越、文莱和英属北婆罗洲，统称为英属婆罗洲和北婆罗洲，在当时使用的货币分别为沙捞越元、文莱元和北婆罗洲元，它们均可与叻币兑换。自1906年起，叻币可与英国货币兑换。1叻币相当于2先令4便士，1英镑相当于8.57叻币。太平洋战争（1941—1945）爆发后，两币种停止兑换。战前荷属婆罗洲（日本殖民统治时期改名为 Minami Boruneo，即南婆罗洲）使用的货币是荷兰盾。由于战时日本发行的日币价值波动不稳定，要提供战时货币与战前货币之间的汇率以比较二者的价值，几乎是不可能的。

29.H. J. Benda、K. Irikura 和 K. Kishi 编《南方地区经济政策纲要》(*Outline of Economic Policies for the Southern Areas*) 第21—22页。

30.H. J. Benda、K. Irikura 和 K. Kishi 编《南部占领区的管辖原则》(*Principles Governing the Administration of Occupied Southern Areas*) 第30页。

31.顺德公司被强制要求为日本人服务。参见 Edwards 和 Stevens 著《老越和加拿逸地区简史》(*Short Histories of the Lawas and Kanowit Districts*) 第52页。

32.Yong Kuet Tze 著《双重人生：回忆录》(*A Life Twice Lived:A Memoir*) 第92—93页。

33.Ong Kee Hui 著《1914至1963年在沙捞越的足迹：丹斯里拿督（博士）翁基辉的

回忆录》(*Footprints in Sarawak:Memoirs of Tan Sri Datuk Ong Kee Hui,1914 to 1963*) 第237—242页。Bob Reece 著《日本占领时期：1941年—1945年日本统治下的沙捞越》(*Masa Jepun: Sarawak under the Japanese 1941-1945*) 第153—159页。

34.1943年10月，哲斯顿爆发起义后，军政部命令没收当地的所有枪支。这导致了伊班人以及其他土著民族对日本人的敌意。

35. 在日本的信仰中，天皇被赋予半神性，表达敬意的仪式也因此被解释为神道教背景下的崇拜。

36. 死后被追授为陆军大将的前田在1942年6月死于民都鲁近海的一场空难。参见 Bob Reece 著《日本占领时期：1941年—1945年日本统治下的沙捞越》(*Masa Jepun: Sarawak under the Japanese 1941—1945*) 第61—62页。

37.《日本时报》(*Nippon Times*)1943年9月11日。

38. Vinson H. Sutlive 著《沙捞越的敦朱加：殖民主义与伊班人的回应》(*Tun Jugah of Sarawak:Colonialism and Iban Response*) 第114页。

39. Ong Kee Hui 著《1914至1963年在沙捞越的足迹：丹斯里拿督（博士）翁基辉的回忆录》(*Footprints in Sarawak:Memoirs of Tan Sri Datuk Ong Kee Hui,1914 to 1963*) 第221页。

40. Edwards 和 Stevens 著《老越和加拿逸地区简史》(*Short Histories of the Lawas and Kanowit Districts*) 第53页。

41.《君之代》蕴含着天皇崇拜、帝国主义和军国主义色彩，1999年正式作为日本国歌。

42. Ooi Keat Gin 著《"旭日"升起在婆罗洲：1941年—1945年日本占领下的沙捞越》(*Rising Sun Over Borneo:The Japanese Occupation of Sarawak 1941-1945*) 第71页。

43.《特别情报公报：日本在东南亚的计划与行动》(*Special Intelligence Bulletin: Japanese Plans and Operation in S.E.Asia*)。

44. Abdullah Hussain 著《敦·达图·穆斯塔法传记：沙巴独立之父》(*Tun Datu Mustapha, Bapa Kemerdekaan Sabah:Satu Biografi*) 第24、28—29页。《殖民主义与殖民历史》(*Journal of Colonialism and Colonial History*) 特刊《亚洲、战争与记忆》(*Asia, War and Memory*) 第15—16页。

45. 关于沙捞越、文莱和英属北婆罗洲的战前行政结构详情，参见 Naimah S. Talib 著《行政官及其服务：布鲁克拉惹和英国殖民统治下的沙捞越行政服务》(*Administrators and their Service:The Sarawak Administrative Service under the Brooke Rajahs and British Colonial Rule*)；Graham Saunders 著《文莱现代史》(*A History of Modern*

Brunei)以及 D. S. Ranjit Singh 著《沙巴的形成：1865年—1941年土著社会史》(*The Making of Sabah, 1865-1941: The Dynamics of Indigenous Society*)。

46. 其他土著人包括帕特里克·恩彭尼特·亚当（Patrick Empenit Adam）、本尼迪克·桑丁（Benedict Sandin）、塞缪尔·乔纳森·廷克（Samuel Jonathan Tinker）等伊班人，以及一名叫作阿旺·雷坎（Awan Rekan）的比达友人。参见 Bob Reece 著《日本占领时期：1941年—1945年日本统治下的沙捞越》(*Masa Jepun: Sarawak under the Japanese 1941-1945*)第128页。

47. Stephen R. Evans 著《日本殖民统治下的沙巴》(*Sabah under the Rising Sun Government*)第31页。

48. 同上。

49. Bob Reece 著《日本占领时期：1941年—1945年日本统治下的沙捞越》(*Masa Jepun: Sarawak under the Japanese 1941-1945*)第35、44、128页。R. H. W. Reece 著《以布鲁克之名：白种人拉惹政权在沙捞越的结束》(*The Name of Brooke:The End of White Rajah Rule in Sarawak*)第147、153页。

50. Bob Reece 著《日本占领时期：1941年—1945年日本统治下的沙捞越》(*Masa Jepun: Sarawak under the Japanese 1941-1945*)第128页。

51. 日本当局在马来亚也成立了一个类似的组织，作为州警察局和宪兵队的附属机构。参见 Kratoska 著《日本占领时期马来亚的社会与经济》(*The Japanese Occupation of Malaya:A Social and Economic History*)第80—81页。

52. PRO WO 208/105，1945-09-28。

53. 同上。

54. 《情报公报第237号第2182项：对北婆罗洲志愿军军官中尉 Yoshihiko Wakamatsu 和 Kenzo Morikawa 以及大尉 Ryuji Ikeno、Minoru Tasuma、Yoshio Watanabe 的审讯》(*Intelligence Bulletin No.237,Item 2182:Interrogation of Lieutenants Yoshihiko Wakamatsu and Kenzo Morikawa, and Captains Ryuji Ikeno, Minoru Tasuma and Yoshio Watanabe*)。

55. 同上。

56. 同上。

57. R. H. W. Reece 著《以布鲁克之名：白种人拉惹政权在沙捞越的结束》(*The Name of Brooke:The End of White Rajah Rule in Sarawak*)第145页。

58. Bob Reece 著《日本占领时期：1941年—1945年日本统治下的沙捞越》(*Masa Jepun: Sarawak under the Japanese 1941-1945*)第63页。

59.H. J. Benda、K. Irikura 和 K. Kishi 编《东条首相在第 82 届帝国议会特别会议上讲话的摘要》(*Abstract of Premier Tojos Address before the 82nd Extraordinary Session of the Imperial Diet*)。

60. 土著精英的头衔主要授予伊班人。在少数情况下，殖民时期的统治者也会将这些头衔授予其他本土人。头衔中，Orang Kaya 用于表彰那些在军事和物资方面有着突出实力的人；Pemanca 的地位要高于 penghulu，前者授予杰出领袖；Penghulu 一词来自马来语，拉惹查尔斯·布鲁克将这一头衔授予那些受公众认可、在多个河域和长屋享有盛誉的伊班领袖，赋予他们合法性；Temenggung 的地位最高，是伊班最高首领的头衔；英属北婆罗洲还会使用头衔 Orang Kaya Kaya。参见 Vinson Sutlive 和 Joanne Sutlive 编《伊班研究百科全书》(*The Encyclopedia of Iban Studies*)第Ⅲ卷第 1309—1310、1389、1405—1406、1843 页。

61.H. J. Benda、K. Irikura 和 K. Kishi 编《关于南部占领区行政管理的电报》(*Telegram on the Administration of Occupied Southern Areas*)，发表于《陆军省军务局副局长致驻新加坡陆军政监部部长》(*Vice-Minister of the Army to Superintendent of the Singapore Military Administration Headquarters,Army,Asia*)第 47 页。

62. 关于县级咨询委员会，参见 Bob Reece 著《日本占领时期：1941 年—1945 年日本统治下的沙捞越》(*Masa Jepun: Sarawak under the Japanese 1941-1945*)第 65—74 页。

63.《英属北婆罗洲先驱报》(*British North Borneo Herald*)1936 年 11 月 16 日。

64.《1947 年沙捞越年度报告》(*Annual Report on Sarawak for the Year 1947*)第 21 页。J. L. Noakes 著《关于日军在 1941 年 6 月至 1941 年 12 月占领沙捞越期间采取的防御措施的报告，以及日本入侵沙捞越期间英军和沙捞越军事部队的行动报告》(*Report on Defence Measures Adopted in Sarawak from June 1941 to the Occupation in December 1941 by Imperial Japanese Forces; Also an Account of the Movement of British and Sarawak Military Forces during the Japanese Invasion of Sarawak*)第 82—83 页。

65.Craig Alan Lockard 著《从村庄到城市：1820 年—1970 年马来西亚古晋的社会史》(*From Kampung to City: A Social History of Kuching, Malaysia, 1820-1970*)第 155—156 页。

66. 关于马来亚的肃清运动，参见 Kratoska 著《日本占领时期马来亚的社会与经济》(*The Japanese Occupation of Malaya:A Social and Economic History*)第 95—100 页以及 Ian Ward 著《被称为神的杀手》(*The Killer They Called a God*)。

67. 南洋协会的历史及日本军政府向马来亚华人征收5000万军费的情况参见《南海学会》期刊（Journal of the South Seas Society）1947年第1卷第3期第7—8页。

68. H. J. Benda、K. Irikura 和 K. Kishi 编《管辖华人的措施》（Principles Governing the Implementation of Measures Relative to the Chinese）第179、181页。

69. 在诗巫，Dochokai 及 Harmony Society 是对中国组织的称号。参见 Bob Reece 著《日本占领时期：1941年—1945年日本统治下的沙捞越》（Masa Jepun: Sarawak under the Japanese 1941-1945）第120页。

70. 关于印度战俘在婆罗洲的悲惨遭遇，参见 Kalyan Singh Gupta 著《Kalyan Singh Gupta 向2/15旁遮普军团指挥官的报告》（Report to the O.C.2/15 Punjab Regt）。

71. V. L. Porritt 的文章《苦涩而非甜蜜：1941年—1945年莉娜·里克茨在日本占领沙捞越期间的经历》（"More Bitter than Sweet: Lena Ricketts's Experiences during the Japanese Occupation of Sarawak 1941-1945"），发表于《沙捞越公报》（Sarawak Gazette）1995年3月第48页。

72. 吉原（Yoshiwara）是江户城（东京的旧城）有名的红灯区，设立于1617年。吉原和岛原市都已成为性交易频繁地区。参见 Cecelia Segawa Seigle 著《吉原：日本艺伎的辉煌世界》（Yoshiwara:The Glittering World of the Japanese Courtesan）。

73. Danny Tze Ken Wong 著《移民社会的转型：沙巴华人的研究》（The Transformation of an Immigrant Society:A Study of the Chinese of Sabah）第143—144页。

74. 关于沙捞越哨站、布鲁克政府的官员以及其他欧洲人的情况，请参见 Ooi Keat Gin 著《创伤与英雄主义：太平洋战争及日本占领时期沙捞越的欧洲人社区，1941年—1945年》（Traumas and Heroism:The European Community in Sarawak during the Pacific War and Japanese Occupation 1941-1945）第11—57页。

75. 《第四部分：对英属婆罗洲古晋地区盟军战俘等被拘留者命运的调查报告》（Part Four: Investigations in the Kuching Area, Report on Investigation into Fate of Allied POWs and Internees in British Borneo）第109—116页。

76. L. E. Morris 的档案，IWM 91/18/1。

77. H. E. Bates 的档案，IWM 91/35/1。

78. Peter H. H. Howes 的文章《林当营：日本占领期间一名被拘禁者的回忆》（"The Lintang Camp:Reminiscences of an Internee during the Japanese Occupation"），发表于《马来西亚历史学会沙捞越分会会刊》（Journal of the Malaysian Historical Society Sarawak Branch）1976年3月第2卷第33页。

79. Ooi Keat Gin 著《"热带的日本帝国"：1941年—1945年日本统治下的沙捞越》

（*Japanese Empire in the Tropics:Selected Documents and Reports of the Japanese Period in Sarawak, Northwest Borneo, 1941-1945*）第286、667页。

80.关于峇都林当的战俘的生活，参见 Ooi Keat Gin 著《创伤与英雄主义：太平洋战争及日本占领时期沙捞越的欧洲人社区，1941年—1945年》(*Traumas and Heroism:The European Community in Sarawak during the Pacific War and Japanese Occupation 1941-1945*) 第6—8章，以及 Ooi Keat Gin 著《"热带的日本帝国"：1941年—1945年日本统治下的沙捞越》(*Japanese Empire in the Tropics:Selected Documents and Reports of the Japanese Period in Sarawak, Northwest Borneo, 1941-1945*) 第Ⅱ卷第6章。

81.Ooi Keat Gin 著《创伤与英雄主义：太平洋战争及日本占领时期沙捞越的欧洲人社区，1941年—1945年》(*Traumas and Heroism:The European Community in Sarawak during the Pacific War and Japanese Occupation 1941-1945*) 第7章。

82.Peter H. H. Howes 著《露天的游乐场或者鹤鸵的猎食地》(*In a Fair Ground: Or Cibus Cassowarii*) 第156页。

83.G. W. Pringle 的档案。

第七章

南婆罗洲

1942年初，前荷属婆罗洲（该岛的南部和西部，以及现在的印度尼西亚加里曼丹）被日本帝国陆军控制。整片土地被日本统称为南婆罗洲。从日本帝国主义陆军手中接过控制权后，日本帝国海军建立了婆罗洲民政部，总部设在马辰。建立民政部而非军事机构符合"永久占领"（将南婆罗洲永久并入日本帝国）的政策。西部的坤甸地区直到1942年中期敌对行动终止和日本帝国陆军撤退后才归属海军统治。海军对政治活动十分敏感，任何可疑行为都会遭到竭力打压和严肃处理。总的来说，"日本利用资源稀缺的现状，通过管控知识和震慑手段来管理人口"[1]，虽然这句话针对的是婆罗洲西部，但反映的却是整个南婆罗洲的情况。

"欢迎日本人"

与海军大举登陆美里，随后侵入古晋的方式不同，日本帝国陆军在占领南婆罗洲的过程中所用兵力少之又少。例如最开始进入亚文泰（Amuntai）的士兵只有3名，他们在帕里瓦拉（Paliwara）桥射杀了荷兰的初级督察和两名当地警察，并将他们的尸体抛入河中。随后另外5名士兵相继进入亚文泰，早先到达的几位朝南向马辰进发。[2]

相对于布鲁克政权和特许公司的温和统治，荷兰的殖民统治不太能被土著人接受，马辰马来人和达雅克人对荷兰当局尤为排斥，华人次之。因此在南婆罗洲的土著人看来，日本就是将他们从荷兰殖民统治中解救出来的英雄。在日本的大肆宣传下，电台开始响起被荷兰禁止的国歌《伟大的印度尼西亚》（Indonesia Raya）和一些激昂的口号，比如"亚洲人的亚洲"和"日本乃亚洲之光"。当地人对日本人的到来显得格外热情。事实上，在一些地区，当地人还充当起了日本帝国陆军的向导。[3]例如一位马辰人曾带领来自巴厘巴板的日本帝国陆军从摩拉优亚（Muara Uya）、丹戎（Tanjung）、克卢亚（Kelua）、巴刹尔巴（Pasar Arba）、豪尔加丁（Haur Gading）、帕林班根（Palimbangan）、亚文泰、坎当岸、兰陶（Rantau）行至马辰。[4]沿途的大多数城镇，包括巴拉拜（Barabai）、坎当岸、兰陶、马塔普拉（Martapura）对日本侵略军几乎是"敞开大门"迎接。在鲁斯班迪（Rusbandi）、哈达利亚（Hadhariyah）和阿南·阿西尔（Anang Acil）的指示下，战前政党大印度尼西亚党（Partai Indonesia Raya, Parindra）的成员甚至还为日军举行了欢迎仪式。[5]

不过，婆罗洲西部等地的华人群体对日本人以及抗日战争（1931—1945）以来日本帝国在中国大陆的恶行都了然于心。他们很清楚自己极有可能成为日本人的打击对象，面对自身的危险处境，他们内心充满了恐惧。

从荷兰殖民当局垮台到日本政权建立之间的这段混乱时期给了掠夺者趁火打劫的时机。在日本侵略军到来之前，荷兰殖民当局开展焦土行动的期间，多家华人住房、商店和仓库以及荷兰殖民官员和商人的废弃住宅遭到肆无忌惮地抢劫，其中中国商人蒙受的损失最大。为了躲避政权交替期间的暴乱，一些中国商人甚至带着家人逃到了郊区。

日本人在这一过渡时期特别设立了过渡政府。他们命令郡长留在岗位上，继续对自己的辖区进行管理。但并不是所有官员都愿意听从这一命令。因此他们只好设立一个过渡政府。在马辰，当地领袖组成了以索索多罗·贾蒂库苏姆（Sosodoro Djatikusumo）博士（在战前担任州长）为首的民政府中央领导层[6]，之后其他地区也陆续成立了不同名称的类似机构。这些新的领导机构拒绝采用战前的治理手段，并欣然接纳新时代的到来。[7]不过在日本形式的管理体系建立后，这些过渡政府机构自然就被解散了。

"永久保留"

应以永久保留为目的，将以海军为主要行政机关的领地置于日本控制之下。为此，海军应制定行政等政策，促进整个地区有机并入日本帝国（1942年3月14日）。[8]

凡为巩固"大东亚"而必须置于帝国保护之下的战略要地以及人口稀少和缺乏自治能力的地区，在被认为适合时，均应并入帝国。各地区的管理体系应根据以往惯例和文化水平等因素来确定。（1943年1月14日）[9]

"永久占领"政策在1942年被明确提出，并在1943年初被重申。根据这项政策，日本在婆罗洲建立了民政管理体系，并配以专业的日本公务员。不过据泗水的南遣舰队第2支队总司令柴田八一郎大将称，"该政策在各地区的具体执行方式存在很大差异，这与当地印尼民众的情绪和军方（海军）领导的个性有关"[10]。南婆罗洲完全满足"战略要地"的条件：在打拉根和巴厘巴板有产油区，而且人口密度小——543900平方公里的广阔土地上仅有约200万人口。

由于南婆罗洲已成为日本帝国的一部分，当局必须谨慎行事，避免煽动民族主义运动。[11]久而久之，婆罗洲民政部对当地民众的任何政治活动，无论是否具有起义性，都变得高度警惕。

经济政策

根据1941年12月16日出台、1943年5月29日修订的《南部地区经济政策纲要》，经济政策的执行分为主次两个阶段。

主要政策
a. 重点应放在资源获取上，特别是对战争至关重要的资源。
b. 应尽一切努力防止南方地区（东南亚）的本土资源流向敌国。
c. 在获取资源时，应竭尽全力确保现有企业的充分合作，将帝国的经济负担降至最低。

次要政策
坚持完成"大东亚共荣圈"经济自给自足的目标，为"大东亚共荣圈"的永久巩固而努力。[12]

在南婆罗洲，当局的首要任务是开发石油和发展石油工业，重点恢复位于打拉根和巴厘巴板、因巴达维亚石油公司应荷兰殖民当局的要求在日本侵占婆罗洲之前实施焦土和阻遏计划而受损的油田和炼油设施。东婆罗洲石油资源的恢复由第101海军油库（The 101st Naval Fuel Depot）负责。[13]由于缺乏石化专家和工程师，海军只能从日本的私营石油公司招募专业人员。战时的主要工作是恢复设施和资源，而不是勘探新的油田。

尽管在1942年1月24日海军占领巴厘巴板前不久，油田和炼油厂遭到大规模破坏，但海军方面宣称，所有油井在一年之内就已重建完毕。1944年底，盟军的空中侦察照片证实了日本的这一说法。盟军情报机构的报告显示，到1943年8月，巴厘巴板炼油厂的产能恢复了30%至50%，潘丹萨里（Pandansari）的主炼油厂每月可净化15万桶原油。到1944年11月，巴厘巴板的石油总储量已略超过100万桶，比1943年增加了20%。[14]多亏了日本工程师，巴厘巴板的靠泊泊位得以修复，从而促进了石油向日本和爪哇出口。日本在1944年9月的一份报告将美里-诗里亚与巴厘巴板的石油资源进行了比较，揭示了婆罗洲石油资源的重要性。

> 鉴于北婆罗洲优越的地理位置和丰富的原油产量，日本在无法获取其他地区（尤其是巴厘巴板）石油的情况下，倾向于将美里-诗里亚-罗东一带……作为石油开采和储存基地。[15]

日本预计盟军会从1944年下半年起对婆罗洲东海岸发动攻击，在巴厘巴板和打拉根开采石油存在风险，因此转而依靠美里-诗里亚的石油输出。

与石油领域的丰硕成果相比，南婆罗洲的钢铁产量就显得不尽如人意了。盛产铬铁矿的地区包括双溪杜瓦（Sungai Dua）、塞布库岛（Sebuku Island）和斯旺吉岛（Swangi Island），这些地区的铬铁矿总储量估计略高于7000万吨。珀莱哈里拥有100万吨左右的赤铁矿和1000万吨的红铁矿。[16]1942年，由于缺少焦煤，日本制铁株式会社和石原产业株式会社两家公司开始用木炭代替焦煤生产钢铁。虽然炼钢炉在1943年3月就已制造完成，但实际钢铁产量几乎为零。在巴厘巴板，有少量的轧制薄钢板是利用在阻遏行动中受损的炼油厂内的废铁制造而成的。[17]

无论是钢铁还是石油，它们的主要作用都是支撑战斗行动。军队需要这些"对作战不可或缺的重要资源"。他们甚至不允许平民使用煤油做饭。

由于爪哇海域的船只遭到盟军的袭击，婆罗洲人民的日常必需品——盐、香烟、肥皂、火柴等等，只能从爪哇、苏拉威西岛以及其他邻近地区缓慢运入。[18]按照当地军事单位在粮食供应和战争物资方面的自给政策，当局开展了一项运动，以确保当地种植的农作物按优先次序能够依次满足海军人员、民政管理人员和普通平民的需求。与此同时，海军还强制当地农民交付全部的农产品。拒绝或拖延交付将受到严格惩罚。

婆罗洲的战时经济被日本公司主导着,他们对特定商品的贸易拥有垄断权。到1943年,个别日本公司(如表7.1所示)的商业活动尤其活跃。

表7.1　1943年日本公司在南婆罗洲的业务

公司	产品/材料/商品
三井物产	糖
三菱重工	木材
东绵公司	纺织品
野村合名会社	橡胶;木材
婆罗洲水产公司	渔业
王子制纸株式会社	造纸
婆罗洲商事株式会社	造船
丰田	机动车辆
卡森	河运
库南凯润	运输

出处:《1945年—1949年南加里曼丹地区革命史》第18页。

为了支撑战时经济和满足当地居民的需求,一些新的工业也在这一时期发展了起来,比如位于珀莱哈里附近的塔里尼(Tarini)的锰矿厂和钢铁厂、马辰的比卢河(Sungai Bilu)的造纸厂、马辰的摩拉科延(Muara Kelayan)的纺织厂、兰陶的陶瓷厂、坎当岸的橡胶油厂。[19]由于资源短缺,橡胶被用于制作车用燃料(以橡胶油代替苯和柴油)、轮胎、胶鞋和避孕套,后3种商品的工厂分别位于巴拉拜的卡尤巴旺(Kayu Bawang)、阿蒙泰 Amuntai)和马辰的泰鲁克提拉姆(Teluk Tiram)。避孕套由野村合名会社生产,工厂每天可生产3000个避孕套,其中大部分都是为军队准备的。[20]如第六章所述,当地的肥皂是用红树灰和椰子油混合制成的,因此当地生产的肥皂显然要比中国生产的质量更高。当地的糖和盐均可从亚答树中提取。在交通方面，库南凯润造船厂（Koonan Kaiyoon）在马辰的泰拉加比鲁（Telaga Biru）制造海上和河上的船只，丰田专注于生产车辆。

除此之外，南婆罗洲也出现了一些影视公司如艺画社（Eigasha）和新闻公司如婆罗洲新闻社（Borneo Shimbunsha），后者出版的《婆罗洲新闻》（*Borneo Simboen*）[21]刊登有罗马字体的印尼语[22]和日语新闻。当局还成立了一个商业组织（Kumiai）来垄断基本商品的贸易和分销，并向当地生产商强征农作物，尤其是大米。

人员和商品的流动受到严格限制。以大米为主的当地农产品被禁止销售或跨区域运输，一旦被发现，走私的大米将被没收，走私者将被处以死刑。1934年到1944年庄稼歉收进一步加剧了大米紧缺的问题，然而婆罗洲民政部却极力隐瞒这一事实。作为应对手段，当局要求农民改种土豆、木薯等农作物来替代水稻。[23]所有闲置的土地被用于农作物生产和家禽、家畜的养殖，包括种植蔬菜，饲养鸡、鸭和猪。

上述公司的出资方均为日本的银行，如台湾银行（Taiwan Ginko）、肖明银行（Shoomin Ginko），两者分别取代爪哇银行（Javasche Bank）和人民银行（Bank Rakyat）。战前的荷兰盾被收回；爪哇银行的货币从市场消失，流入了繁荣的黑市；日本发行的印有印尼语的军票大量涌入市场，导致货币贬值。日本殖民统治时期的货币被用于购买当地彩票和本土居民人寿保险，这两项业务在当地人中得到了积极的推广。[24]

许多企业都依靠囚犯以及从当地居民（马辰马来人和达雅克人）和引进的爪哇工人中强征的劳工提供劳力。例如，在巴里托河沿岸长达10公里的一块土地上，有数百名劳工在为野村合名会社生产原木。在兰陶附近的塔宾（Tapin）地区，一条名为日本河的人造河为水稻种植面积的扩张提供了水源，参与水稻种植的全部是被强迫的劳工。[25]在巴拉拜等地方，政府要求村民以分工合作的方式来引水灌溉稻田。

社会文化政策

南婆罗洲以及其他日本帝国海军领地的社会文化政策聚焦于日本化（Nipponization）进程。这一文化渗透和同化过程的关键在于强制被占领地的人民学习日语，引进和实施日本教育制度。以下这段摘录出自1942年3月14日海军省的一份机密文件，当时日本帝国正处于鼎盛时期。

> 目前的教育应当侧重技术教育。鉴于我国军事上的胜利带来的威望提升以及当地民众与前（西方）殖民列强之间的敌对关系，我们应对当地民众先前接受的欧式教育进行修正，同时传播日本语言和文化。[26]

根据对日本帝国海军占领地的永久占有政策，民政当局和军事当局都致力于推动并坚定地实施日本化。1944年中期，山崎岩（继冈田文秀回国后的第2届民政府监察长）重申了这一使命和信念。

> 根据海军领地的基本政策，教育的目的是循序渐进地推行日本化……随着日语在城镇和乡村的传播，当地人的生活将受到日本文化潜移默化的影响……[27]

1944年9月的一份由铃木清平（Suzuki Seihei）撰写的报告进一步强调了这一点。铃木清平是小巽他群岛教育部门的负责人，也是"日本帝国终极正义"的坚定信奉者。虽然这份报告反映的是小巽他群岛的情况，但也适用于包括南婆罗洲在内的其他日本帝国海军领地。

> 教学重心应放在日本化上面……包括教授日语、日本传统、日本体操、日本歌曲、纪律、仪式和庆祝活动。教育的目的是让当地人学会像日本人一样思考、感受和行动。[28]

教育的核心目的是控制和支配。冈田文秀用平实的语言毫不掩饰地申明了这一点。

> 我们从一开始就坚决禁止专业教师只在讲坛上灌输知识。我们一再强调，教育意味着控制，教育者就是行政官。[29]

在规划和组织涵盖日本化的教育体系的过程中，西里伯斯新闻社（Celebes Shinbun）于1942年12月19日提出将以下临时教育体系的基本原则作为指导方针。

> 使他们具备帝国臣民应有的素质。
> 向当地居民教导建设以日本帝国为核心的"大东亚"的重要意义，引导他们认识到自己的责任。
> 对崇敬欧洲和美国的行为加以批判。
> 认同当地的独特文化和传统，避免采取一刀切的草率政策。
> 尽可能地将复杂多样的教育体系进行整合。
> 强调深入开展普通教育，调整和拓展职业教育。[30]

海军当局对战前殖民时期的荷兰教育体系进行了全面改革。荷兰殖民时期的小学教育分为两类：针对土著居民的本地小学教育和针对欧裔儿童的西方小学教育。由此可见，欧裔和非欧裔儿童之间存在着明显的人种界限。日本人一举废除了西方小学教育，对所有的小学进行整改，融入了日本风格的课程。这些学校从占领初期开始向当地居民重新开放。战前的职业学校被改为高级小学，于1942年7月重新开放。到1943年4月,所有的乡村学校被重新归类为普通公立学校,高级小学变成高级公立学校。[31]截至1943年9月,婆罗洲民政部管理的学校见表7.2。

表7.2　1943年9月,婆罗洲民政部下的学校

学校类型	学校数量
普通公立学校	733
高级公立学校	99
普通高级公立学校	30
特殊公立学校	—
教师培训中心	9
农业职业学校	6
技术职业学校	7
商业职业学校	2
渔业职业学校	2
家政学校	1
普通高中	3
特殊高中	—
师范学校	—

出处:《日本对印度尼西亚的军事管理》第23—224页。

日本学制的实施带来了一些有利的发展。最明显的成果是,在废除了针对欧裔儿童的西方小学之后,所有小学的教学体系得到了统一。另一方面,南婆罗洲的职业学校数量从战前的13所增加到30所,规模扩张,符合强调职业教育这一目标。[32]

战前以读、写、算为核心的课程体系被废除,日本的歌曲、体操、义务劳动和语言成为新的教学重点。学校会教小学生们吟唱谴责英美列强的宣传歌曲。战前使用的阿拉伯文字被日文取代。每天早晨,学生和老师都要朝着日本天皇所在的东京方向行鞠躬礼。

教育领域的一项重要发展是入学人数的显著增加。日本帝国海军

· 137 ·

领地内的土著居民对日语学习似乎很有热情,这或许是因为他们相信,掌握新政权的语言能给他们带来益处。不过一个更为合理的解释是,日本人改变了他们在战前的不利处境。在之前,学校每个月会向学生收取学费,这给当地农民造成了一定的经济负担,导致一些人拒绝送孩子上学。三年制乡村学校的费用在每月3至50分不等,五年制公立学校(小学高年级)的费用在每月5至125分不等。[33]教授荷兰语的精英学校每月的费用在2到18荷兰盾,能够成为荷兰学校的学生对当地人来说的确是一种殊荣。虽然没有相关统计数据的佐证,但小巽他群岛入学人数的显著增长充分说明了1943年3月取消学费所带来的积极影响。巴厘岛和龙目岛的公立学校入学率均增加了114%,两地的中学入学率分别增加了316%和170%。[34]此外,当局还免费给学生提供日语教科书,此类书本在战前都是需要收费的。[35]不难推测,南婆罗洲也很可能受到了类似的影响。

各种形式的艺术,特别是戏剧和电影等表演艺术,主要被用作宣传媒介,来唤起当地居民对日本发动战争的理解和支持,同时为军队提供娱乐。[36]在 M. 阿里芬(M. Arifin)的指示下,马辰开设了大阪影院和两座剧院(Sinar Surya 和 Pancar Surya)。[37]位于马辰的帕萨拉玛(Pasar Lama)的黄金国(Eldorado)影院重新开放,并被更名为南婆罗洲影院。位于普莱哈里(Pleihari)的剧院被被更名为樱花(Sakura)剧院。大阪影院在亚文泰、坎当岸、巴拉拜、丹戎等城镇设有分院。

古斯蒂·肖利欣(Gusti Shoolihin)、努尔·布兰德(Noor Brand)和兰贝里·布斯塔尼(Lamberi Bustani)等当地艺术家被招募来制作宣传性戏剧和电影,以赢得当地民众的支持。[38]当地的传统艺术被用于赞颂日本的军事力量,提振民众的信心,让他们确信日本帝国及其盟国——纳粹德国和意大利王国必将胜利。[39]由哈斯潘·阿德纳(Haspan Adna)和 A. 贾巴尔(A. Jabar)创办并发刊于坎当岸的娱乐杂志《盛大的满月》(*Purnama Raya*)被用来传播日语。还有一类宣传媒介是纸芝居(kamisibai)。兰贝里·布斯塔尼所著的《士兵阿马特》(*Amat*

Heiho）讲述了一名深受上级信任的士兵阿马特的勇敢事迹，该书在当地非常受欢迎。

信息部（Keimin Syidobo）肩负着通过美术、表演艺术（戏剧、舞蹈和舞台剧）和文学等媒介推动日本化进程的重任。以艺术为媒介的文化适应和同化运动未能让日本文化在当地民众中扎根，但这一点也不意外，原因之一是占领时期短暂，日本文化和语言对当地人来说完全陌生，而且这种带有强制意味的同化和文化适应过程本身也会削弱人们主动接受的意愿。

哈米丹（A. A. Hamidhan）是战前《加里曼丹人民之声》（*Suara Kalimantan*）和《河流上游之声》（*Suara Hulu Sungai*）的编辑和出版人，他应日本当局（陆军）的要求创办了于1942年3月初开始发行的日报《伟大的加里曼丹》（*Kalimantan Raya*）。报社位于马辰的办公室和工厂设备在焦土行动中被毁，哈米丹使用的是德国产的打印机，新闻内容大都来自东京的广播电台。在这方面，哈米丹先后得到了沙姆苏勒·阿里芬（Syamsul Arifin）和塔利卜·阿巴迪（Thalib Abadi）的帮助。[40]《伟大的加里曼丹》发刊两周后，另一家日报《新婆罗洲》（*Borneo Baru*）也开始发刊。这家报社由战前《婆罗洲之星》（*Bintang Borneo*）的前编辑安迪·波尔（Andin Boer'ie）负责，但创办不久，就因严重缺少纸张而停刊了。

《伟大的加里曼丹》在日本帝国陆军的统治下享受了一段短暂的"自由"。在海军取得绝对控制权并建立民政管理机构后，新闻媒体开始受到密切监视，自此《伟大的加里曼丹》的新闻自由走向结束。该报刊的创办宗旨里强调，日军进入荷属东印度群岛是为了将当地人民从荷兰殖民统治的枷锁中解放出来。《伟大的加里曼丹》将日本帝国描绘成印度尼西亚人民的解放者和保卫者，但任何对印尼民族主义明里或暗里的宣扬都会被删除，而且不能描写或提及任何民族主义领袖，比如苏加诺（Sukarno，1901—1970）和穆罕默德·哈达（Muhammad Hatta，1902—1980）。

自1942年5月初，朝日新闻（*Asahi Shimbun*）的工作人员被调往马辰接管《伟大的加里曼丹》，该报刊被重新命名为《婆罗洲新闻》（*Borneo Simboen*）。这家日报发行的是4页的小报，一半为罗马字体的印尼语，一半为日语，由A. A. 哈米丹兼任经理和编辑，对内容进行严格审查和把控。婆罗洲新闻社总部位于马辰，在坤甸和巴厘巴板设有分社（表7.3）。

表7.3 《婆罗洲新闻》的3种期刊

出刊频率	出版地点/面向区域	编辑人员	语言
每天	马辰/南婆罗洲 坎当岸版 马塔普拉上游	A. A. 哈米丹	印尼语，日语
每天	巴厘巴板/婆罗洲东部	安迪·波尔	印尼语，日语
每周3期	坤甸/婆罗洲西部	艾迈德·卡西姆 （Ahmad Kasim）	印尼语，日语，汉语

出处：《马辰人及其文化》第9—11页；《1942年—1945年日本占领期间印度尼西亚的出版物目录》；《日本对印度尼西亚的军事管理》第259页。

针对当地的信仰和信徒，日本帝国海军的政策如下：

> 为了安抚民众，赢得民心，现存的习俗、遗迹以及与宗教或信条有关的一切都应当受到尊重……在对穆斯林群体实行这一政策时，应格外注意。在宗教创新方面，要避免仓促冒进。[41]

信奉基督教的土著居民陷入了一个困境：他们的基督教徒身份给自己贴上了支持荷兰殖民者的标签，自己被看作亲西方分子，甚至被怀疑是同盟国的间谍。[42]间谍的标签可能会带来致命的后果，例如被臭名昭著的海军特警队殴打至半死不活。来自日本的新教及天主教主教和牧师负责满足当地居民的宗教需求。新教牧师宫平秀政（Hidemasa Miyahira）负责管理南婆罗洲的同宗教信仰者。另一位牧师白土八郎（Hachiro Shirato）也从日本来到了海军领地为新教社区服务。山口（Yamaguchi）主教以及其他天主教神职人员取代被关押的荷兰天主教牧师，为其教区提供服务。[43]天主教神父们在当地天主教徒中备受尊敬，他们的引进绝对是一次巨大的成功。

穆斯林群体数量庞大，尽管日本当局在管理这一群体时十分谨慎，但仍面临着一些严峻问题。日本穆斯林的数量非常有限，并不具备像基督教牧师那样可以大批送往海军领地的优势，因此"被派往南方的只有几名日本伊斯兰学者和在一些学校接受过训练并且愿意前往南方的年轻人"[44]。在马辰，婆罗洲民政部成立了伊斯兰教协会，并在坎当岸设立了分会。

> 马辰伊斯兰协会的领袖由青年中的"新晋穆斯林（Overnight Moslems）"担任。在坎当岸分会中，"新晋穆斯林"——伊斯兰教研究人员——须常驻于此。但因为缺乏对伊斯兰教的深入了解，不熟悉相关礼仪规范，所以这些伊斯兰领袖不怎么受当地人的待见。相反，当地人还非常讨厌他们。[45]

日本"新晋穆斯林"因其傲慢的态度和人种优越感非但没有赢得穆斯林群体对日本战事的支持，反而还引起了当地伊斯兰领袖的厌恶和仇视。由于急缺声望和才干兼备的日本穆斯林领袖，当局向本地穆斯林群体争取支援的努力全部付诸东流。必须指出的是，在日本帝国海军领地，宗教（尤其是伊斯兰教）"只是次要的存在"[46]。尽管如此，日本仍然成立了伊斯兰协会，将所有的穆斯林组织置于 H. 阿卜杜拉赫曼·西迪克（H. Abdurrahman Siddik）的领导下，而后者又受到日本"新晋穆斯林"的密切监督。[47]

向日本天皇致敬的鞠躬礼和日本人的野蛮行径使得当地穆斯林对日本人逐渐疏离。伊斯兰学校和寄宿学校的关闭又进一步恶化了日本人与穆斯林的关系。但好在每周五的布道是用印尼语进行的。并且,在一些地区(如巴拉拜),日本当局会命令穆斯林参加每周五的祈祷。每到这一天,清真寺就会变得熙熙攘攘。[48]

社会政治组织

一个叫冷静正茂调查院(Resei Seimo Tyosa In)的影子机构充当着婆罗洲民政部的顾问。经过与影子机构的磋商和对爪哇的三A运动(3A Movement)、人民力量中心(Centre for People's Strength)和爪哇服务协会(Java Hokokai)未来发展的展望后,婆罗洲民政部决定分阶段开展一项青年运动。[49]

年龄在12到25岁之间的青年加入当地的南婆罗洲青年团。他们基本来自高中,也包括一些青壮年。青年团的成员"主要从事劳务工作、农场管理,接受手工技术培训"[50]。成立于1943年11月的南方发展爱国团(Konan Hokokudan)招募了300多名20至35岁的年轻人,对他们进行长达6个月的军事演习以及日语学习和日本精神培养等日式训练。爱国团由婆罗洲民政部的政务部负责管理。[51]

从1945年5月开始,防卫挺进部队(Boei Teisin Tai)取代了爱国团。青年们接受各种军事训练,包括使用轻武器。在海军教官的指导下,为期两个月的训练着重培养日本精神、对天皇的忠诚,以及日语学习和体育锻炼。当局也希望以此来树立他们反西方的观念。

不同于南方发展爱国团和主要从事劳动任务的防卫挺进部队,南婆罗洲的海军预备军(Kaigun Heiho)的3个联队除了接受军事训练外,必要时还须同正规部队并肩作战。海军预备军的200名成员和日本帝国海军的1支联队共同组成了特别攻击队（Tokubetsu Toku Tai），这是1945年初为应对盟军即将登陆婆罗洲而成立的。防卫挺进部队的部分成员后来又加入了于1945年6月成立的乡土防卫义勇军（Pembela Tanah Air）。该部队成立不到1周便在沉船事故中全员覆没。[52]

1945年8月初战争步入尾声之际，当局召集妇女加入妇女协会（Fujin Kai），为日本战争事业做贡献。妇女协会其实是一个安插在当地的社会动员工具，而非真正的社会组织，其任务是为战争筹款，组织"夜市"和向医院提供帮助。海军当局在南婆罗洲各地设立了多个妇女协会。[53]

当地人的政治参与

基于明确的"永久占领"政策，望加锡的民政府和婆罗洲民政部都没有事先制定鼓励政治参与的计划。另一方面，日本帝国海军领地（包括南婆罗洲）内的本土居民普遍文化水平低下，政治意识薄弱，所以几乎没有任何民族主义倾向。如前所述，当局特别强调"必须谨慎行事，避免煽动民族主义运动"[54]。尽管东条英机首相（1941—1944）于1943年6月正式批准印度尼西亚人参与政治活动，但海军军官和民政官员仍然没有采取任何行动。海军方面对这一政策的消极态度是显而易见的。

海军当局没有采取积极措施来鼓励政治参与，其理由是婆罗洲、西里伯斯、小巽他群岛和摩鹿加群岛无论是在社会经济方面，还是在教育和政治意识方面，均远不及爪哇。此外，在是否应将政治参与作为一项占领政策来强制执行这一问题上，海军内部也存在分歧。他们当中大多倾向于维持现状，认为统一婆罗洲的可能性较低，因此不打算快速推进政治参与工作。他们选择对东条英机的声明不予理会。[55]

南遣舰队第2支队（组建于1945年1月）总司令兼日本帝国海军驻印度尼西亚最高军官柴田八一郎大将以一种不容置疑的语气说道："鉴于爪哇以外地区人民的生活水平低下，人才匮乏，南遣舰队第2支队不允许当地人开展政治运动"[56]，因此不得组建任何政治的或表现出某种民族主义倾向的组织。

然而由于战事转向不利局面，加上未对东条英机的公开声明作及时回应，民政府监察长在1943年下半年邀请了两位民族主义领袖——苏拉威西岛米纳哈萨县的山姆·拉图兰吉（Sam Ratulangi）博士和南婆罗洲的塔朱丁·努尔（Tadjuddin Noor）来望加锡总部任职。[57]他们被指定为民政府的"顾问"，但除了让日本当局从中获得宣传效益外，他们在望加锡的具体职能和目的并不清晰。

在东条英机发表声明的6个月后，也就是1943年12月1日，当局颁布了两项法令：《市政办公室设立条例》和《临时市政府条例》。[58]在日本军事形势不断恶化的情况下，设立市政办公室和市政府显然是为了争取当地民众的支持。在南婆罗洲，马辰和坤甸成立了市政办公室。1个星期后，也就是1943年12月8日，当局又发布了另外两条临时命令：《关于市议会的临时命令》和《关于州议会的临时命令》。[59]前者规范市政府成立后的市议会组建工作，后者规范各州的州议会组建工作。

日本首相小矶国昭在1944年9月6日第85届帝国议会上发表了"东印度群岛的独立"的演讲，但即便如此，海军当局仍然无意为印尼人制定具体的自决条例。虽然已经成立了具有代表性的市议会、州议会等组织，但据柴田大将后来回忆说，"它们只不过是海军当局的顾问机构"[60]，其结果引起了当地人的不满。

与爪哇相比，海军当局对推动政治参与一事态度消极，原因是海军领地内鲜有像爪哇岛上那样有影响力的民族主义领袖,而海军军政当局的一个特点是强调尽可能地尊重土著官员和自治区首领,而不是民族主义领袖。[61]

在这种情形下,柴田在海军内部主动带头策划具体步骤,推动印尼人民的民族主义事业。小矶国昭发表演讲后不久,日本帝国海军在泗水召开了一次高级官员会议。会议通过了3项决议,由柴田向东京的内阁报告。

> 海军领地内允许悬挂国旗、奏国歌。
> 应将爪哇民族主义运动的领头人物派往海军领地,推动当地的民族主义运动。
> 应尽快让印度尼西亚像菲律宾和缅甸那样获得独立(两地分别于1943年10月14日和1943年8月1日独立)。[62]

在柴田的积极努力下,穆罕默德·哈达于1945年5月访问了马辰。[63]

1945年8月17日,哈米丹在雅加达见证了苏加诺宣布印度尼西亚独立,但在8月20日回到马辰后,民政部主任却禁止他发表任何声明。[64] 不过婆罗洲新闻社还是在坎当岸和马辰广播电视台发布了关于独立的重大消息。[65]

注

1. Mary Somers Heidhues 著《西加里曼丹华人聚居区的淘金者、农民与商人》(*Gold-diggers, Farmers, and Traders in the Chinese Districts of West Kalimantan, Indonesia*)第200页。
2. 《马辰人及其文化》("Buku Urang Banjar & Kebudayaannya")第14页。
3. 同上第13—14页。
4. M. Idwar Saleh 等著《南加里曼丹地区历史》(*Sejarah Daerah Kalimantan Selatan*)

第142页。

5.《马辰人及其文化》("Buku Urang Banjar & Kebudayaannya")第27页。

6. 其他关键人物包括穆萨·阿迪科苏马(Pangeran Musa Ardikesuma)和罗斯班迪(Roesbandi)。S. 哈德约索马托约(S. Hardjosoemartojo)和哈达利亚·M(Hadharijah M)也是关键人物,两人领导着一个宣传机构。同上第20—21页。

7.《加里曼丹日报》(*Kalimantan Raya*) 1942年3月1日,1942年3月14日,1942年3月20日,1942年4月3日。

8. H. J. Benda、K. Irikura 和 K. Kishi 编《占领区军事管理执行纲要》(*Outline on the Conduct of Military Administration in Occupied Areas*)第27、29页。

9. H. J. Benda、K. Irikura 和 K. Kishi 编《占领区未来地位的计划草案》(*Draft Plan of the Future Status of Occupied Territories*)第48页。

10. Anthony Reid 和 Oki Akira 编《日本人在印度尼西亚:1942年—1945年精选回忆录》(*The Japanese Experience in Indonesia: Selected Memoirs of 1942-1945*)第278页。

11. H. J. Benda、K. Irikura 和 K. Kishi 编《占领区军事管理执行纲要》(*Outline on the Conduct of Military Administration in Occupied Areas*)第30页。

12. 同上第17—18页。

13. Okuma Memorial Social Sciences Research Institute 编《日本对印度尼西亚的军事管理》(*Japanese Military Administration in Indonesia*)第297页。

14.《荷兰(属地)情报报告》(*Netherlands Possession Intelligence Report*),PRO WO 208/1693。

15.《每周情报评论》(*Weekly Intelligence Review*)第131期,PRO WO 208/104。

16. Okuma Memorial Social Sciences Research Institute 编《日本对印度尼西亚的军事管理》(*Japanese Military Administration in Indonesia*)第298页。

17. 同上第299页。

18. M. Idwar Saleh 等著《南加里曼丹地区历史》(*Sejarah Daerah Kalimantan Selatan*)第150页。

19. 同上第152页。

20. Ramli Nawawi 等著《1945年—1949年南加里曼丹地区革命史》(*Sejarah Revolusi Kemerdekaan, 1945-1949*)第20页。

21. Simboen 有时也写作"Sinbun"。

22. 现代的印尼语是印尼化的马来语廖内方言。1972年,印尼语和马来语采用了统一的拼写系统,在标准化过程中迈出了一大步。

23.Ramli Nawawi等著《1945年—1949年南加里曼丹地区革命史》(*Sejarah Revolusi Kemerdekaan, 1945-1949*) 第21页。

24.《马辰人及其文化》("Buku Urang Banjar & Kebudayaannya") 第31页。

25.Ramli Nawawi等著《1945年—1949年南加里曼丹地区革命史》(*Sejarah Revolusi Kemerdekaan, 1945-1949*) 第19页。

26.H. J. Benda、K. Irikura和K. Kishi编《日本对印度尼西亚的军事管理：档案选编》(*Japanese Military Administration in Indonesia: Selected Documents*) 第33页。

27.Anthony Reid和Oki Akira编《日本人在印度尼西亚：1942年—1945年精选回忆录》(*The Japanese Experience in Indonesia: Selected Memoirs of 1942-1945*) 第160页。

28.同上。

29.Anthony Reid和Oki Akira编《日本人在印度尼西亚：1942年—1945年精选回忆录》(*The Japanese Experience in Indonesia: Selected Memoirs of 1942-1945*) 第156页。

30.《日本对印度尼西亚的军事管理》(*Japanese Military Administration in Indonesia*) 第222—223页。

31.同上第223—224页。

32.同上第223页。

33.Anthony Reid和Oki Akira编《日本人在印度尼西亚：1942年—1945年精选回忆录》(*The Japanese Experience in Indonesia: Selected Memoirs of 1942-1945*) 第169—170页。在荷兰殖民时期，当局按照月收入将家庭分类，收入较高的家庭有能力支付更高的学费。

34.同上第169页。

35.同上第166页。

36.M. Idwar Saleh等著《南加里曼丹地区历史》(*Sejarah Daerah Kalimantan Selatan*) 第156页。

37.《马辰人及其文化》("Buku Urang Banjar & Kebudayaannya") 第40页。

38.M. Idwar Saleh等著《南加里曼丹地区历史》(*Sejarah Daerah Kalimantan Selatan*) 第157页。

39.同上。Madihin在阿拉伯语中意为"建议"或"赞美"，指南婆罗洲马辰马来人的民间传说里特有的一种传统诗歌风格。Mamanda是以古典诗歌和民间故事为基础的马辰民间戏剧。Lamut指马辰马来人的口述文学。

40.《马辰人及其文化》("Buku Urang Banjar & Kebudayaannya") 第43页。

41.H. J. Benda、K. Irikura和K. Kishi编《日本对印度尼西亚的军事管理：档案选编》

（*Japanese Military Administration in Indonesia:Selected Documents*）第32页。

42.《日本对印度尼西亚的军事管理》（*Japanese Military Administration in Indonesia*）第247页。

43.同上第246页。

44.同上第243页。

45.同上。

46.同上第44页。

47.《马辰人及其文化》（"Buku Urang Banjar & Kebudayaannya"）第54页。

48.Ramli Nawawi等著《1945年—1949年南加里曼丹地区革命史》（*Sejarah Revolusi Kemerdekaan, 1945-1949*）第27页。

49.《婆罗洲新闻》（Borneo Simboen）1943年12月3日。三A运动（3A Movement）是一个将日本帝国置于中心地位，将其奉为"亚洲之光"的宣传运动。普特拉（Putera）不以谁为中心，形形色色的民族主义者都可以加入。爪哇服务协会（Java Hokokai）旨在将印尼民族主义者和日本政府官员的政治影响力结合起来。关于日本殖民统治时期的爪哇岛，参见Sato Shigeru著《战争、民族主义与农民：1942年—1945年日本占领下的爪哇》（*War, Nationalism and Peasants: Java under the Japanese Occupation 1942-1945*）。

50.《日本对印度尼西亚的军事管理》（*Japanese Military Administration in Indonesia*）第202页。

51.《婆罗洲新闻》（*Borneo Simboen*）1943年11月9日。

52.《马辰人及其文化》（"Buku Urang Banjar & Kebudayaannya"）第50页。

53.同上第51—52页。

54.H. J. Benda、K. Irikura和K. Kishi编《日本对印度尼西亚的军事管理：档案选编》（*Japanese Military Administration in Indonesia:Selected Documents*）第30页。

55.《日本对印度尼西亚的军事管理》（*Japanese Military Administration in Indonesia*）第172页。

56.Shibata Yaichiro的文章《1945年海军辖区内的民族主义宣传》（"Nationalist Propaganda in the Navy Area 1945"），载于Anthony Reid和Oki Akira编《日本人在印度尼西亚：1942年—1945年精选回忆录》（*The Japanese Experience in Indonesia: Selected Memoirs of 1942-1945*）第278—279页。

57.《日本对印度尼西亚的军事管理》（*Japanese Military Administration in Indonesia*）第172页。

58.《民政管理令》第30号（ Civil Government Order No.30 ）第173—174、219—220页。

59.《民政管理令》第35号（ Civil Government Order No.35 ）第174—176、226—229页。

60.Shibata Yaichiro 的文章《1945年海军辖区内的民族主义宣传》（ "Nationalist Propaganda in the Navy Area 1945" ），载于 Anthony Reid 和 Oki Akira 编《日本人在印度尼西亚：1942年—1945年精选回忆录》（ The Japanese Experience in Indonesia: Selected Memoirs of 1942-1945 ）第279页。

61.《日本对印度尼西亚的军事管理》（ Japanese Military Administration in Indonesia ）第176页。

62.Shibata Yaichiro 的文章《1945年海军辖区内的民族主义宣传》（ "Nationalist Propaganda in the Navy Area 1945" ），载于 Anthony Reid 和 Oki Akira 编《日本人在印度尼西亚：1942年—1945年精选回忆录》（ The Japanese Experience in Indonesia: Selected Memoirs of 1942-1945 ）第280页。

63.同上第283—284页。

64.《马辰人及其文化》（ "Buku Urang Banjar & Kebudayaannya" ）第56页。

65.同上第57页。

第八章

暴行、反抗和回应

日本帝国犯下的滔天罪行不胜枚举，例如著名的南京大屠杀、新加坡肃清大屠杀和死伤惨重的泰缅铁路工程。就婆罗洲而言，日本实施的暴行包括臭名昭著的"山打根死亡行军"以及岛屿南部和西部的一系列秘密屠杀。"山打根死亡行军"的受害者是以澳大利亚人为主的盟军士兵。秘密屠杀的受害者是当地居民（土著人和中国居民），其中包括坤甸苏丹和前殖民地荷兰官员。其实早在入侵和占领初期，就曾出现过关于日本帝国陆军开展屠杀和谋杀的报道。1943年10月，日本帝国陆军控制下北婆罗洲爆发了"哲斯顿起义"，这是唯一的对日本暴行的严肃反抗，但遭到了日方的残酷镇压。

谋杀和暴行

1942年龙纳旺屠杀事件

> 这似乎是迄今为止披露的在婆罗洲发生的最严重的暴行，我们应不遗余力地追查行凶者。
> 　　　陆军准将W. J. V. 温德耶（W. J. V. Windeyer） 澳大利亚第9师[1]

包括妇女和儿童在内总共41名欧洲人在龙纳旺（Long Nawang[2]，前荷属婆罗洲的一处军事基地）被残忍杀害。日本人在1942年8月至9月实施的这场屠杀被认为是战时婆罗洲经历的最惨烈的暴行之一。二战结束后，澳大利亚特种侦察部（Services Reconnaissance Department）的F. R. 奥尔德姆（F. R. Oldham）中尉开展相关调查，于1945年9月18日向澳大利亚帝国军（Australian Imperial Forces）呈交了报告，至此龙纳旺屠杀事件才浮出水面。[3] 婆罗洲有限公司位于拉让河萨利姆（Salim）

的伐木场经理 W. 麦克拉彻（W. McKerracher）在一篇日期为1942年5月2日的报道中讲述了安德鲁·麦克弗森（Andrew McPherson）等布鲁克政府的官员、第3行政区州长、婆罗洲有限公司人员等一群来自沙捞越的欧洲人在日本的节节推进下逃往内地的事迹。他们沿着拉让河逆流而上，穿越了荷属婆罗洲边境，最终到达卡扬河上的龙纳旺。[4]

虽然荷兰当局下令让所有的布鲁克政府的官员在敌军入侵时坚守岗位，但诗巫的处境已经万分危急，麦克弗森只好计划撤离。麦克拉彻记述了诗巫当时的混乱状况。

> ……日本人在1941年的圣诞节那天对诗巫进行空中轰炸和机枪扫射……损失非常惨重；死伤的全部是亚洲人，没有欧洲人伤亡。节礼日，他们又给我们打了一通电话，称他们的船已经驶入河流。当地居民惊慌失措，闯入并袭击了政府和婆罗洲有限公司的商店。警方接到命令"不得开枪"，但他们自己也加入了对粮店等商店的打劫。州长麦克弗森提议疏散所有欧洲人，执行我们的（婆罗洲有限公司）计划——沿拉让河逆流而上，穿越荷属婆罗洲边境。随着沙捞越布鲁克政府的瓦解[5]，婆罗洲的英国代理人兼英属海峡殖民地总督珊顿·托马斯爵士（Sir Shenton Thomas）在新加坡通过广播呼吁大家"采取任何认为合适的行动"。他肯定向荷兰政府请求过援助，事实也证明的确如此。他们的决定非常正确，我们理应在日后对他们表示感谢。[6]

撤离行动始于1941年12月28日，所有参与撤离的欧洲人聚集在加帛，随后经水路和陆路进入荷属婆罗洲。他们先是乘坐摩托艇到达拉让河上的最后一处定居点——美拉牙（Belaga），在当地长屋的热情招待下休息一夜，之后继续乘坐当地的划艇上行至拉让河源头。在那里，他们必须经受住一波波令人心惊胆战的激流。航行结束后，他们徒步穿越了茂密的热带丛林。在跨过边境进入荷属婆罗洲之前，他们派了一支先遣侦察队前去同荷兰当局取得联系，其中包括熟悉数门当地方言的 H. P. K. 杰克斯（H. P. K. Jacks）和一个名叫 J. 肖特林（J. Schotling）的荷兰人。[7]之后荷兰当局派了40名卡扬河岸边的搬运工前去同大部队会面，他们在丛林中开辟了一条小路。

> 历经28天的艰难跋涉后，我们最终从诗巫抵达了荷兰人的军事基地龙纳旺。有一天，我们从早上7点到中午12点一共尝试了36次，才成功经过一条河。湍急的山洪有时深及膝盖，有时深至腋窝，而且水势汹涌。[8]

他们到达龙纳旺的那天是1942年1月22日，那里看上去就像是一个僻远而又安全的避难所。这处军事基地附近有一座堡垒、数个兵营和肯亚族（Kenyah）长屋。龙纳旺（Long Nawang）海拔约750米，有着不同于山区避暑小镇的宜人气候，这里"盛产水稻、水果和烟草，一年四季都有充足食物"[9]。

当时患有疟疾的麦克弗森（他还带着正处于怀孕中期的妻子）称自己希望留在龙纳旺，不过他也不会阻拦队伍中的其他人继续执行他们的计划。最后杰克斯、肖特林、麦克拉彻和 T. E. 沃尔特（T. E. Walter）[10]4人决定在1月30日起程，经朗伊拉姆（Long Iram）抵达三马林达。来到三马林达后，他们设法登上了飞往万隆的飞机。杰克斯和麦克拉彻逃离了芝拉扎，随后到达珀斯。沃尔特和肖特林则不幸被日本人抓获并被囚禁了起来。[11]另有一行5到6名布鲁克政府的官员因身体不适，无法继续旅程，所以决定返回美拉牙。他们后来也被抓获，囚禁在古晋郊区的峇都林当战俘拘留营内。不过事后看来，他们才是那批少数幸运者。

表8.1按时间顺序列出了在龙纳旺发生的一系列以大屠杀收尾的事件的脉络[12]。

表8.1 龙纳旺屠杀事件年表

日期	事件
1941年12月28日	来自沙捞越的欧洲人在加帛汇合。
1942年1月22日	来自沙捞越的欧洲人抵达龙纳旺。
1942年1月30日	杰克斯、肖特林、麦克拉彻和沃尔特前往朗伊拉姆和三马林达。五或六名布鲁克政府的官员返回美拉牙投降。
1942年2月2日	霍登(Hudden)、帕里(Parry)和4名荷兰飞行员抵达龙纳旺。
1942年2月17日	霍登前往巴兰(Baram)河上游的龙博朗(Long Berang)。他后来被一伙伊班人斩首。
1942年4月	D. J. A. 威斯特霍斯中尉、40名荷兰人和荷兰皇家东印度陆军的印尼士兵(荷兰驻打拉根守备军的一部分)来到龙纳旺。
1942年8月上旬	美国传教士杰克逊(Jackson)牧师、桑迪(Sandy)牧师及其妻儿从附近的定居点庇朱曼(Pitjuman,距离龙纳旺大约4天的航程)来到龙纳旺。
1942年8月19日	两名来自巴孔(Bakon)的肯亚人带来消息称,70多名日本士兵正在赶往龙纳旺。D. J. A. 威斯特霍斯对此没有理会。他认为"可能有更多的荷兰军队过来",因此"没有派巡逻队去核实消息的准确性"。
1942年8月20日	莫拉岛(Mora Shima)大尉和72名全副武装的日本海军抵达龙纳旺。上午8时30分,他们开始从卡扬河东岸发动攻击。麦克弗森和威斯特霍斯被杀。麦克弗森的夫人双腿受伤。男人被关在堡垒里,女人留在甘榜肯亚(Kampong Kenyah)附近的一所房子里。印尼士兵被允许返回打拉根家乡。
1942年8月26日	下午5时在营房后方的山坡上,所有男性被处决,死者立即被分至两地集体埋葬。
1942年8月27日	莫拉大尉和45名日本海军士兵前往三马林达。冲野中尉手下的其余海军士兵留在龙纳旺。6名妇女和4名儿童没有受到骚扰,留在甘榜肯亚附近的一所房子里。
1942年9月10日	妇女和儿童被装进麻袋里带往堡垒。他们被关在两座牢房里。
1942年9月23日	妇女和儿童被杀害和埋葬,墓地紧邻军营后方山坡上的男性墓地。

出处:《西布和拉让特许木材开采区的婆罗洲公司员工撤离报告及过程记录》;《对被拘禁在婆罗洲龙纳旺的盟军的大屠杀》;《日本占领时期:1941年—1945年日本统治下的沙捞越》第46—49页。

奥尔德姆记录的事件摘要是基于坦布良(Tamburiang)下士和一个叫马库斯(Markus)的二等兵的目击证词。坦布良和马库斯曾是当地警察，前述事件发生时，他们都居住在龙纳旺。在 D. J. A. 威斯特霍斯（D. J. A. Westerhuis）中尉的命令下，他们和另一位二等兵鲁门图特（Lumentut）加入威斯特霍斯的部队。在一幢房子的墙上，奥尔德姆看到上面写着"冲野（Okino）中尉""二等兵东云文（Higasi Kumobun）"，以及他们所在的师的名字"拉隆（Raroun）"。墙上的文字还透露，这些日本人是海军士兵，他们已于7月25日徒步离开三马林达，并于8月20日抵达龙纳旺。

奥尔德姆的报告摘要对一系列屠杀事件作出了如下描述：

> 1942年8月26日，日本人射杀了所有的成年男性，其中包括一名叫凯洛拉（Kailola）的当地人。他们把尸体全部埋在了两座坟墓里。在此之前，当地居民曾接到过在当天撤离的命令。跟随日本人从三马林达过来的1名苦工将该屠杀事件告诉了坦布良。
>
> 1942年9月23日，龙纳旺的妇女和儿童全部被杀。麦克弗森夫人和她的孩子被日本人用担架抬过河，同样没能幸免。当天早些时候，4名苦工就已奉命在其他坟墓旁边挖好了坑……日本人称他们要在河上游炸一些鱼，并命令所有人都过去。据推测，受害者就是在这段时间内被杀的。河对岸没有人听到枪声，这说明他们有可能是被刺死的。所有人都被葬在了同一个地方。第2天坦布良视察这片区域时发现有4座坟墓，其中一座还是刚填好的。[13]

凯洛拉是1名印尼人，他曾在打拉根被抓，后来同其他人一起被释放。获释后，他前往龙纳旺加入了威斯特霍斯的组织。坟墓总共有4座，一座埋着麦克弗森和威斯特霍斯（他们是在8月20日被杀的），两座乱葬坑里埋着男人，另一座乱葬坑里埋着妇女和儿童。

坦布良和马库斯显然不是唯一的目击者。据当时只有11岁的肯亚男孩图苏·巴丹（Tusau Padan）称，他和他父亲在8月26日目睹了一场屠杀。当时他们"就躲在灌木丛后面，亲眼看见第1批幸存者被枪击、刺杀，然后推入坑中"[14]。图苏声称他还目睹了第2场大屠杀，"其中儿童的死法最为残忍。他们被迫爬上槟榔树，直到耗尽力气从树上掉下来，被倒插在地面的刺刀刺穿"[15]。

日本人制造这场惨剧的目的令人费解。他们最合理的做法应该是将所有欧洲人当作战俘或者平民送往三马林达，就像对待婆罗洲其他地区的欧洲人那样，先是围捕，然后关进古晋的峇都林当战俘拘留营。但这样做的难处是，他们要穿越险恶的丛林，花费大约4周的时间把40多名战俘（包括妇女和儿童）送往目的地，这对日本海军来说似乎是一项无法完成的任务，况且他们可能也没有足够的人力来执行这项"不太重要"的任务。新政权建立后，龙纳旺的难民并没有像日本军方所期望的那样主动投降，因此从法律上讲，他们属于逃犯。从这个角度来看，处决他们符合战时的军规。莫拉岛大尉的命令很可能是"搜寻并消灭"，而不是"围捕掉队的欧洲人"，因为即便有投降宽限期，那也已经过去很久了。

尽管指令要求"不遗余力地追查行凶者"，但澳大利亚帝国军并未对奥尔德姆的报告中提及的日本军事人员——"莫拉岛大尉""冲野中尉"或"东云文二等兵"所犯的战争罪进行审判。表8.2为龙纳旺屠杀受害者名单。

表8.2　龙纳旺屠杀受害者名单

姓名	身份、年龄和地点	单位
A. 麦克弗森	第3行政区州长，诗巫	沙捞越政府
A. 麦克弗森夫人	妻子	—
A. 麦克弗森	幼儿	—
N. A. 李	沙捞越轮船公司经理	沙捞越轮船公司
N. A. 李夫人	妻子	—
N. A. 李的儿子	5岁	—

续表

姓名	身份、年龄和地点	单位
N. A. 李的儿子	9个月	—
T. A. 里德	诗巫工程师	沙捞越政府
T. E. 贝奇	美娜多（Binatang）公共事务部	沙捞越政府
F. L. 曼塞尔	诗巫邮政局长	沙捞越政府
S. G. 汉森	诗巫郡长	沙捞越政府
R. F. 辛克莱尔	诗巫海关官员	沙捞越政府
D. V. 墨菲	诗巫警察局助理局长	沙捞越政府
S. H. K. 考克斯	诗巫食品管制官	沙捞越政府
H. J. 斯宾塞	诗巫情报局	沙捞越政府
A. W. 安德森	诗巫工程师	沙捞越电力公司
P. C. V. 科博尔德	婆罗洲有限公司，诗巫	婆罗洲有限公司
C. L. 迈尔斯	萨利姆，拉让林木采伐许可	婆罗洲有限公司
E. 邦弗雷女士	邦弗雷的妻子，实拉兰	岛上贸易公司
E. 邦弗雷	幼儿	—
B. B. 帕里	美里的一位总经理	沙捞越油田有限公司
杰克逊牧师	美国传教士	庇朱曼
桑迪牧师	美国传教士	庇朱曼
桑迪夫人	妻子	—
桑迪	儿童	—
D. J. A. 威斯特霍斯	中尉	荷兰皇家东印度陆军（打拉根守备军）
D. J. A. 威斯特霍斯夫人	妻子	
M. 盖斯肯斯	第二中尉	荷兰皇家东印度陆军
J. 伊塔里安德	军士长	荷兰皇家东印度陆军
D. C. 登哈夫	军士长	荷兰皇家东印度陆军
A. F. 博里奥	军士长	荷兰皇家东印度陆军
J. 洛克	军士	荷兰皇家东印度陆军
T. 休尔	军士	荷兰皇家东印度陆军
J. 德维尔德	军士	荷兰皇家东印度陆军
K. 范德沃德	军士	荷兰皇家东印度陆军
J. 布查特	下士	荷兰皇家东印度陆军
H. 德里斯	准将	荷兰皇家东印度陆军

· 158 ·

续表

姓名	身份、年龄和地点	单位
F.多芬	将军	荷兰皇家东印度陆军
N.C.范德尔斯特	信号员	荷兰皇家东印度陆军
B.J.H.特尼森	下士	荷兰皇家东印度陆军
E.W.C.莱德布尔	二等兵	荷兰皇家东印度陆军
A.J.赫夫	二等兵	荷兰皇家东印度陆军
T.邓克	二等兵	荷兰皇家东印度陆军
J.约瑟夫	二等兵	荷兰皇家东印度陆军
J.范克	二等兵	荷兰皇家东印度陆军
L.巴恩斯坦	二等兵	荷兰皇家东印度陆军
范德乌尔普	二等兵	荷兰皇家东印度陆军
G.A.A.范阿默斯福特	二等兵	荷兰皇家东印度陆军
H.J.库伦	二等兵	荷兰皇家东印度陆军
C.W.韦伯斯特	二等兵	荷兰皇家东印度陆军
W.E.G.豪伯	二等兵	荷兰皇家东印度陆军
T.L.西皮奥	二等兵	荷兰皇家东印度陆军
A.霍恩博斯特尔	二等兵	荷兰皇家东印度陆军
A.H.萨顿	二等兵	荷兰皇家东印度陆军
T.谢尔斯	二等兵	荷兰皇家东印度陆军
费尔德布鲁格	教士	荷兰皇家东印度陆军
凯洛拉	二等兵，印尼人	荷兰皇家东印度陆军
J.H.格伦菲尔德	中尉	荷兰皇家空军
J.范海姆	军士	荷兰皇家空军
K.A.雷恩	空军指挥官	荷兰皇家空军
A.巴舍尔斯	空军指挥官	荷兰皇家空军

出处：《对被拘禁在婆罗洲龙纳旺的盟军的大屠杀》《西布和拉让特许木材开采区的婆罗洲公司员工撤离报告及过程记录》。

1945年的山打根死亡行军

……1942年初，澳大利亚第二帝国军的数千名士兵一致认为，到"风下之乡"（Land Below the Wind）好过被关在新加坡拥挤不堪的樟宜监狱，好过去修建骇人听闻的暹缅铁路。
——B. C. 拉克斯顿（B. C. Ruxton）[16]

现在就走。往丛林里走。你们留下来只有死路一条。很快所有人都会死于日本人之手。
——兰瑙战俘营的一位叫高原（Takahara）的二等兵[17]

和龙纳旺大屠杀鲜有书面记载的情况不同，关于臭名昭著的山打根死亡行军的讨论和报告有很多。[18]从山打根战俘营至兰瑙的死亡行军总共有3次，分别在1945年1月、5月和6月。8月下旬，最后一批战俘在兰瑙至担布南（Tambunan）的路上被杀，死亡人数约为2400人，全部是英国和澳大利亚战俘。在第一次行军中，有2人侥幸逃脱；另有4人从兰瑙战俘营逃脱。

英国投降（1942年2月15日）后，所有的盟军士兵都被囚禁在新加坡的樟宜监狱，其中有2000名澳大利亚人和750名英国人被转移到了位于前英属北婆罗洲东海岸的山打根战俘营。山打根战俘营（战前的特许公司行政中心）位于山打根东北方向13公里处，那里曾是一座试验农场。战俘们被转移至此主要是为战俘营东南方向5公里的两处飞机跑道的建设出力。

这些战俘从新加坡樟宜出发，分批次抵达山打根。第一批被称为B队，由1500名澳大利亚人（包括145名军官）组成，A. W. 沃尔什（A. W.

Walsh）中校负责带队。他们于1942年年中抵达山打根，中途在美里有过短暂停留。[19] 1943年4月，750名英国战俘从新加坡经由哲斯顿抵达山打根。由500名澳大利亚战俘组成的E队于1943年3月离开新加坡，4月15日抵达山打根湾的布哈拉岛战俘营，6月5日被转移至山打根营地。[20]

各队的编排是由盟军士兵们自行决定的。促使一些人离开新加坡的原因有很多，比如伤员希望找个地方疗养，年长的军人想"平静地等待战争结束"，一些人单纯地认为别的任何地方都不会像新加坡那样无趣。另外，一些眼光长远的人认为"婆罗洲离祖国（澳大利亚）更近，更有助于它们逃跑"[21]。

山打根战俘营的指挥官是星岛进（Hoshijima Susumi）中尉。他身高1.8米，体格健壮，"性格霸道"，给人留下深刻印象。[22] 在对1943年4月抵达山打根的战俘发表的欢迎辞中，星岛的冷酷无情暴露无遗。

> 你们必须顶着婆罗洲的烈阳干活，直到骨头腐烂。你们必须为天皇效力。如果你们当中有谁逃跑，我会随机挑三四个战俘出来，把他们枪毙。谁也不要妄想这场战争会在100年之内结束。[23]

根据一些条令，日本战俘和平民的拘留营的指挥官有相对宽松的自由裁量权来处理某些情况。东条英机首相给出的指示如下：

> 在不违反人类基本原则的前提下，应对战俘进行严格的纪律约束。必须注意的是，不要被人道主义的错误观念所迷惑，也不要被个人对战俘的情感所左右，这种情感很可能在他们漫长的监禁期间滋生。[24]

总之，基本原则就是严格约束和"不为所动"。1943年，陆军制定

了以下条规,允许指挥官"随意"处置不守条规的囚犯:

> 如果战俘拒绝服从命令,应予以逮捕、监禁,或采取其他任何以维护纪律为目的的必要措施。[25]

"采取其他任何以维护纪律为目的的必要措施"有全权委托之意,包括对囚犯进行处决。似乎在1944年下半年,"大本营就开始给出了此类对自由裁量权的暗示,那就是宁可杀掉囚犯,也不能让他们沦为敌方的宣传工具"[26]。之后在1945年3月17日,陆军向所有的战俘营指挥官发送了一份由陆军次长柴山兼四郎签署的秘密电报。

> 应采取一切可能的手段防止战俘落入敌人之手。
> 要么将他们转移到远离前线的地方,要么在合适的时间和地点将他们集合起来,以防敌人空袭等。
> 只要存在劳动价值,就应让他们活下去。
> 如果实在没有条件和时间转移囚犯,也可以选择释放他们,此为下下策。对有敌意的囚犯应采取紧急措施,并最大限度做好预防工作,以免对公众造成伤害。
> 在执行紧急措施时,应当注意不要激起敌方的宣传或报复。
> 应始终给囚犯供食。[27]

以上指令的弦外之音可被解读如下:第1条准许了强制行军("采取一切可能的手段")。第4条暗含处决("紧急措施")之意。在行军过程中,应秘密("最大限度做好预防工作","不要激起敌方的宣传或报复")消灭(处决)有反日倾向("敌意")的囚犯。

所谓的"敌意",其由来是日本发现了一个地下情报网。这个情报网大约是在1942年下半年由山打根战俘在莱昂内尔·马修斯(Lionel Matthews)上尉和J. P. 泰勒(J. P. Taylor)医生的指示下组建的。J. P. 泰勒是山打根医院里的澳大利亚医生，与当地的华人、马来人、印度人等当地居民有着合作往来。[28]到1942年10月下旬，该情报网开始在营地用上了收音机。这台收音机是用从营地外部收集而来的各种零件组装成的。[29]战争的消息，特别是对轴心国遭到反击的报道，让战俘们备受鼓舞，同时给予了许多人同盟国即将胜利的希望。泰勒医生不仅把消息传递给了营地外的人，还为营地内的战俘带去了急需的药物。但不幸的是，一位知情的平民把这些秘密活动透露给了日本当局，致使山打根有数人被捕。在宪兵队的严刑拷打下，马修斯和经常在战俘营中写日记（属于违规行为）的R. G. 威尔斯（R. G. Wells）中尉被迫"认罪"。尽管遭到令人发指的惩罚，马修斯和威尔斯并没有让其他人也受牵连。1944年2月，经古晋法庭的审判，马修斯和8名平民于1944年3月2日在石角（Batu Kawa）附近的文良港（Setapok）被枪决。[30]其他嫌疑人则在新加坡被判有期徒刑，其中就有泰勒医生和威尔斯。他们的刑期都是12年。另有6人疑于日本投降前被虐待致死。[31]整起事件被称为"山打根事件（Sandakan Incident）"。

马修斯的这一秘密组织在运作期间帮助7名战俘成功逃离了布哈拉岛[32]，另外还帮助1名战俘逃离了山打根战俘营[33]。该组织的暴露虽然导致相关人员惨遭酷刑甚至死亡，但也让其余的战俘因祸得福。作为一项预防措施，日本在1943年9月将山打根战俘营的大部分军官和士官（多达200名）转移到了古晋的峇都林当战俘营，以防他们逃跑。到1943年10月，只有G. 库克（G. Cook）上尉和其他两名军官留下来管理战俘，战俘营内医务人员也只剩J. 奥克肖特（J. Oakshott）上尉、D. 皮科尼（D. Piconi）上尉、一名医疗官和几位牧师。[34]

从1943年10月开始，山打根战俘的生存条件开始严重恶化。当时日本已经进入防御状态，亟须修建更多的飞机跑道。随着美国成功夺取制海权和制空权，修建任务变得愈发紧迫。由于无法按时完成修建，日本人将怒火发泄在战俘身上，对他们变本加厉地进行迫害。最后，2390名战俘中仅有6人幸存，当中细节恐怕永远不得而知。[35]

1945年1月10日开始，日本人暂停了飞机跑道的修建工作，转而将战俘派去种菜。那时已经有相当一部分人卧病不起，成了日本人的累赘。自1944年10月以来，山打根频繁遭到美国的空袭。面临此种情况，日本人开始死亡行军。根据官方文件，死亡行军的原因有两方面：一、日本不再需要战俘来修建飞机跑道；二、日本想确保这些战俘不落入敌手。

第一次行军发生在1945年1月中旬。驻扎在哲斯顿[36]的第37军指挥官马场正郎（Baba Masao）中将要求将500名最强壮的战俘转移到内陆的兰瑙，因为那里正在建设一所新的战俘营。但星岛只能提供470人，其中还有一些患有脚气或严重溃疡的人。他们将充当弹药和备用物资的搬运工。不知是预先安排还是机缘巧合，第一次行军同日本帝国陆军第2营第25独立混合联队的转移正好时间重合。该联队跨越263公里来到克洛克山脉东坡的兰瑙，又迁到了西海岸的哲斯顿，他们途中经过了沼泽、茂密的丛林和崎岖的山地。

由于路况险恶，行军队伍中只有一半的战俘抵达兰瑙。他们刚到就被分配了一项艰巨的任务——折返到约32公里外的巴基那丹（Paginatan），将那边的大米经崎岖的山路运回兰瑙。没有人知道在这项任务中究竟有多少人死于过劳、疾病或被日本工头杀害。但一个惊人的事实是，1945年6月，当第2批行军的战俘到达兰瑙时，只有5名澳大利亚人和1名英国人向他们打招呼。[37]

根据"只要存在劳动价值，就应让他们活下去"的条规所制定的"不劳动不得食"政策在1944年底开始实行，当时飞机跑道建设工作已被搁置并于1945年1月10日彻底停工。这项政策带来的后果十分触目惊心，在饥饿和疾病的双重折磨下，战俘们接连死去。"到1945年3月，平均每晚就有10名战俘死亡，仅1个月就有300人死亡"[38]。

1945年5月，放弃山打根战俘营，再次向兰瑙行军的指令开始执行。与此同时，高桑卓男（Takakuwa Takuo）大尉于5月17日接替了星岛对山打根战俘的控制权。5月29日，高桑带着536名战俘开始第2次向内陆行军，将剩余的288名重病战俘留在了战俘营中。整座山打根战俘营，连同战俘营中的医院、所有的记录和设备一并被焚毁。一时间，战俘间流传着这样的传言：摧毁营地和行军是因为他们即将解放，他们将被送往山打根，然后被移交给盟军。因为就在行军的前两天，营地遭到了猛烈的海空轰炸，这不难让人误以为盟军已经在山打根登陆了。

然而，当他们前往兰瑙，而不是朝计划的山打根进发时，他们的信念彻底崩塌了。在经过28天漫长而痛苦的行军后，500多人中只剩183人（142名澳大利亚人和41名英国人）到达兰瑙。途中，枪手欧文·坎贝尔（Owen Campbell）和投弹手R.迪克·布雷斯韦特（R. Dick Braithwaite）设法逃跑了。[39]尽管防范森严，但单在7月4日就有4名战俘逃离兰瑙，他们分别是二等兵尼尔森·肖特（Nelson Short）、安德森（A. Anderson）[40]、基思·博特里尔（Keith Botterill）和投弹手威廉·比尔·莫克瑟姆（William Bill Moxham）[41]。不过安德森不久后就丧命了，他的3个同胞将他埋在了丛林里的一座浅坟里。[42]3个星期后的7月28日，威廉·比尔·H.斯蒂佩维奇（William Bill H. Sticpewich）准尉和当时患有痢疾、身体已极度虚弱的二等兵赫尔曼·雷瑟（Herman Reither）也成功逃跑了。不过遗憾的是，雷瑟在执行沙蝇行动（Operation Agas）的特种空勤团Z特别小组的空军中尉G. C.里普利（G. C. Ripley）抵达山打根的两天前去世了。[43]

兰瑙的战俘（包括战俘指挥官库克上尉和医务人员）似乎都在斯蒂佩维奇和雷瑟逃跑后不久被枪杀了。日本在投降后一直不交出战俘。澳大利亚帝国军搜寻了山打根至兰瑙一带的整片丛林，最后只找到6名逃脱日本人控制的幸存者。

山打根战俘营被烧毁后，剩余的战俘似乎也参与了一次行军。从Z

特别小组人员得到的本地消息和战后澳大利亚调查小组收集的证据来看，大约有75名战俘（猜测应该是288名重病战俘中的幸存者）"被带进丛林，他们要么被击毙，要么因病惨死荒野"[44]。一些日本卫兵的陈述也印证了这一事实。

根据这些说法，山打根战俘营被烧毁的营房里最初有292名战俘。截至1945年6月10日，共有30人"自然死亡"，当天另有75人被带往8英里（约12.87公里）外哨所，然后再也没有出现过。当时还活着的战俘有185名。到7月13日，只有53人还活着，其中身体最健康的23人被带到机场枪毙，其余的都有重病缠身。日本人认为他们最多只撑得过几天，所以就"留他们在战俘营中等死"。到8月15日，剩余的战俘全部病逝。[45]

3次行军中，战俘的死亡人数记录如下：在山打根战俘营的2400名战俘中，有1294人在3次死亡行军中丧生、1100人死在战俘营中、6人幸存了下来。这6人中有2人是在第2次行军中逃跑的，4人从兰瑙战俘营逃脱。纳闽军事法庭的公诉人阿索·莫菲特（Athol Moffitt）对这场悲剧这样解释道：

于日本人而言，战俘已经不再具有劳动价值，他们通过断粮等残忍手段蓄意致其死亡。1945年，日本认为盟军很有可能登陆山打根，这使得关押在此的战俘成了累赘。由于先前的"山打根事件"以及盟军在海空领域的相对优势，山打根的战俘营必然成为盟军为拯救同胞而攻打的目标，因此继续留他们在此会非常危险。日本人对囚犯惨无人道的迫害始于1943年，并且手段越来越残忍。到1945年，确保不让任何囚犯逃跑成了极重要的任务，因为他们能提供关于日本暴行的证据。[46]

根据"不劳动不得食"政策,日本人通过减少米饭的供应量来使战俘挨饿。不同于龙纳旺大屠杀的结局,山打根惨案的元凶——星岛大尉、高川大尉、渡边源三(Watanabe Genzo)大尉和马场正郎中将均被判处死刑并被如期执行。[47]

整起惨案背后有一个费解的问题:为什么没有人尝试营救战俘?其实澳大利亚"精心策划过一项成熟的大型救援计划",但是"没有执行"[48]。1944年下半年,由约翰·奥维罗尔(John Overall)中校领导的澳大利亚伞兵营曾在昆士兰的阿瑟顿高地接受训练,以执行一项特殊任务:在澳大利亚登陆婆罗洲之前,于1945年5月1日在山打根营救战俘。这项不为伞兵营成员所知的大胆的救援任务代号为"翠鸟计划(Project Kingfisher)"。翠鸟计划是澳大利亚特种空勤团Z特别小组所执行的沙蝇行动的一部分[49],但实际上,翠鸟计划是沙蝇行动[50]的一部分,不过没有得到执行。其主要原因是道格拉斯·麦克阿瑟(Douglas MacArthur, 1880—1964)上将所在的西南太平洋战区司令部没有为该行动提供空中运载支持。该计划拟需要100架C-47运输机来运送800名伞兵以及他们的设备和物资,但澳大利亚当时只有20架C-47运输机可用,剩余的80架必须找美国提供,但这显然不现实。

美国在提供空中运载方面不予合作的严峻现实与麦克阿瑟的执拗——他想确保所有预计的胜利都来自由他直接指挥的美军——不无关系[51]。缺少至关重要的空运工具,翠鸟计划根本无法实施。麦克阿瑟的傲慢注定了澳大利亚和英国战俘在日本人手下的悲惨命运。

抗日起义

1943年10月基纳巴卢起义

在洗劫了斗亚兰（Tuaran）和孟加达（Menggatal）的警察局后，一群中国人（100人左右）向南前往前英属北婆罗洲西海岸的小镇哲斯顿，袭击了那里的军政部行政办公室、警察局和日本帝国陆军的其他设施。与此同时，来自近海岛屿的200名当地人在哲斯顿的码头登陆，放火烧毁了那里的仓库。此前效忠于军政部的几名杜顺人和印度警察也加入起义队伍。他们在10月10日当天控制了哲斯顿及周边地区，然后在位于曼乡（Mansiang，孟加达附近）的基地重新集合。之后他们分散躲进了山区的藏身点。这场暴乱造成50到90人被杀，其中大部分都是平民。

这场抗日起义是在1943年10月9日夜间爆发的。[52]反叛者中有五分之一是中国人（包括起义领袖郭益南[53]），剩下的都是苏禄人（Sulu）、比纳丹人（Binadan）、海巴瑶（Bajau Laut）和附近岛屿上的土著人。加入其中的土著首领有阿里指挥官（Panglima Ali，来自苏禄岛）、杰马鲁尔（Jemalul，来自曼塔纳尼岛）、阿沙德（Arshad，来自乌达尔岛，即Udar）和来自汀娜湾岛（Pulau Dinawan）的萨鲁丁（Saruddin）。参与起义的还包括朱尔斯·彼得·斯蒂芬斯（Jules Peter Stephens）和查尔斯·彼得（Charles Peter，来自北婆罗洲志愿军）、穆萨（Musah，杜顺人）、杜阿利斯（Duallis，毛律人）和苏伯达·德瓦·辛格（Subedar Dewa Singh，印度警察）。[54]

日本帝国陆军对此次起义进行了迅速而无情的反击。为了抓捕反叛分子以及他们的支持者，来自古晋的两支陆军联队、宪兵队和当地警察搜寻了整个哲斯顿及其周边地区（包括北部的斗亚兰和古打毛律）。苏禄岛、乌达尔岛、汀娜湾岛、曼塔纳尼岛、孟加伦岛等岛屿上的土著居民一律被日本人认作叛乱分子或他们的支持者，因而遭到全面逮捕并杀害。在日本的报复行动中，总共约有4000人丧生。[55]

这场起义持续至1943年12月中旬才结束。为了挽救其他人的性命，郭益南于10月19日主动向日本投降。1944年1月21日，郭益南同其他175人在佩塔加斯（Petagas）被斩首[56]，另外131名反叛者被关进纳闽战俘营，日本投降后只有7人幸存。在沓都知甲3英里（约4.83公里）外的战俘营，96人受到酷刑，随后于5月5日被集体处决。

为什么郭益南在领导基纳巴卢游击队（神山游击队）发动起义，占领哲斯顿1天后就撤退呢？因为他深知队伍的武器不足，而且刚购买的武器也不能马上收到。为了这场短暂的"胜利"，郭益南和他的同志们付出了高昂的生命代价。他们的支持者以及西海岸甘榜村落里的许多村民也都被日本人屠杀。

经济环境不断恶化、基本物资严重短缺、军政部的镇压措施（尤其是对华人）以及日本人征用强迫劳工，被认为是导致1943年10月起义的原因。

一位日本学者基于各方面的资料对北婆罗洲的建立给前英属北婆罗洲带来的经济影响作出了总结。[57]前英属北婆罗洲在战前出口的商品（橡胶、木材和马尼拉麻）于军政部而言似乎不那么重要，他们主要专注于恢复沙捞越（美里和罗东）以及文莱（诗里亚）的石油设施。产量下滑使得相关行业的失业率急剧上升："1942年，橡胶和马尼拉麻的出口分别只有战前水平的十分之一和四分之一，1943年到1945年间的出口量可以忽略不计"[58]。此外，所有战前的主要的外国市场（特别是欧洲和北美）都对日本实行了贸易禁运。随着同盟国的海军封锁所有的航运路线，日本的货物进口也变得愈加艰难。尽管用于建造小型船只的木材仍在采伐中，但将木材运往造船厂困难重重，这让采伐工作显得徒劳无功。严峻的经济形势使得婆罗洲在战争结束后的第2年（也就是1947年）产量仍未恢复到战前水平。[59]

受影响最大的是大米。由于战前的进口大米价格低廉，婆罗洲每年消费的大米有一半以上来自进口,其余来自当地种植者。战前北婆罗洲每年的大米产量在5万吨左右,另外6万吨是从国外进口。自日本占领婆罗洲以后,大米进口量从1942年的2.3万吨下降到1943年的仅1万吨。[60]尽管日本军事当局为提高水稻产量扩大了种植面积,但成效甚微。[61]

总体而言,基本物资(尤其是大米)的短缺和大规模失业引发了当地居民广泛的不满和激烈的抨击。日本无节制发行军票导致恶性通货膨胀,进一步推动了生活必需品价格的上涨。为遏制事态的发展,日本军事当局对大米、糖、盐、鱼干、鸦片、火柴和石油的销售实行垄断。1942年7月,军事当局做出了一项不算明智的决策——向本土人和当地华人征收人头税,每人每年6美元。[62]这项前所未有的措施引起了当地居民的强烈愤怒并加剧了他们和日本当局之间的矛盾。按照以往的惯例,当地的人头税应该是每人每年1美元,"这是普遍能接受的水平,也能彰显村民们处于殖民政府的保护之下"[63]。对本土人来说,6美元的人头税如同天文数字,完全超出了他们的承受范围。而对于那些还必须缴纳"赎金"的华人来说,这更是雪上加霜。不过这项措施仅在实施的第7个月就被取消了。[64]

如先前所述,军政部针对北婆罗洲华人群体的各项政策无不充满敌意和压迫性质。在当地的告密者和通敌者的协助下,宪兵队积极地开展着扫清反日分子的行动。他们以"会谈"为由召集那些与中国救助基金、喷火基金会等组织有关联的人以及其他活跃分子和捐款人,对他们进行审讯并施以酷刑。这些人中有相当一部分被宪兵队折磨致死。他们同中国的一切联系(家庭、经济、政治等)也都被切断。为了肃清反日活动,宪兵队强迫西海州和东海州的中国居民分别上缴60万元和40万元(也就是总共100万元)的"赎罪礼"。[65]

此外,中国的企业及产业链均遭到日本军事当局引入的财阀的胁迫,前者除了默许"合作",别无选择。在当地的华人学校,日语教学占据着主导地位,中文反而不被提倡使用。任何和行政或政治相关的职位都将中国人排除在外。

郭益南在1943年10月1日得知日本将强制大批中国青年加入自卫队（男性）和慰安所（女性），他将起义日程提前似乎就是因为这条情报。[66]但事实上，日本当局要招募的是本土青年，目的是对他们进行军事训练，组建北婆罗洲志愿军。北婆罗洲志愿军是一支防卫军队，于1943年10月10日正式建立。[67]另一方面，也没有书面证据表明军政部打算将中国妇女招进军妓院。不过必须承认的是，战争期间难免会流传各种谣言和错误信息，包括郭益南在内的一些人被这些谣言不经意地迷惑也是意料之中的事。

同样地，在推动起义的一大重要因素——强迫劳工的问题上，我们也无法断定其是不是起义的直接导火索。一个不争的事实是，日本在1943年5月成立了北婆罗洲劳务协会来雇用中国大陆的熟练工和爪哇的非熟练工。[68]毋庸置疑，当时很有可能流传过当地居民（包括中国人）被迫参与劳动的小道消息，但并没有文献显示有数以百计或者千计的中国人被迫成为劳工。

尽管郭益南领导的反抗队伍由不同民族组成，但他的动机似乎更多地来自自身的爱国热情，而非想要驱逐入侵分子的那种民族主义情怀。占领哲斯顿后，他们高呼着"中国万岁"，声音响彻整座城镇。[69]他们抱着次日必胜的决心（事实上也确实获得了短暂的胜利）选择在10月9日晚上发动起义，以效仿1911年10月10日的武昌起义。尽管推动这场起义的根本动因是个人的爱国热情，但佩塔加斯的纪念基纳巴卢游击运动烈士的墓志铭还是对参与其中的全体人员致以了敬意。

据称，在起义之前，郭益南已通过中间人林廷法（Lim Keng Fatt）和伊曼·玛拉朱金（Imam Marajukin）与塔威塔威（Tawi-Tawi）的美国驻菲律宾武装部队指挥官亚历杭德罗·苏亚雷斯（Alejandro Suarez）中校取得联系[70]，欲向美国驻菲律宾武装部队采购武器。但由于数量不足，他们能买到的武器屈指可数。1943年6月下旬至8月下旬，郭益南一直在塔威塔威的基地接受军事训练。他被提拔为美国驻菲律宾武装部队后备军的"第三中尉",并被指派为"军事情报员"。[71]他通过其他渠道订购了一批武器,但这批武器在郭益南和他的部下投降后的第10天,也就是1943年12月29日才送到。

虽然美国驻菲律宾武装部队同意把武器卖给郭益南,并且任命他为情报员,但起义的发起、策划和执行完全是由郭和同伙完成的。[72]没有证据表明郭是在苏亚雷斯或美国驻菲律宾武装部队的指使或引导下策划和实施的起义。[73]相反,苏亚雷斯还曾提醒过郭,要他专心收集前英属婆罗洲西海岸的情报。郭也并未收到特种侦查部1943年10月初在当地成立的盟军特别行动执行处(Allied Special Forces Executive)的指示。事实上,和苏亚雷斯一样,带领执行派生 I(PYTHON I)任务的 F. G. L. 切斯特(F. G. L. Chester)少校[74]也通过利姆(Lim)警告过郭"不要有任何起义性质的行为,他的任务是收集和调度信息"[75],"起义的时机还未成熟"[76]。

当地人参与并支持郭的事业无疑是缘于日益恶化的经济形势,尤其是遍及婆罗洲各地以及各个阶层的大米等生活必需品短缺的问题。因此可以说,民族主义点燃了1943年10月的基纳巴卢起义的火苗,而深受煎熬的当地民众则将火势推向了高点。

南婆罗洲的反日活动

从1943年中期开始,管辖南婆罗洲(前荷属婆罗洲)的日本帝国海军在该地的南部和西部开展了一系列大规模的对平民的逮捕行动。以"一般性调查"为名义的逮捕浪潮一直持续到1945年初才结束。海军特警队在民政部警察队(均为印尼人员)的协助下抓走所谓的政治犯,并且不允许任何人来探望他们,哪怕是近亲也不行。这些人显然不清楚为什么突然被拘留。不久之后,由日本人经营的马来语版本的《婆罗洲新闻》(Borneo Simboen)[77]在头版头条上揭露了一连串旨在推翻婆罗洲民政部的反日密谋。报纸不仅刊登了包括前荷兰总督B. J. 哈加(B. J. Haga)博士、坤甸第12位苏丹[78]以及其他来自多人种社区的重要人物在内的反日密谋领导者的照片,还对他们的审判和处决过程进行了详细报道。

战后的调查显示,坤甸和曼多尔(Mandor)附近有一些浅坟坑和散落的人骨。许多调查报告都一致认为,在日本殖民统治时期,南婆罗洲和西部至少有1500名平民被日本当局杀害。但由于缺乏证据和独立证人的证词,战后,位于坤甸的军事法庭(Pontianak War Crimes Tribunal[79])对确已发生的事实拒不承认。[80]

日本实行大规模处决之前的事态发展总共分为3个阶段:1943年5月中旬至12月发生于马辰的"哈加密谋(Haga Plot)"、1943年10月至1944年1月的坤甸事件(Pontianak Incident)和1944年8月至1945年1月发生于坤甸和三口洋的"中国密谋(Chinese Conspiracy)"。从日本海军当局的角度来看,贯穿这一连串事件的主题是反日起义,起义分子一旦得逞,必然会导致马辰的婆罗洲民政部(连同其在坤甸、巴厘巴板和打拉根的分支)的垮台和巴厘巴板海军第22特别根据地队的崩溃。为了消除潜在威胁,海军特警队进行了大范围的逮捕,随后海军军事法院对主谋判处死刑,其余的被拘留者均被秘密斩首。

这些"密谋"的参与者(之后遇害者)来自不同的人种和行业,包括荷兰人、亚欧混血、马来人、布吉人、爪哇人、米南佳保人、巴塔克人、万鸦老马来人、马都拉人、中国人、印度人、阿拉伯人和达雅克人。有趣的是,相当多被指控参与其中的人在被捕时还担任着民政部的高级职位。这些所谓的共谋者还包括坤甸、三发、道房(Ketapang)、苏加丹那(Soekadana)、辛班(Simbang)、科布(Koeboe)、芽横(Ngabang)、桑高(Sanggau)、塞卡道(Sekadau)、塔让(Tajan)、辛坦(Singtan)和曼帕瓦(Mempawa)的12名本土统治者。[81]从总督到郡长在内的所有被拘留的荷兰殖民时期的重要官员也都牵涉其中。从日本海军当局的强硬立场和受害者的情况来看，日本人似乎铁了心要一举消灭南婆罗洲的当地精英。

1943年5月中旬至12月发生于马辰的"哈加密谋"

根据《婆罗洲新闻》在1943年12月25日发表的一篇日本官方报道，被指在马辰的一所拘留营内策划抗日活动的前荷兰总督贝贝伊·尤里斯·哈加（Bebeie Juris Haga），在盟军重新征服婆罗洲的行动中通过同谋网络和内外线人策划实施了推翻日本占领军的计划，最终收复了荷属东印度群岛。[82]这份报道称，哈加曾向多民族居民宣扬这样一种观念：荷兰军队的失败只是战术上的退让，这是一项早在日本入侵之前就已形成的战略，荷兰正在等待英美回归的有利时机。当盟军开始进攻时，哈加将带领被拘留的男性平民、冯·沃尔苏姆（Van Walsum）上尉、战俘、哈加的妻子 N. G. 哈加·维森堡（N. G. Haga Witsenburg）以及被拘留的女性前往汉语学校的前院加入盟军。他们将拿出隐藏的武器对抗日军。以哈加为首的同谋者们似乎在1943年1月就已做好加入盟军的准备，后者预计在3月或者5月收复婆罗洲。据称，日本当局发现了内幕，并于5月10日上午迅速采取行动，将拘留营外的起义分子一并抓获。而哈加等人则于8月被捕。据报道，日本当局分4批总共逮捕了200人。

《婆罗洲新闻》在1943年12月21日的马辰版的首页上刊登了5名重要同伙的照片，他们分别是哈加、C. 马修斯·维舍尔（C. Matheus Vischer）博士、拉登·苏西洛（Raden Soesilo）、L. G. 布兰登（L. G. Brandon）、安东尼奥·桑蒂亚戈·桑蒂·佩雷拉（Antonio Santeago Santi Pereira），其中一张照片展示了缴获的步枪和弹药[83]。报纸上还列出了25名主要参与者的姓名、年龄、职业等身份信息，其中包括5名女性。[84]这篇报道写道：

> 反日密谋的主要参与者均被判处枪决，领导者哈加和他们的同伙们被英国和美国蒙骗了

文章陈述了这场密谋的意图、活动。在经海军军事法庭审讯后，25名主要参与者被判处死刑并于1943年12月20日被行刑队处决。

日本海军向东京的海军省发送了一份有关南婆罗洲抗日活动的官方报告，其中详细记载了相关人员的计划和活动，并列举了他们的姓名和地点。[85]该报告的附件《西南方面舰队的军纪守则》详细列明了违规行为及相应处罚。[86]除了记录公众对该案件的强烈兴趣外，这篇报告还指出，"被捕的人大多是荷兰人、第三国国民、欧亚混血等等"，他们的地位高于本土人并且瞧不起本土人，所以公众情绪并没有预想的那么激烈。[87]虽然所谓的密谋参与者大多是荷兰人，但也有一些瑞士人（维舍尔博士及其夫人，他们是第三国国民）、中国人和土著人（如爪哇人、万鸦老人、达雅克人和马来人）。如前所述，他们中的一些人曾在民政部各部门担任高级官员。[88]

1943年10月至1944年1月的坤甸事件

根据对被拘留在马辰的人员的审讯，从1943年10月下旬开始，特警队在坤甸首次逮捕了被指秘密参与推翻西婆罗洲日本军事政权的人。关于这起事件的完整报道首次刊登在1944年7月1日的坤甸版《婆罗洲新闻》上；随后马辰版和巴厘巴板版也相继在1944年6月2日和4日发布了类似的报道。[89]坤甸版的文章写道：

大型反日叛变密谋被彻底揭发，主要参与者及其他相关人物均已被击毙，西婆罗洲完全恢复了和平和秩序

3个版本的《婆罗洲新闻》均刊登了12名主要参与者的照片和缴获的武器。[90]

同"哈加密谋"一样，被指参与坤甸事件的所有48名主要参与者的姓名、年龄、人种和职业被《婆罗洲新闻》一一披露。这一名单里有J. E. 帕蒂亚希纳（J. E. Pattiasina）——时任坤甸民政部总务部负责人（已被停职）的安汶人、74岁的坤甸苏丹谢里夫·穆罕默德·阿尔卡德里（Sjarif Mohamed Alkadri）和其他11名本土官员。

根据《婆罗洲新闻》的文章《事件概要》，所谓的密谋早在1942年1月日本帝国陆军占领坤甸时就已开始了。[91]当时有13个政党或团体的领袖受到由大印度尼西亚党（Parindra）部分成员发起的左翼运动的影响。大印度尼西亚党是民族主义组织，信奉共产主义。[92]据称，这场左翼运动企图利用日本入侵后的混乱局面宣布西婆罗洲独立。出于一些未披露的原因，当局抓捕这批起义者的计划并未实现。有趣的是，在"推翻日本政府并消灭所有本土统治者"的极端的观点的影响下，阿尔卡德里于1942年3月同意与这13个政党一起反抗日本。4月中旬，阿尔卡德里还成功说服了其他统治者加入这场密谋。

1942年2月早些时候，因反日而被日本帝国陆军监禁的前荷兰殖民政府总督察帕蒂亚希纳（Pattiasina）和理查德（Richard）在被释放后宣誓效忠反动队伍，并担任13个反动政党的领袖。据说他们非常有影响力。

4月1日，日本帝国陆军宣布取缔一切政治组织，包括大印度尼西亚党。紧接着在5月中旬的一次会议上，帕蒂亚希纳、罗比尼（Roebini）博士[93]、阿贡王爵（Pangeran Agoeng）[94]和黄业顺（Ng Njiap Soen）[95]等22人超越党派、人种和民族间的分歧，达成了推翻日本政权、建立以诺托·索乔诺（Noto Soedjono，西婆罗洲大印度尼西亚党省级

委员会前主席）为领导核心的日新会（Nissinkai）的共同目标。日新会明面上亲日，暗中则在筹划反日计划。该组织在平民中似乎很有影响力。1942年7月，日新会总主席诺托·索乔诺向日本帝国陆军司令官提出正式认可日新会的要求，以进一步巩固抵抗运动。但在1942年10月，坤甸民政部负责人反倒明令取缔了日新会。这之后，反叛者们以1912年在爪哇成立的伊斯兰半政治组织穆哈玛迪亚的青年团（Pemoeda Moehamadijah）为幌子，假借宗教集会的名义举行会议。穆哈玛迪亚与日本军事当局属于合作关系。[96]帕蒂亚希纳被认为是这次起义密谋的主谋，据说他在坤甸民政部拥有很大的权力，可以决定印尼公务员的去留。

　　根据无线广播消息，反叛者们预测英美联军将在1942年12月登陆婆罗洲。据说他们知道由哈加领导的起义组织在马辰的行动，这给了他们策划起义的信心。但由于中国人更倾向于静观其变，不愿提供全力支持，导致起义计划难以实施。帕蒂亚希纳随后会见了坤甸的12名本土统治者，成功赢得了他们的全力支持和合作。在得知日本在前线败阵的消息后，中国人从1943年中期开始支援起义计划。与此同时，哈加的同伙马卡利维（Makaliwi）和拉登·苏西洛博士从马辰赶到坤甸同其他反叛者取得联系，全力支持和鼓励他们的行动。

　　1943年5月中旬，"哈加密谋"的参与者在马辰被大批逮捕，这一消息惊动了坤甸的反叛者。1943年6月，他们决定成立一个秘密组织志愿游击部队（Soeka Rela），动员西婆罗洲的平民起义。经过多次会议商讨，他们最终将起义时间定在1943年12月，并就作战单位、弹药的收集和运输以及食品费用等问题进行了详细讨论。1943年10月16日晚上，反叛队伍中的69名关键人物在坤甸的棉兰赛帕卡特（Medan Sepakat）大楼举行秘密会议，计划在1943年12月8日发动起义。[97]

　　1944年7月1日的《婆罗洲新闻》对他们拟建立的"国家"概述如下：

该国家的国名被定为西婆罗洲人民共和国（Negeri Ra'jat

Borneo Barat），关于宪法、政府结构、国旗样式、总理、副总统、18位部长、秘书长、坤甸市长等重要职务的人选，宗教、法庭、刑事法官、货币流通政策的共识都已达成。在新国家建立后，他们将向美国和英国传达消息，并举行会议庆祝战争的胜利。[98]

1943年10月23日，包括帕蒂亚希纳成员在内的反叛者们遭到大规模逮捕。其他成功逃脱的主要参与者在坤甸苏丹的宫殿和罗比尼的房间紧急会面，"拟定了一项谋杀守备军成员的计划……以便在那些被关押的同伙泄密前迅速达成目标"[99]。

1944年1月24日，日本进行了又一轮的大规模逮捕，包括12名本土统治者在内的100多人被拘留，一批武器被缴获。48名主谋被海军军事法庭全部判处死刑，于1944年6月28日执行枪决。除了对48名主谋公开处死之外，似乎还有许多未经审判的人在曼多尔附近被特警队秘密杀害。

在处决现场负责两起斩首任务的坤甸特警队军士长宫岛顺吉（Miyajima Junkichi）讲述了100多人在1小时内被集中处决的过程。

> 在离开战俘营时，他们被蒙上眼睛，双手被绑在身后。在被运往达曼多尔后，卡车一辆接一辆地沿着一条小路把他们拉到刑场。行刑的是特警队成员和守备部队的士兵。
>
> 接着囚犯以每组5至10人被叫到前面。刑场人员以囚犯衣服上的编号而非名字来呼叫他们。接下来，他们必须跪在或坐在一个事先挖好的坑洞附近，在被斩首后，他们的尸体通常会掉进洞里……我一直认为，这些受害者根本不知道自己会被处决。没有人试图逃跑过，因为他们被蒙住了眼睛，双手也被绑在身后，只能跟着士兵往前走。[100]

1944年8月至1945年1月坤甸和三口洋的"中国密谋"

所谓的"中国密谋"也被称为"第2次坤甸事件（Second Pontianak Incident）"。在这次事件中，坤甸、三口洋及其周边地区知名的中国商人、社区领袖、青年和学校教师被围捕，大约有350人在马辰被秘密屠杀。关于"中国密谋"的官方报道发表于1945年3月1日的《婆罗洲新闻》。据守备队和特警队的首领冈岛力（Okajima Riki）[101]大尉的书面声明，谋反者计划建立一个从属于中国、"不受任何其他国家干涉"的西婆罗洲。[102]冈岛声称，这场密谋的主要策划者和领导人名叫陈正鑫（Tjhen Tjong Hin），他的这一举动是为了效仿18世纪兰芳共和国的领袖罗芳伯。罗芳伯曾在曼多尔建立了一座完全不受西婆罗洲当地的马来统治者管治的国中国——兰芳共和国（Lanfang Kongsi）。[103]华侨统制会（Kakyo Toseikai）的名誉主席是陈正鑫，该组织后被更名为亚洲合作组织（Kyoa Sokei）。

陈正鑫和他的同伙们精心组建了一个多部门组织，包括经济部门、金融部门、情报部门、游击队部门、外国情报部门等等，其中心位于坤甸，在曼帕图（Mengpatu）、道房县、西纳旺（Sinawang）和三口洋设有分支。该组织似乎在新加坡还有一个办事处。[104]他们以2到3个连为作战单位组建成营，实施武装起义。在起义之前，他们想出了一招妙计。

为了方便作战，它们打算事先用毒药毒死尽可能多的日本人。为此，他们须邀请所有日本人到日本剧院，给他们提供下了毒的咖啡。如果计划失败，他们会在9月29日进行第2次尝试，武装战斗则定在10月1日。[105]

这场起义失败于一个名叫姚伯飞（Yo Bak Fie）的中国人因自行车上绑了一台短波无线通信设备而被捕。姚是三口洋间谍活动的领导人，被捕时，他正准备把这台短波无线通信设备带往内陆妥善保管，以便其他人能够听到外国广播。[106]

姚在审讯中透露，谋反者已组建好了武装游击队，并隐藏了大量无线通信设备，但冈岛称，"他们在搜查房屋时并没有发现武器……也没有发现无线电发射器"[107]。根据冈岛的说法，陈正鑫承认"自己想要请求中国政府帮忙把武器运往淡美兰（Tambelan）群岛，然后再运往贾普卡拉（Tjapkala），以供作战使用……他甚至还想空投武器"[108]。

冈岛坚称有170人因所谓的"中国密谋"被捕，并被全部处决。[109]有17名被告人在缺席审判的情况下被泗水[110]海军军事法庭判处死刑，并在坤甸被处决。其余谋反者似乎是在巴厘巴板的海军第22特别根据地队指挥官镰田道章（Kamada Michiak）中将的命令下在马辰被杀的。[111]

死亡人数

综合各方面的信息来看，日本人在坤甸东北部的曼多尔附近和马辰附近的一座尚未完工的机场内进行了多次血腥的大规模斩首。战后的调查显示，两地均发现有许多浅坟，灌木丛中散落着大量骷髅。

战后，荷兰军队情报局（Netherlands Forces Intelligence Service）军官L. D. G. 克罗尔（L. D. G. Krol）上尉和J. N. 海布罗克（J. N. Heijbroek）上尉对日本战争罪行的两项即时调查（分别在1946年3月1日和5月20日）均显示，有1100人因与"哈加密谋"和坤甸事件有牵连而被斩首。[112]根据海布罗克的统计，共有1000人在曼多尔被处决，100人在道房县被处决。克罗尔提供的数据显示，在军事法庭上被判死刑的有46人（因"哈加密谋"和坤甸事件）和17人（因"中国密谋"）。而海布罗克的报告显示，有36名中国人受到军事法庭审判（因"哈加密谋"和坤甸事件），有170名中国人在马辰被斩首，这与克罗尔的数据——共有200名中国人被处决（地点不详）略有出入。该报告没有提供"中国密谋"中受审判的人数。总的来说，受害者人数在1270（基于海布罗克的调查统计）和1300（基于克罗尔的调查统计）之间。1947年3月，在曼多尔举行的遇难者纪念碑揭幕仪式上公布的数据为1500人，所涉人种、民族和处决地点与克罗尔和海布罗克的预估大体吻合。[113]

1970年的一份以"哈加密谋"和坤甸事件为主要调查对象的印度尼西亚的报告称，死亡人数总计为1534人，其中包括557名印尼人、903名中国人、36名欧洲人、18名非本土的其他国家或地区的亚洲人。[114] 译员井关常雄（Izeki Tsuneo）曾参与1943年坤甸事件的早期行动，他在曼多尔目睹了800来人的处决。据他回忆，他的指挥官曾告诉他死亡总数为1486人。[115]

究竟是周密策划的计划，还是血腥的屠杀？

日本当局在马辰首次发现推翻日本政权的计划，他们在此进行大规模逮捕，并通过后续的审讯找到线索，在坤甸抓捕到更多的谋反者。特警队对这些所谓的"密谋"开展调查，随后逮捕了数百名嫌疑人。通过各种刑讯逼供，特警队拿到了有嫌疑人签名的供词。基于这些书面证词和陈述，海军军事法庭对主要参与者判处死刑。其他人则在巴厘巴板海军第22特别根据地队指挥官的命令下被处决。海军军事法庭的庭审程序非常不合常理。首先，被告人出席法庭时既没有律师在场，也没有任何辩护的机会。其次，由于签署了认罪书，被告人除了认罪别无选择，所以有罪判决就成了法庭上的惯例。在经过一些程序性的商议后，法庭宣布判决，其结果通常都是死刑。而且法庭不受理任何

·181·

上诉，判决一旦宣布，便会立即执行。[116]

特警队和守备队成员负责在偏远的地方，如曼多尔和马辰的奥林（Oelin）机场，对谋反者实施血淋淋的斩首任务，并将他们的尸体埋在浅坟里。

冈岛和他的副手山本聪一中尉称，他们负责对3起事件进行调查。[117]有趣的是：

> 他们坚持认为密谋真实存在，但他们也承认，反叛者们并未进行实质的反抗活动，"哈加密谋"和坤甸事件中的反叛者们几乎没有什么武器，而"中国密谋"的参与者完全没有任何武器。[118]

此外，冈岛和山本还承认，"嫌疑人都是在严刑拷打下被迫认罪的……特警队强迫嫌疑人在空白表上签名或摁下指纹，然后再将指控内容填上去"[119]。强迫嫌疑人在空白纸上签名似乎是特警队惯用的手法，而且这"在日本也是常有之事"[120]。正如许多日本人以及其他人的证词所揭示的那样，"严刑拷打"是特警队在审讯过程中的惯例。西婆罗洲的首席情报官林守一（Hayashi Shuichi）经常出席这样的庭审程序，他说，"嫌疑人会被殴打，经受水刑和电击，手脚被吊起来毒打"[121]。

冈岛表示，打压那些持不同政见者，是为了避免中国人囤积货物（如椰干）和扣留工厂原料，从而引发经济危机。中国人的前述行为据称是为了在日本人和当地居民之间制造摩擦。[122]不过一个显而易见的事实是，冈田的行为也是由于其部下人数与当地人口数相差悬殊。

> 鉴于当时（1944年下半年）的战况，我方在敌人进攻时只能部署200人，加之地下活动被发现，我们只能尽最大力量防止战争殃及西婆罗洲的100万居民。[123]

· 182 ·

特警队揭发"中国密谋"后，冈岛及时将其报告给了Kamada中将，后者下令"立即采取行动，阻止反日密谋的扩散"[124]。考虑到自己身为守备队指挥官，肩负保卫和维持西婆罗洲秩序的重任，并且上级已经下达了行动命令，冈岛称自己只是在"按照'战争条例'行事"[125]。简而言之，冈岛的动因主要来自两方面：对经济困难可能会导致社会动荡的担忧——西婆罗洲一旦发生动乱，数量有限的部队将难以应对；冈岛自身对上级的绝对服从。

特警队成员明显相信存在反日密谋，并且千方百计地想根除和消灭起义分子。而其他日本人则不那么相信，甚至严重质疑当地的多民族居民会组建统一战线，驱逐日本的战时政权。此外，他们还对特警队的高压手段持批判态度。

坤甸民政部的高级官员三井宇佐（Mitsui Usao）虽然没有质疑这些密谋的存在，但他表示，"州长办公室的人对此表示质疑，他们很好奇牵扯其中的人数是否真如特警队所称的那样多，还是说他们夸大了真实情况？"[126]。时任西婆罗洲首席情报官的林守一以及其他情报人员则认为"根本不存在所谓的武装密谋"[127]。此外，林的同事松浦洋一（Matsura Yoichi）还称，"情报部门从未发现任何可能表明密谋存在的活动"[128]。

虽然一些官员持保留意见，但那些私营部门的官员（日本商业机构的代表）却一致认为"这些密谋纯属虚构"，特警队"在其中起到了一定的推波助澜的作用"[129]。之所以持这种观点，是因为很多人认为，特警队通过酷刑获取到的认罪书完全不可信。一位目击者讲述了特警队典型的审讯过程。

> 一位知情人称，一开始嫌疑人否认所有的指控并提出反对，但在经过一番酷刑后又承认了罪行。整个过程中知情人都在场。他说，嫌疑人认罪是为了避免进一步的酷刑，这并不代表他们真的有罪。特警队手上的供词几乎全部是通过酷刑强行取得的，因此可以说毫无价值。[130]

另外还有两名受日本人审讯的受害者曾向治疗他们伤口的传教士医生坦言，为了避免再次被拷打，他们编造了抗日活动并谎称与盟军有联系。这进一步佐证了上述说法。[131]

很多日本平民根本不相信报纸上关于密谋的新闻报道，"因为他们在工作之余与印尼人和中国人交往时没有发现过这种事"[132]。

那么，为何特警队要编造这样一个荒谬的故事，杀害了那么多人呢？根据许多日本人的说法，这可能要归结于特警队成员的背景。特警队队员都是些只有基础教育水平的平民[133]，他们"成天战战兢兢，对身边的环境极度敏感，甚至在白天都能看见'鬼'"[134]。

在战后审讯期间，被关押的日本人也对这些密谋和杀戮提出了一些猜测。南洋兴发（Nanyo Kohatsu）株式会社的俊吉（Yoshio Jun）坚信"所谓的密谋是日本当局编造的，其目的是消灭大批富人，夺取他们的财产……整起事件不过是日本政府的一项经济计划"[135]。林守一称，"上杉启明（Uesugi Keimei）和冈岛力曾命令他寻找富人"，他和他的间谍网络负责向特警队提供富人名单。[136]有一次，他"向一个叫渡边的人索要富有的椰干交易商的名单，将其提供给了特警队。之后名单上的商人全部被逮捕并处死，他们的椰干则被南洋兴发株式会社夺去了"[137]。

除了经济方面原因外，林还认为：

> 日本想铲除阻碍，在荷属东印度群岛取得长久发展……因此势必会清除任何反动势力。日本认为必须铲除的人包括说荷兰语的人、对荷兰政府有着深刻记忆的年长之人、老师等。经过这番人口清洗，日本就可以完全按照他们的思想和观念来教育当地青年。这就是日本政府的政策，但这一政策并不是由上杉启明或冈岛力制定的，而是巴厘巴板海军第22根据地队或泗水海军专员办公室制定的。[138]

那些被指控为谋反者[139]并在随后被处决的人员的身份背景与林所描述的基本吻合。这份名单先是涵盖了荷兰总督哈加及其属下要员、传教士、专业人士（医生、记者等）、欧洲人的妻子和民族主义组织成员，之后又扩展至所有的马来的统治者、民政部的本土官员、信奉伊斯兰教的教师、杰出的华人社区领袖和印度社区领袖、学校教师、国民党党员、富商、欧亚混血甚至所有欧洲人。[140]单在这一次扫荡行动中，南婆罗洲和西部各社区的精英们就被日本赶尽杀绝。

荷兰军队情报局官员克罗尔（Krol）和海布罗克的战后调查显现出了一些有趣的关联。起初克罗尔从当地居民那里收集信息，1946年1月至2月，古晋和沙捞越的澳大利亚军事当局将100多名日本人送回坤甸接受审判，于是克罗尔有了更多也更可靠的信息来源。[141]海布罗克的推测则是基于战后坤甸"战俘营里18名特警队队员中10名的供词"[142]。

虽然特警队和守备队有责任"释放其他人"，但克罗尔坚持认为这会进一步"使案件复杂化"[143]。因此他构建了一个涉及日本战时政权各个分支的战争罪证据链条（图8.1）。

民桥（Minkyo，音译）的成员实际上是花机关的人员。花机关是日本海军的秘密情报机构，后来改名为特务机关（Tokumu Kikan）、特务班（Tokumu Han）。[144]报国会是民政部同日本商界代表之间的联络组织。顾名思义，其成员的职责就是为日本官员服务，包括提供信息等。[145]民政部第一部门负责人三井宇佐称，"日本商人通常会向我报告他们在旅行中发现的一切重要事件"[146]。

任何人在谈及民政部和特警队的关系时都必须保持警惕。三井指出，他的上级加藤住藏（Kato Sumizo，州长及坤甸民政部负责人）全权负责政治管理，他自己则是加藤住藏的政治顾问。民政部负责人"可以要求特警队按照明确的计划行事，但不能对特警队下达命令"。民政部和特警队之间的关系似乎并不总是那么融洽。[147]三井以一种冷漠的语气称道，"婆罗洲的日本人由军法管束，因此特警队拥有全面的权威"[148]。另一方面，冈岛称，虽然"在军事事务上，他比民政部人员更

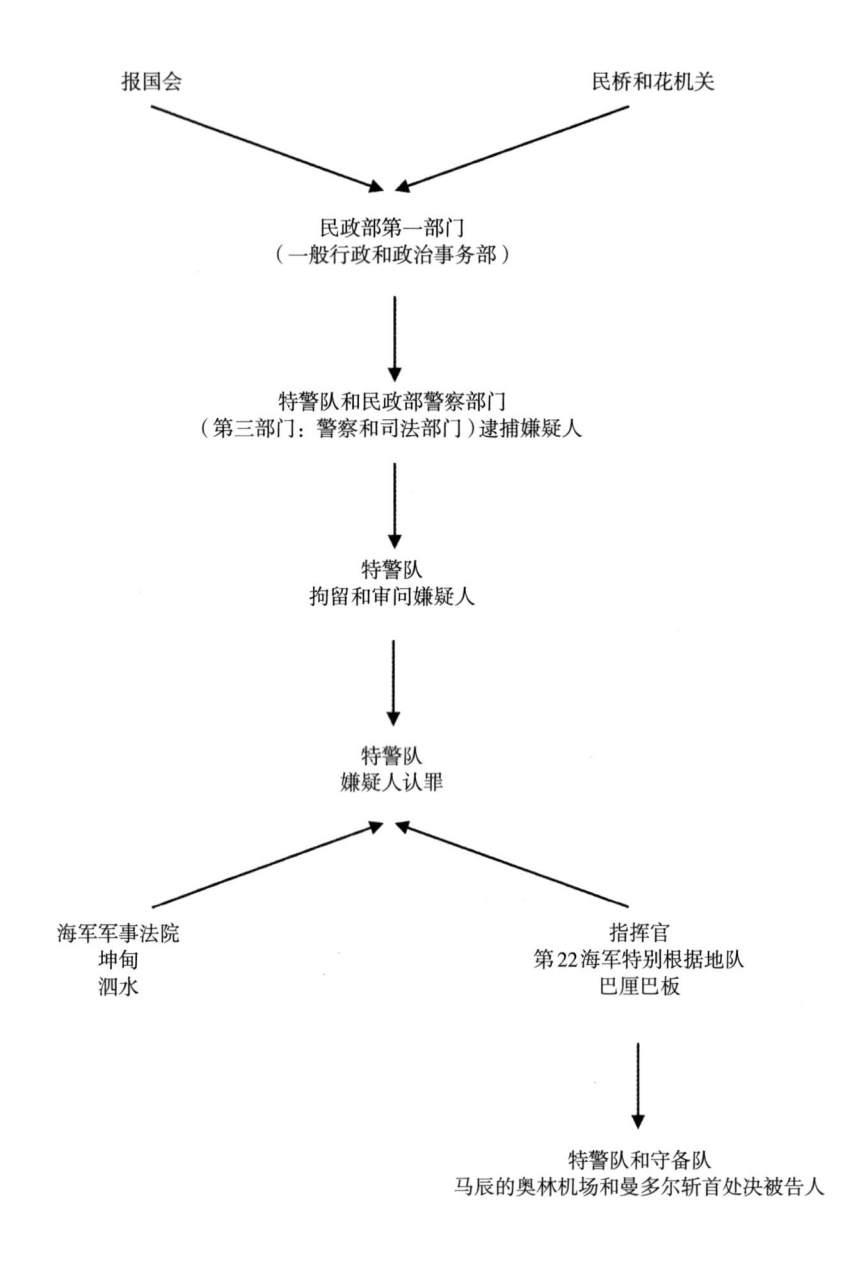

```
     报国会                          民桥和花机关
        \                             /
         \                           /
          ↓                         ↓
         民政部第一部门
       （一般行政和政治事务部）
              │
              ↓
      特警队和民政部警察部门
  （第三部门：警察和司法部门）逮捕嫌疑人
              │
              ↓
           特警队
        拘留和审问嫌疑人
              │
              ↓
           特警队
         嫌疑人认罪
           ↑       ↑
          /         \
   海军军事法院      指挥官
     坤甸         第22海军特别根据地队
     泗水            巴厘巴板
                       │
                       ↓
              特警队和守备队
         马辰的奥林机场和曼多尔斩首处决被告人
```

图 8.1　1943 — 1945 年日本在婆罗洲西部和南部所犯战争罪证据链条

出处：《战争罪罪行调查：坤甸》第 3 页。

有权力,但在'机密事务'上,民政部更有权力。政治事务由加藤住藏和三井宇佐负责,他们分别是民政部主任和民政部第一部门负责人。[149]

根据对现有证据的分析,克罗尔得出了以下结论。

>……我们倾向于认为所谓的"密谋"是虚构的。为了从坤甸获得尽可能多的资金,支援战争行动,日本当局不得不清除一些群体。为实现共同繁荣,他们必须向当地青年开展日本式的教育,争取他们的支持。而年长的人过于抱残守缺,应该让他们消失。首先要根除的是王室贵族、教师和知识分子(医生和官员)等显赫人物,其次是富商。他们的财产和产业将用于支撑日本战事。这就是为什么在马辰的婆罗洲民政部总部要蓄意揭发并不存在的"坤甸密谋";西婆罗洲的日本人实际上根本没有发现任何密谋。[150]

据克罗尔的说法,虚构出这些密谋的始作俑者似乎不是特警队,而是日本帝国海军的秘密情报机构花机关,其中具有大学文凭的工作人员"在这一事件中无疑发挥着最重要的作用"[151]。他们利用特警队来实施整个计划,包括斩首数百名在押人员。特警队人员出身卑劣,教育水平低下,"要让他们相信密谋的存在,并不是不可能的事"[152]。假使密谋真的存在,"日本人为什么要烧毁所有与之相关的文件呢?他们分明可以据此证明自己的做法是正确且正义的"[153]。

海布罗克也曾有过质疑,因为"只有特警队承认密谋存在,而特警队的成员以前从未到过婆罗洲,他们也不说马来语(当地通用语言)"[154]。特警队将矛头直指那些被指控为谋反者的"当地精英们",这不禁让人认为,"日本人有意在西婆罗洲铲除那些在政治和经济上仍有一定权威、声望和教育背景的人物"[155]。

乔治·桑福德·卡纳海勒(George Sanford Kanahele)也认为,所谓的密谋是日本人编造的,因为"很难想象西婆罗洲的多民族居民能够撤下敌意,在没有领导、没有组织、没有武器的前提下联合起来反抗日本"[156]。

同样地,前川馨(Maekawa Kaori)也声称屠杀是特警队捏造反日密谋的结果。很明显,有了马辰"哈加密谋"的成功先例,特警队又企图重施故技,在坤甸虚构另一场"密谋"。这一次,谋反者们将计划在远东和太平洋战场的战争开始两周年的庆典上给日本人提供下了毒的咖啡等饮料。[157]井关恒男(Izeki Tsuneo)在他的回忆录中引用了一位名叫田畑俊一(Tabata Shun-ichi)的特警队成员关于另外两名特警队成员工作内容的证词。[158]"田畑称整起事件由一个叫Noma的组织策划,一个叫中谷(Nakatani)的特警队队员(据说是该组织中的极端右翼分子)负责收集'证据'",他自己则负责在三口洋机场进行拍摄。[159]

此外,战前和战时在坤甸南阳仓库(Nanyo Warehouse)工作的增冈经资(Tsunesuke Masuka)驳斥了冈岛关于"中国密谋"存在的说法。他称,中国人在坤甸事件后举行了多次会议,其目的只是复兴社区,因为有好几名社区和商业领袖在坤甸事件中丧生。[160]

根据前川的观点,真正导致这场悲剧的是特警队中个别人物的政治野心。

特警队对哈加及其同伙的指控从表面上看非常不符合荷兰人的做法。在其他地方,荷兰人要么是等待盟军的援助,要么是逃到丛林深处打游击战。此外,没有迹象表明哈加和他的同伙通过第三方直接或间接地与盟军进行了任何接触。例如1945年3月16日的一份荷兰情报机构的报告指出,"目前尚不清楚马辰或附近地区是否存在任何地下活动"。报告还明确表示,"在盟军占领时寻求武装合作几乎是不可能的"[161]。

至于坤甸事件,《婆罗洲新闻》上的描述非常牵强。第一,这场"密谋"据说始于1942年1月,这个时间点未免太早了,以至于没有太大的可信度。当日本入侵时,各民族普遍来不及反应。很多人只是感到惊讶,没有意识到荷兰殖民政府迅速崩溃、日本接管意味着什么。第二,人们当时并不知道大印度尼西亚党的成员活跃于西婆罗洲。一些成员也许就在西婆罗洲的居民当中,但他们在着手建设一个共和国的可能性微乎其微。第三,日本的安全机构与当地的间谍和告密者组成的网络渗透到了日常生活的各个领域,要想让这些参与人数众多的密谋不被发现恐怕非常困难。此外,宪兵队和特警队似乎从1942年早期开始就知道帕蒂亚希纳的地下活动,但他们不去镇压帕蒂亚希纳和他的同伙,而是从1943年冬季开始开展大规模逮捕,这与他们分别在日本帝国陆军执政期间和1942年7月中旬至8月期间的行事风格完全相悖。第四,日本方面在战后审讯中承认,所谓缴获的武器实则属于民政部警察部门的印尼人员所有。第五,12个土著苏丹一致同意支持一项持不同政见者运动,而这项运动的公开的目的却是在建立新的共和国之后除掉这些统治者,这似乎不合逻辑,甚至有些荒谬。第六,被逮捕和杀害的数百人几乎涉及婆罗洲的各个民族。在众多社群之间本就存在仇视和矛盾的前提下,组建多民族抗日统一战线几乎是不可能的。

特警队明显不满足于只铲除"哈加密谋"和坤甸事件中的几名重要中国人物,他们决定对中国裔商人和受过良好教育的精英进行更大范围的扫荡,指控他们在1944年后期参与了所谓的"中国密谋"。在婆罗洲的众多族群中,华人可以说是最反日的,日本人也非常清楚这点。因此,所谓的"中国密谋"并非完全没有缘由。从战后的发展情况来看,将陈正鑫的西婆罗洲置于中国的管理之下是确有其可能性的,而并非西婆罗洲中国居民的痴心妄想。尽管与中国大陆相距遥远,当地华人的民族主义情怀依然浓烈。日本失利后,当地华人对战争即将结束而表现出来的欣喜是显而易见的。更重要的是,他们很荣幸能见证中国与美国、英国和苏联一道成为胜利者。1945年10月17日,他们在坤甸迎接澳大利亚军队,毫不掩饰地展现了他们的爱国情怀。[162]

然而,要想真正抗击日本,实现民族主义理想,他们就必须采取实质行动——收集武器,发动武装起义。但是特警队在搜查房屋时,并没有发现武器或者无线电发射器。因此冈岛关于"中国密谋"的论断仍然十分牵强。而即便有可能，其规模也很难像声称的那样大。

由此看来，消灭社会精英的假设似乎是合乎逻辑的，正如林守一所主张的那样。根据克罗尔的说法，这一计划的始作俑者很可能是花机关，而非特警队。花机关与负责处理"政治事务"（可能是受泗水的日本帝国海军上层之命）的民政部第一部门有合作关系。清除婆罗洲残余的其他政权，实现永久占领的计划就是花机关提出来的；而没收被处置者的财产又能很好地为日本战事提供支持，可谓一举两得。

由上杉启明、冈岛力和山本聪一领导的特警队和守备队都只不过是执行整项计划的工具。鉴于特警队成员的背景，他们对各种抗日"密谋"深信不疑，这并不难理解。此外，许多特警队成员在被派遣至南婆罗洲之前，都曾在上海服役。在那里，他们参与过围捕共产主义拥护者的行动。所以他们很容易相信，坤甸的中国人也可能与起义活动有关。[163]因此让特警队全权负责所有的调查、逮捕和屠杀也就成了情理之中的事。他们完全相信"密谋"的存在，他们的行为（包括逮捕和调查）残忍而冷血，但他们却认为在维护和平和秩序，是义不容辞。

注

1. W. J. V. Windeyer 著《战争罪行——龙纳旺大屠杀》（*War Crimes—Longnawan Massacre*）；《对被拘禁在婆罗洲龙纳旺的盟军的大屠杀》（*Internees—Allied Abroad Massacre of Allied Nationals at Longnawan, Borneo*）。
2. 在一些地图上，Long Nawang 写作"Long Nawan"。
3. Lieutenant F. R. Oldham 的文章《龙纳旺事件概述：1942年8月20日前》（"Summary of Events prior to 20 August 1942"）；《对被拘禁在婆罗洲龙纳旺的盟军的大屠杀》（*Internees—Allied Abroad Massacre of Allied Nationals at Longnawan, Borneo*）。奥尔德姆隶属于澳大利亚特种侦察部蚂蚁行动Ⅲ分队。这支主要由英澳联军组成的游击队在1945年初的几个月里深入敌后作战。参见第九章。奥尔德姆报告还被提交给了在布里斯班的澳大利亚战争罪委员会（Australian War Crimes Commission）、荷兰政府、美国政府以及英国政府。

4.W. McKerracher 著《西布和拉让特许木材开采区的婆罗洲公司员工撤离报告及过程记录》(*Report on Proceedings before,Landing up to and Covering the Evacuation of the Borneo Co.Staff from Sibu and the Rejang Timber Concession*)。Alan Griffin 的档案，RHL Mss. Pac. S. 109。在 McKerracher 的文献中，Long Nawang 被误写作"Long Noyan"，A. F. R. Griffin 被误写作"Griffen"。

5.布鲁克政府所在地古晋于1941年12月24日被日本攻陷。

6.W.McKerracher 著《西布和拉让特许木材开采区的婆罗洲公司员工撤离报告及过程记录》(*Report on Proceedings before,Landing up to and Covering the Evacuation of the Borneo Co.Staff from Sibu and the Rejang Timber Concession*)。

7.H. P. K. Jacks 为加拿逸地区官员，J. Schotling 为古晋的食品管理员的助理。

8.《西布和拉让特许木材开采区的婆罗洲公司员工撤离报告及过程记录》。

9.同上。

10.T. E. Walter 就职于诗巫林业局。

11.Oldham 著《关于龙纳旺的报告》(*Report of Long Nawang*, AWM A1066/4 IC45/95/8)。

12.Hugh Hickling 根据龙纳旺惨案创作了小说《秋野中尉》(*Lieutenant Akino*)。再版时书名为《婆罗洲的血红太阳》(*Crimson Sun Over Borneo*)。休·希克林(Hugh Hickling)曾在前英属北婆罗洲担任法官。

13.Oldham 著《关于龙纳旺的报告》(*Report of Long Nawang*, AWM A1066/4 IC45/95/8)。

14.Bob Reece 著《日本占领时期：1941年—1945年日本统治下的沙捞越》(*Masa Jepun: Sarawak under the Japanese 1941-1945*)第48页。

15.同上第49页。

16.Don Wall《日本统治下的山打根：最后的行军》(*Sandakan under Nippon: The Last March*)。澳大利亚维多利亚的州长鲁克斯顿(Ruxton)为纪念在山打根战死的1800名澳大利亚人和600名英国军人，在维多利亚州率先设立了纪念碑。

17. 来自兰瑙的一位叫高原的二等兵，建议澳大利亚战俘威廉·比尔·H. 斯蒂佩维奇(William Bill H. Sticpewich)逃离战俘营。Athol Moffitt 著《翠鸟计划》(*Project Kingfisher*)第1页。

18.Moffitt 著《翠鸟计划》(*Project Kingfisher*)，以及 Tanaka Yuki 著《隐藏的恐怖：二战时日本的战争罪行》(*Hidden Horrors: Japanese War Crimes in World War II*)第

45 — 78 页。另参见 Don Wall 著《日本统治下的山打根：最后的行军》(*Sandakan under Nippon: The Last March*) 以及 Lynette Ramsay Silver 著《山打根：沉默的密谋》(*Sandakan: A Conspiracy of Silence*)。1946 年初，莫菲特 (Moffitt) 在拉普兰的战争罪审判中担任公诉人，将山打根惨案的制造者绳之以法。他主要依据纳闽岛试验相关的资料以及长期被视为机密的营救计划（被中止的"翠鸟计划"）的官方文件。曾参与建造泰缅铁路的曾经的战俘沃尔 (Don Wall) 从 1982 年开始一直在记录其他战俘的经历，这成为他的毕生事业。基于回忆录和其他二手资料创作的《日本统治下的山打根：最后的行军》(*Sandakan under Nippon: The Last March*) 于 1988 年 8 月首次出版，之后经过了 5 次修订并再版。希尔弗 (Silver) 在书中探讨了一个令人困惑的问题——为什么没有开展救援？他所利用的文献资料可以帮助鉴定纳闽战争公墓 (Labuan War Cemetery) 里的遗骸。

19. Moffitt 著《翠鸟计划》(*Project Kingfisher*) 第 53 页。3000 名澳大利亚人组成的 A 部队被派往缅甸，作为劳工在该国南部建设供日本帝国陆军使用的机场。后来，他们又被派去修建泰缅铁路。

20. 同上。

21. Don Wall 著《日本统治下的山打根：最后的行军》(*Sandakan under Nippon: The Last March*) 第 4 页；Moffitt 著《翠鸟计划》(*Project Kingfisher*) 第 54 页。

22. Moffitt 著《翠鸟计划》(*Project Kingfisher*) 第 73 页。在 1946 年初对纳闽战争罪的审判中，星岛被称呼为"大尉"。这是他的新军衔。莫菲特在回忆星岛时说，"他的嘴角微微上扬，露出一副刚毅而冷酷的面孔。从法庭上的证据和他在审判过程中的表现就能明显看出他的性格特征"。

23. 这段欢迎辞是 E 部队的二等兵尼尔森·肖特回忆的。同上第 55 页。

24. Edward F. L. Russell 著《武士道：日本战争罪行简史》(*The Knights of Bushido: A Short History of Japanese War Crimes*) 第 56 页。

25. 同上第 57 页。

26. David Bergamini 著《日本帝国的密谋》(*Japan's Imperial Conspiracy*) 第 1033 页。

27. 引自同上第 1035 页。

28. Moffitt 著《翠鸟计划》(*Project Kingfisher*) 第 57、61 — 63 页。

29. 参见第六章的故事。

30. 被处决的平民是杰马杜尔·奥杰格·辛格 (Jemadur Ojager Singh)、亚历山大·克拉伦斯·伦纳德·芬克 (Alexander Clarence Leonard Funk)、阿宾 (Abin)、欧内斯托·拉根 (Ernesto Lagan)、亨卓明 (Heng Joo Ming)、黄茂成 (Wong Moo

Sing)、费利克斯·艾科纳(Felix Aycona)和马图西普·宾·冈高(Matusip bin Gungau)。另有5人在古晋被监禁期间死亡，他们分别是苏金生(Soh Kim Seng)、阿米戈·宾·巴桑(Amigo bin Bassan)、卡西姆·宾·贾马迪(Kassim bin Jamadi)、卡西亚(Kasia)和西迪克·宾·西莫恩(Sidik bin Simoen)。他们都被葬于古晋英雄之墓(Heroes Grave)。Moffitt著《翠鸟计划》第63页。

31. 泰勒夫人以平民身份被送往峇都林当战俘营。

32. 位于山打根河口的布哈拉岛以前是一个检疫处，日本人曾用它来关押欧裔平民，然后将他们转移到古晋的峇都林当。1943年底，这座岛被用作中转500名来自新加坡的澳大利亚战俘(E部队)的营地，他们后来被转移到了大陆上的山打根战俘营。1943年6月，E部队中的7人在该秘密组织的协助下成功地逃到塔威塔威，并在那里与菲律宾和美国游击队会合。这7名逃犯分别是：雷·斯蒂尔(Ray Steele)上尉、雷克斯·布鲁(Rex Blow)中尉、迈尔斯·吉隆(Miles Gillon)、查尔斯·瓦格纳(Charles Wagner)、萨珀·詹姆斯·肯尼迪亚(Sapper James Kennedya)、二等兵雷克斯·巴特勒(Rex Butler)和乔克·麦克拉伦(Jock McLaren)。《翠鸟计划》第59页。

33. 在当地华人的帮助下，瓦尔特·华莱士(Walter Wallace)准尉于1943年4月从山打根战俘营逃脱，成为唯一的幸存者；他的两位同事被马来人出卖，所以被日本人抓了回去。华莱士后来加入了塔威塔威的七人组(the Seven for Tawi Tawi)。同上第59—60页。

34. 同上第63—64页。

35. 同上第64页。

36. 1944年9月，婆罗洲守备军(又称婆罗洲防卫军)改编为第37军，其作战序列直接隶属于当时总部设在西贡东北部大叻的南方派遣军。

37. Moffitt著《翠鸟计划》(*Project Kingfisher*)第66—67页。

38. 同上第67页。

39. 关于第二次行军中战俘逃往兰瑙的细节，参见Moffitt著《翠鸟计划》(*Project Kingfisher*)第4、5、68、117、251页。

40. 二等兵安德森在1941年参军时才16岁，他的真名是詹姆斯·迈克尔·鲍(James Michael Bowe)。在他父亲得知他参军的消息后，他很快就被开除了。不过在21岁的时候，他又以"A. Anderson"为名字再次入伍。之后他相继被派往新加坡和山打根。参见Don Wall著《日本统治下的山打根：最后的行军》(*Sandakan under Nippon: The Last March*)第6页。

41.关于从兰瑙逃亡的细节,请参见Moffitt著《翠鸟计划》(*Project Kingfisher*)第1—9、117、251页。

42.同上第8页。

43.同上第1—4页。

44.同上第68页。

45.Lionel Wigmore著《日本的突袭》(*The Japanese Thrust*)第604页。这里没有确切数据,只是陈述了那些没有参加第二次行军的囚犯的总体情况。

46.Moffitt著《翠鸟计划》(*Project Kingfisher*)第68页。

47.经过对纳闽战争罪的审判,星岛大尉被判有罪,处以绞刑。1946年4月6日,星岛大尉在拉包尔(Rabaul)被绞死。同样地,高川大尉、渡边源三都被判有罪,分别被处以绞刑和枪决。1946年3月16日,渡边源三在摩罗泰被处死,高川大尉和星岛大尉在同一天、同一地点被处以绞刑。马场正郎也被指控有罪,并于1947年8月7日在拉包尔被判处死刑。同上第92、122、130页。

48.同上第226页。

49.《澳大利亚特种侦察部在英属婆罗洲的行动备忘录》(*Memorandum on S.R.D. Operations in British Borneo*)。

50.参见第十章。

51. 直到澳大利亚总理约翰·科廷(1941—1945)提出抗议,麦克阿瑟才将在婆罗洲沿岸重新登陆的任务分配给澳大利亚第7师和第9师,同时下令美国海空军事力量提供支援。婆罗洲战役的谋划由麦克阿瑟所在的西南太平洋战区总司令部全权负责。

52.关于这次抗日起义的著作有很多,最早出版的是John Maxwell Hall著《基纳巴卢游击队:1943年10月10日的记述》(*Kinabalu Guerrillas: An Account of the Double Tenth 1943*)。新闻报道参见《沙捞越时报》(*Sarawak Tribune*)于1946年4月3日、8日和16日刊登的《1943年的亚庇起义》(*Jesselton Uprising in 1943*)。较新的文献如Paul H. Kratoska编《战时日本帝国的东南亚少数民族》(*Southeast Asian Minorities in the Wartime Japanese Empire*)第111—132页。中文文献包括Yu Shu Kun等著《南洋年鉴1951》第10页;Chia Yik Teck的文章《深山游击队抗敌史》;S. C. Lee著《深山英烈志》。日语文献参见Yamazaki Aen著《南十字星永不欺人》(*Minami Jujisei wa Itsuwarazu*);Mochizuki Masahiko著《亚庇事件的真相:大宝正男的回忆》(*Api Jiken no Shinso: Ko Oho Masuo shi no Shuki*)。

53.1921年郭益南出生于古晋,祖籍潮州,父亲是一名牙医。郭益南曾到中国广州的基督复临安息日会的学校接受教育，抗日战争期间他被迫中断学业，但有机会在饱受战乱的中国四处游历。他在槟城学习中医期间，对痔疮的治疗特别感兴趣，在医学方面有成功的实践。返回婆罗洲的途中，他在马来亚短暂停留。回到婆罗洲后，还是单身汉的他和已婚的姐姐一起住在亚庇。他一直在婆罗洲行医，直到他的医疗用品耗尽。参见John Maxwell Hall 著《基纳巴卢游击队：1943年10月10日的记述》(Kinabalu Guerrillas:An Account of the Double Tenth 1943)第47—48页；Chia Yik Teck 的文章《深山游击队抗敌史》，《斗湖日报》1978年第2页。

54. 斯蒂芬斯是澳大利亚人，妻子是卡达山（Kadazan）人，查尔斯·彼得是欧亚混血。上了年纪的穆萨曾是一名叛徒，因违抗一名郡长而被殖民政府的警察追捕，他带领一支杜顺人组成的部队从门巴库特前往亚庇南部。杜阿利斯曾是北婆罗洲警察局的总督察。苏伯达·德瓦·辛格和其他30名警察被派往古晋，加入国民军。John Maxwell Hall 著《基纳巴卢游击队：1943年10月10日的记述》(Kinabalu Guerrillas:An Account of the Double Tenth 1943)第15、69—70页；Hara Fujio的文章《1943年沙巴的基纳巴卢起义》("The 1943 Kinabalu Uprising in Sabah")，载于Paul H. Kratoska编《战时日本帝国的东南亚少数民族》(Southeast Asian Minorities in the Wartime Japanese Empire)第125页。

55. John Maxwell Hall 著《基纳巴卢游击队：1943年10月10日的记述》(Kinabalu Guerrillas:An Account of the Double Tenth 1943)第152页。日本方面统计的死亡总数（包括日本人）则为3000人。参见Mochizuki Masahiko著《亚庇事件的真相：大宝正男的回忆》(Api Jiken no Shinso:Ko Oho Masuo shi no Shuki)第60页。

56. 1979年，一座刻有"基纳巴卢游击运动烈士墓"字样的纪念碑在亚庇以南的佩塔加斯纪念花园（Petagas Memorial Garden）落成。

57. Hara Fujio 的文章《1943年沙巴的基纳巴卢起义》("The 1943 Kinabalu Uprising in Sabah")，载于Paul H. Kratoska编《战时日本帝国的东南亚少数民族》(Southeast Asian Minorities in the Wartime Japanese Empire)第113页。

58. 同上第115页。

59. 同上。

60. 同上第113、116页。

61. 同上第117页。

62. Nada No.9801 Corps（Northern Borneo Garrison Army）著《北婆罗洲军事行政概况》(Kita Boreno Gunsei Gaiyo)第43、47页。

63. K. G. Tregonning 著《现代沙巴史，1881年—1963年》(A History of Modern Sa-

bah:North Borneo 1881-1963》第 119 页。关于沙捞越，参见 Robert Pringle 著《拉惹与叛徒：1841 年 — 1941 年布鲁克政府统治下的沙捞越伊班人》(Rajahs and Rebels:The Ibans of Sarawak under Brooke Rule, 1841-1941) 第 164 页。

64.Nada No.9801 Corps (Northern Borneo Garrison Army) 著《北婆罗洲军事行政概况》(Kita Borneo Gunsei Gaiyo) 第 3 页。

65. 参见第六章。

66. 虽然有几位作家提到了征召中国青年，但没有可以佐证的日本资料。参见 John Maxwell Hall 著《基纳巴卢游击队：1943 年 10 月 10 日的记述》(Kinabalu Guerrillas:An Account of the Double Tenth 1943) 第 74 — 75、162 页；Yu Shu Kun 著《南洋年鉴 1951》第 109 页；Chia Yik Teck 的文章《深山游击队抗敌史》，《斗湖日报》1978 年第 37 页；Stephen R. Evans 著《日本殖民统治下的沙巴》(Sabah under the Rising Sun Government) 第 52 页。

67. 参见第六章。

68. 同上。

69.Chia Yik Teck 的文章《深山游击队抗敌史》，《斗湖日报》1978 年第 45 页。John Maxwell Hall 著《基纳巴卢游击队：1943 年 10 月 10 日的记述》(Kinabalu Guerrillas:An Account of the Double Tenth 1943) 第 93 页。

70.John Maxwell Hall 著《基纳巴卢游击队：1943 年 10 月 10 日的记述》(Kinabalu Guerrillas:An Account of the Double Tenth 1943) 第 52 — 66 页。利姆是亚庇在贸易上的重要合作伙伴，还是秘密的华侨防卫协会 (Overseas Chinese Defence Association) 的主要人物。苏禄人伊曼・玛拉朱金 (Imam Marajukin) 是美国驻菲律宾武装部队的一名特工。

71.John Maxwell Hall 著《基纳巴卢游击队：1943 年 10 月 10 日的记述》(Kinabalu Guerrillas:An Account of the Double Tenth 1943) 第 63 页。

72. 除了为塔威塔威的部队提供医疗用品和服装外，郭益南总共花费了 1.3 万元购买武器。参见 Chia Yik Teck 的文章《深山游击队抗敌史》，《斗湖日报》1978 年第 26 — 27、30 页。

73.John Maxwell Hall 认为郭益南在 1943 年 10 月的起义"与菲律宾的一场类似的运动有关"的说法毫无根据，尽管他列出的各种文件只能表明郭益南是一名"军事情报官员"，且必须"每月至少向指挥部提交一次情报"。参见《基纳巴卢游击队：1943 年 10 月 10 日的记述》第 63 — 65 页。

74. 派生 I (PYTHON I) 是特种侦察部的一项秘密任务，目的是汇报日本在苏禄海的西布图海峡和巴拉巴克海峡的海上交通情况。与此同时，切斯特还负责为菲律宾游击队的一支美国驻菲律宾武装部队提供支持。参见第十章。

75.K. G. Tregonning 著《现代沙巴史，1881年—1963年》(*A History of Modern Sabah:North Borneo 1881-1963*)第218页。

76.John Maxwell Hall 著《基纳巴卢游击队：1943年10月10日的记述》(*Kinabalu Guerrillas:An Account of the Double Tenth 1943*)第74页。

77."婆罗洲新闻"被写作"Borneo Simboen"，有时也被写作"Borneo Sinbun"。这里引用的是原文献的写法。

78.苏丹是指坤甸当地的统治者。

79.关于坤甸军事法庭的判决，参见 Asuka Otohisa 的文章《坤甸大屠杀的背景》("Pontianak Jiken no Haikei wo Kataru")，载于《证言集》(*Shogenshu*)第570页。

80.过去十年里出现了不少与此有关的新研究以及日本亲历者的回忆录、传记等文献，如 Maekawa Kaori(2002)为 Goto Kenichi(1988)和 George Sanford Kanahele(1967)的研究增添了新的内容。参见康奈尔大学的 George Sanford Kanahele 的博士论文《日本占领下的印度尼西亚：独立的序曲》(*The Japanese Occupation of Indonesia: Prelude to Independence*)；Goto Kenichi 的文章《坤甸大屠杀备忘录》(*Nihon Senryoki Indonesia Kenkyu*)第149—179页；N. A. van Balgooy 著《1942年—1945年日本占领西婆罗洲期间对知识分子的压迫》(*Mandor:de Genocide der Intellectuelen in West Borneo Tijdens de Japanse Bezetting 1942-1945*)；Paul H. Kratoska 著《战时日本帝国的东南亚少数民族》(*Southeast Asian Minorities in the Wartime Japanese Empire*)第153—169页。

Izeki Tsuneo(1987)、Takashi Iwakawa(1995)和 Tsunesuke Masuko(1999)等日本亲历者的回忆录进一步揭示那些悲剧，Izeki Tsuneo 著《西婆罗洲大屠杀：对坤甸惨案的考察》(*Nishi Boruneo Jumin Gyakusatsu Jiken:Kensho Pontiana Jiken*)；Takashi Iwakawa 著《异国他乡的死亡：对乙、丙级战犯的审判》(*Koto no Tsuchi to Narutomo:BC Kyu Senpan Saiban*)；Tsunesuke Masuka 著《曼多尔悲剧续篇》(*Zoku Mandoru no Higeki*)。

印尼人撰写的相关文献，如 M. Yanis 著《九架飞机：日本占领西加里曼丹的故事》(*Kapal Terbang Sembilan:Kisah Pendudukan Jepang di Kalimantan Barat*)；M. H. D. Syafaruddin Usman 著《曼多尔事件：悲剧和历史之谜》(*Peristiwa Mandor:Sebuah Tragedi dan Misteri Sejarah*)。

另参见 Tim Lindsey 和 Helen Pausacker 著《印度尼西亚华人：记忆、扭曲、遗忘》（Chinese Indonesians:Remembering,Distorting,Forgetting）第105—129页；D. C. Horton 著《火环：第二次世界大战中澳大利亚游击队的对日作战》（Ring of Fire:Australian Guerilla Operations against the Japanese in World War Two）第47—72页。

81. 尚不清楚这位年迈的坤甸苏丹究竟是在被海军特警队拘留期间老死的，还是被逮捕他的人谋杀的。NIOD 016932-933(1946-01)。然而另一文献里，包括坤甸的 Sultan Sjarif Mohamed Alkadri 在内的所有12位苏丹都是被处决者，参见 Paul H. Kratoska 著《战时日本帝国对东南亚少数民族的影响》（Southeast Asian Minorities in the Wartime Japanese Empire）第167页。

82.《婆罗洲新闻》（Borneo Simboen，马辰版）1943年12月21日以及《婆罗洲新闻》（Borneo Simboen，巴厘巴板版）1943年12月25日。另参见《公言报》（Kung Yung Pao）1943年12月24日。

83.《婆罗洲新闻》（Borneo Simboen，巴厘巴板版）没有刊登谋反者的照片和武器，但标题和内容和该报的其他地方专版都大体相似。

84. 五名女性分别是 N. G. Haga-Witsenburg（Haga 的妻子）、Betsy Vischer-Mylius（Vischer 的妻子）、Nelina Verpalen（Jan Wellem Adrian Verpalen 的妻子）、Zeni Braches-Jansz（Gotfried Daniel Ernst Braches 的妻子）和 Cornelia Johanna Maria Reichert（一名护士）。

85.《关于南婆罗洲反日活动的报告，包括对瑞士国人费舍尔夫妇的判决及执行情况》（Report Relative to Anti-Japanese Rebellion Conspiracy in South Borneo）显示，判决于1943年12月宣告。Ernst Braches 编《1941年—1945年南婆罗洲和东婆罗洲地区战争罪案件及哈加法庭的审判》（Zuider-en Oosterafdeling van Borneo, Oorlogsmisdaden Hagaproces en overage Zaken 1941-1945）第6卷第13—25页。

86. 同上第23—25页。

87. 同上第23页。文献中写道，"那天（1943年12月21日）的报纸在30分钟内就全部卖光了"。这句话暗示，公众有着强烈的兴趣。

88. Pereira（税务办公室监察长）、Soesilo（卫生部门监察员）、Braches（学校监察员）、A. G. P. A. Makaliwi（农业和林业科科长）、Oe Ley Koey（政治部信息科科长）。《1941年—1945年南婆罗洲和东婆罗洲地区战争罪案件及哈加法庭的审判》第14—15页。

89.《婆罗洲新闻》（Borneo Simboen，坤甸版）1944年7月1日；《婆罗洲新闻》（Borneo Simboen，马辰版）1944年7月2日；《婆罗洲新闻》（Borneo Simboen，巴厘巴板版）

1944年7月4日。

90. 令人惊讶的是,最初的坤甸版报纸并没有刊登被没收武器的照片,这些武器中疑似有一挺重型机枪。

91. 日本帝国陆军管理南婆罗洲,直到1942年7月中旬;1942年8月,日本帝国海军正式接管南婆罗洲。

92. 大印度尼西亚党成立于1934年。当时,该党派约有1.7万名成员,其中包括一个由1万人组成的青年组织(Surya Wirawan)。据报道,一些大印度尼西亚党成员在战争期间参与了地下活动。MFAA INV.NR 01917,第2页。

93. 具有巽他族血统的罗比尼(Roebini)医生曾是坤甸综合医院的院长,但在被捕时已被停职。他之前是荷兰皇家东印度军队的医生。

94. 阿贡王爵是坤甸苏丹的四儿子,担任其父亲的秘书。

95. 黄业顺(Ng Njiap Soen)是其家族企业的负责人,也是坤甸的华侨统制会主席。

96. 穆哈玛迪亚(Muhammadiyah)在1937年拥有11万名成员。日本的宣传机构"提到穆哈玛迪亚与日本政府有密切的合作"显然是为了赢得穆斯林群体的支持。

97. MFAA INV.NR 01955,第5页。"Keibitai"指的是日本守备军,而不是宪兵。

98. 同上。

99. 同上。

100. Miyajima Junkichi: Interrogation Report(《审讯报告》),NIOD 017.027–029。

101. 冈岛力从1944年7月开始任职。他的前任大尉上杉启明亲历了"哈加密谋"和坤甸事件。

102. 所谓的"中国密谋"策划者,是在古晋的日本人按照海军大尉冈岛力的命令编造的。参见NIOD 009821–009832。

103. 同上第1页。关于兰芳共和国,参见Lo Hsing Lin著《对西加里曼丹的兰芳政权的历史考察:由罗芳伯等海外华人建立》(*A Historical Survey of the Lanfang Presidential System in Western Borneo, Established by Lo Fang Pai and Other Overseas Chinese*)。

104. NIOD 009821–009832。

105. 同上第7页。

106. 同上第1、4页。

107. NIOD 019.783–784。

108. NIOD 009821–009832第3页。

109. NIOD 019.783–784。

110.南遣舰队第二支队指挥部。

111.NIOD 019.783-784。

112.MFAA INV.NR 01955；MFAA INV.NR 2144第138—139页。

113.ANRI AS 1309。

114.《丹戎布拉的斗争：丹戎布拉在西加里曼丹的历史》(Tandjungpura Berdjuang:Sedjarah Kodam XII/Tandjungpura Berdjuang Kalimantan-Barat)第94页。

115.Tim Lindsey和Helen Pausacker著《印度尼西亚华人：记忆、扭曲、遗忘》(Chinese Indonesians:Remembering,Distorting,Forgetting)第106、111页。

116.NIOD 009799-009803。

117.MFAA INV.NR 01955第3页。

118.同上。

119.同上。

120.NIOD 0097985-0097991。三井是民政部总务和政治事务的负责人兼坤甸地方长官的顾问，在民政部的级别仅次于坤甸地方长官。三井称，"特警队在醉酒的时候还曾试图强迫犯下小过失的日本人在表格上签字"。更多关于日本人实施酷刑的细节，参见MFAA INV.NR 01955第5—6页。

121.NIOD 009.800-801。林守一是日本帝国海军的一名文职人员，也是海军秘密情报机构Hana Kikan(后来的Tokumu Han)的负责人。

122.NIOD 009821-009832。

123.NIOD 009821-009832第6页。

124.NIOD 019.783-784(1946-02-15)。

125.NIOD 009821-009832第6页。

126.NIOD 0097985-0097991(1946-03-09)。

127.NIOD 009.800-801(1946-03-08)。

128.NIOD 009799-09803(1946-03-22)。

129.NIOD 009799-09803(1946-02-19)；NIOD 009799-09803(1946-03-25)。

130.NIOD 009799—09803(1946-04-05)。平山(Hirayama)是坤甸守备队的一名翻译。

131.当日本人告诉他在第二组时，齐尔曼斯(Zylmans)中尉说："我在审问期间遭到严刑拷打，我以为承认参与了密谋会好受一点。因为酷刑让我实在无法忍受。认罪后，日本人要求我写下来。"马卡利维似乎向齐尔曼斯提过建议，让他编造故事。马卡利维自己则"伪造了6页，传达给盟军来说服日本人"，好让他们停止酷刑。根据马辰战俘营的狱卒欧斯曼·达恩·科勒（Oesman Daeng Koelle）的说法，齐尔曼斯于1944年11月在狱中死于脚气病和痢疾，当时正值他服刑第10年。参见Oesman Daeng Koelle的《声明》。马卡利维因涉嫌参与"哈加密谋"于1943年12月在奥林机场被特警队处决。

132.NIOD 009799-09803(1946-02-23)。北田（Kitada）是南洋兴发的员工。在日南造船厂（Nichinan Mokuzai Zosen）工作的桥本昌司（Hashimoto Masaji）也同样表示惊讶。他"以前同印尼人和中国人接触时从未感受到任何紧张气氛或反日情绪"。NIOD 009799-09803(1946-03-28)。

133.冈岛和他的副手山本都是日本帝国海军下级军官，之前没有接受过警察工作的训练。参见 NIOD 019.783-784(1946-02-15)；NIOD 009799-009803(1946-02-01)。

134.NIOD 009799-09803(1946-03-25)。

135.NIOD 019.821-823(1946-02-21)。

136.NIOD 009.800-801(1946-03-8)。"在与林守一对峙后，冈岛矢口否认他曾指示林守一寻找中国富人。"NIOD 019.492-493(1946-03-13)。

137.渡边有可能是南洋兴发的"渡边初三郎"（Watanabe Hatsusaburo），他认识很多椰干交易商。

138.泗水是南遣舰队第二支队的总部基地。

139.根据一名曾因涉嫌盗窃坐过牢并且奉命在多个场地挖掘过坟坑的中国人福兴（Fook Hin）回忆说，"只要我们哪天挖坑，第二天就会有一批政治犯被运出来。他们后来再也没有回来过。"MFAA INV.NR 01955第4页。

140. 帕蒂亚希纳（Pattiasina）和王祖杰（Ong Tjoe Kie）具有和欧洲人同等的法律地位。他们被描述为具有安汶血统的帕蒂亚希纳和具有中荷血统的王祖杰。他们同荷属东印度群岛的欧洲人，享有类似的法律地位。《婆罗洲新闻》（Borneo Sinbun，坤甸版）1944年7月1日。

141.MFAA INV.NR 01955第1—2页。

142.Heijbroek 的文章《在西婆罗洲的战争罪罪行：坤甸》（"War Criminals West-Borneo, Pontianak"）。

143.MFAA INV.NR 01955第5页。克罗尔质疑："责任划分可能在转移到坤甸之前，就在古晋预先安排好了，也可能是因为他们（特警队队长冈岛和他的同事们）确信密谋存在。"参见 Okajima Riki 著《第4号审讯报告补充报告》（*Additional Report to Report No.4*）；Hayashi Shuichi 著《第6号审讯报告补充报告》（*Additional Report to Report No.6*）。

144.NEFIS MFAA第30—33页。Tokumu Kikan是"Tokubetsu Nimmu Kikan"的缩写，字面意思是"特级机密组织"。它是一个间谍机构。参见MFAA INV.NR 01917第41页。

145.战时在坤甸就职于三菱汽车的稻垣弦一郎（Inagaki Genichiro）表示："他来坤甸之前就已经意识到自己必须服从民政部经济部门的命令……在国外的时候，他必须向日本官方提供一切可用的情报，无论对方的职级和社会地位如何"。他在坤甸向特警队的中谷传过情报。Inagaki Genichiro著《第11号审讯报告补充报告》（Addition to Interrogation Report No.11）。

146.Mitsui Usao著《第13号审讯报告第1号补充报告》（Extract from 1st Additional Report to No.13）。

147.Mitsui Usao著《对荷兰军队情报机构第13号审讯报告的补充报告》（Supplemental Report to NEFIS Interrogation Report No.13）。

148.《第1号补充报告》（1st Additional Report）。

149.Okajima Riki著《第4号审讯报告》（Interrogation Report No.4）。

150.MFAA INV.NR 01955第4页。

151.MFAA INV.NR 01955第5页。

152.MFAA INV.NR 01955第4页。

153.MFAA INV.NR 01955第4页。有关文件销毁，参见Yamamoto Soichi著《补充报告》（Interrogation Report）。

154.MFAA INV. NR 01955(1945-10-15)。

155.同上。

156.康奈尔大学的George Sanford Kanahele博士论文《日本占领下的印度尼西亚：独立的序曲》（The Japanese Occupation of Indonesia: Prelude to Independence）第159页。

157.Paul H. Kratoska著《战时日本帝国对东南亚少数民族的影响》（Southeast Asian Minorities in the Wartime Japanese Empire）第160—161页。

158.同上第161页。

159.同上。

160.Tsunesuke著《曼多尔悲剧续篇》（Zoku Mandoru no Higeki）第11—13页。Paul H. Kratoska著《战时日本帝国对东南亚少数民族的影响》（Southeast Asian Minorities in the Wartime Japanese Empire）第164、168页。

161.MFAA INV.NR 191第34页。

162.ARA 2.10.14.02 AS 3168(1945-11)。

163.Asuka Otohisa 的文章《坤甸大屠杀的背景》("Pontianak Jiken no Haikei wo Kataru"),载于《证言集》(*Shogenshu*)第570、589页。

第九章

将军和上将

日本帝国陆军对北婆罗洲的管理方式，和日本帝国海军对南婆罗洲的管理方式在某些方面有相似之处，但在其他方面又有明显的差异。前者成立的是军政部，后者成立的是民政部。海军控制下的南婆罗洲被视为永久性财产，是日本帝国不可分割的一部分。而陆军对北婆罗洲却没有类似的规划。因此，我们可以通过比较两地的行政机制来评估这一长期占领计划对当地治理的影响。虽然日本殖民统治时期只有3年半出头，但这段时期给各个民族都带来了长期影响，尤其是对他们的意识、身份、世界观和自身利益的影响。

资源开发

日军占领和征服婆罗洲岛的主要目的是获取丰富的自然资源，尤其是作为主要战略商品的石油以及橡胶、木材、煤炭和铁矿石等重要物资。对上述资源的开发直接促进了日本帝国在战事上的胜利，并从1943年中期开始促进着日本的生产活动。资源开发从一开始就是日本的首要任务。

由于英国和荷兰殖民者实施的焦土政策，日本将全部人力和资源都投入到了振兴南北婆罗洲的石油产业中。尽管油井被焚烧，设备和管道等被损坏，日本帝国海军和陆军的工程师们仍然设法将重要的石油设施修复到了战前的状况。

盟军收集到的空中侦察照片和情报机构的报告表明，日本在修缮石油设施方面的确取得了成功。北婆罗洲的美里－诗里亚－罗东的石油产能与战前大致相当，巴里巴板的石油产能恢复了30%至50%，占领初期（1943年年中之前），石油开始被运往日本和爪哇，当时盟军对日本的贸易封锁还很宽松。到1944年9月，澳大利亚情报机构截获的日本通信表明，北婆罗洲的原油仍在运往日本。[1]

日本帝国陆军在一开始就将行政中心设在了石油重镇美里，这充分凸显了石油设施的重要性。事实上，美里-诗里亚-罗东一带直接由日本帝国陆军东京总部全权控制和管理。同样地，日本帝国海军也分别在巴厘巴板和打拉根部署了海军第22特别根据地队和第22海军守备队，体现了日本帝国海军对石油设施的高度重视。婆罗洲民政部是日本帝国海军的民政机构，设立在东南角的马辰，负责处理南婆罗洲的日常行政事务。

可见，日本帝国陆军和海军对其各自领地内的所有重要石油设施的重视程度基本没有差别。他们所作的努力也都得到了可观的回报。

在经济方面，军政部和民政部都引入了财阀来强行控制各行业的经济活动。北婆罗洲和南部的华人批发零售网络均被日本财阀控制。他们的通常做法是，指定现有的集市上的华裔老板为代理人，代替其征用、销售和批发货物，其中包括大米等。如果中国老板不愿意合作，财阀通常会采取强制手段。包括大米等食物在内的生活必需品被许多财阀垄断着。北婆罗洲的投资业务由横滨正金银行全权经营，南婆罗洲的投资业务则由台湾银行和肖明银行承担。

日本帝国陆军和海军都在各自的领地内严格执行着粮食自给政策。农业社区被迫增加水稻等作物的产量，以确保日军得到足够的供给，其余的则留给平民。事实上，在战时的沙捞越，水稻增产计划获得了极大的成功。"从1941年到1945年，水稻种植面积每年都在增加"，大米价格上涨时，当地种植者甚至实现了"收益的暴涨"，"到1945年中期，一桶大米的价格已超过400元"[2]。有趣的是，"这是沙捞越70多年来首次实现粮食的自给自足（同时还满足了日军的粮食需求）"[3]。

相比之下，南婆罗洲的水稻收成却很差，这主要得归因于1943年至1944年的恶劣气候。日本当局向当地农民施加巨大压力，要求他们生产水稻的替代品，如土豆、木薯等作物，以弥补短缺。

由于北婆罗洲和南部人口稀少，当局除了从爪哇和中国引进劳工外，几乎没有别的选择。他们雇用这些工人来修复被破坏的基础设施

（例如石油设施），修建机场、道路，从事伐木业以及其他必要的工作。大部分引进的劳工都是非熟练工，只有来自中国南方的是熟练工，如造船工程师、木匠等。

海军和陆军管辖的领地都没能避免失控的通货膨胀。陆军军政部和海军民政部都没有对无法律支持的军票的发行进行限制，导致这些战时军票最终变得一文不值。南北婆罗洲的黑市都很猖獗，机会主义者通过黑市收割无数财富，但同时他们也承受着巨大的风险，包括因参与这种地下活动而丧命。宪兵队和特警队对这些秘密活动都很警惕。

日本化政策

鼎盛时期（1942年中期）的日本帝国南抵新几内亚，西至缅甸。在其广袤的土地上，被征服的各民族被要求效仿、服从和颂扬日本帝国，并视日本为领导他们的大国，从而取代英美列强在他们心中的地位。日本宣传机构炮制出"亚洲人的亚洲""日本乃亚洲之光"和"大东亚共荣圈"等口号，企图为占领地的人民开创一个"全新的"时代。

在各自的领地上，日本帝国海军和陆军乐此不疲地向当地居民灌输日本价值观、文化、世界观、语言、精神、天皇崇拜和日本民族的"优越性"。教育是日本帝国将当地居民转变为归顺的日本公民的主要途径。学校专注于对年轻人和老年人进行日语教学。除了学习日语外，儿童和成年人还被要求学习日本文化、进行日式体育锻炼和练习体操，还要服从日本纪律。日本化的最终目标是让当地人学会"像日本东亚人一样思考、感受和行动"[4]。

所有的学校学员、军政部和民政部的工作人员以及受日本赞助的机构的成员都必须行鞠躬礼——面向日本天皇居住的东京皇宫方向鞠躬，这是天皇崇拜的一部分。向裕仁天皇（1901—1989）的肖像行鞠躬礼的仪式让穆斯林感到很不自在,因为向人致敬违反了伊斯兰教的教义。日本天皇的半神性也让基督徒等一神论的宗教的信徒难以接受。尽管如此,南北婆罗洲的各宗教群体都未表现出敌意。

如前所述,战时南婆罗洲的入学人数较多[5],但尚不清楚其日本化运动相较于陆军控制下的北婆罗洲而言是否更成功。毫无疑问,除了占领时期较短外,日本当局广泛采取的强制手段也给这一文化适应过程制造了阻碍。严酷的专制政权使当地大多数人越来越排斥日本人。然而令绝大多数人更加担心的是,如何才能在战争中生存下来。

对反抗、起义活动和战俘的态度

任何人一旦被判定为反日分子,无论是证据确凿还是仅仅疑似,都会遭到日本帝国陆军和海军迅速、严厉而残酷的打击。在探讨日本对反抗、起义活动以及战俘的态度之前,我们不妨先看看发生在龙纳旺的一起暴行,因为它预示着一场更加震惊世人的惨剧。

龙纳旺事件发生在占领初期(1942年8月至9月),当时日本海军残忍杀害了41名欧裔平民,其中还包括妇女和儿童。这起屠杀事件为接下来的惨剧埋下了伏笔。虽然有人指出,日本指挥官杀害这些逃难者是出于其军事职责,但这种冷血的杀戮行为实在毫无人性可言。

日本帝国陆军对1943年10月的基纳巴卢起义的镇压是最迅速,也最残忍的。从古打毛律到哲斯顿北部以及南部方向的门巴库特(Membakut)沿岸的定居点被无情摧毁;村民因支持起义的游击队而惨遭屠杀。起义者连同他们所在岛屿上的居民全部被杀,苏禄人、乌达尔人、汀娜湾人、曼塔那尼人和孟加伦(Mengalum)人就在其中。在这场报复行动中,日本帝国陆军杀害了3000至4000名当地居民,而丧于起义军之手的日本人有60至90名。[6]

郭益南让当地居民承受的代价无疑是惨重的,他们在宪兵队和从古晋派来的日本帝国陆军手中经受了巨大的折磨。

对公然反抗日本的行为进行严厉惩罚被军政部解释为合理的军事回应。军政部实际上就是日本帝国陆军建立的一个军事行政机构。但毫不留情地屠杀战俘(如臭名昭著的山打根死亡行军)实在是丧尽天良。在山打根事件之前,菲律宾也发生过一场死亡行军。1942年4月初,在巴丹半岛投降的78000名菲律宾战俘和美国战俘被迫从巴丹的马里韦莱斯(Mariveles)行军至105公里开外的邦板牙省(Pampanga)的圣费尔南多(San Fernando)。长达九天的行军途中,约有1万名菲律宾人和不少于650名美国人死于营养不良、疾病、虐待或日本人的屠杀。[7] 除此之外,还有一些死亡行军的案例,如帝汶岛荷兰战俘(1942年)和英属新几内亚的印度战俘(1943年和1944年)的死亡行军。[8]

值得庆幸的是,峇都林当战俘拘留营内的囚犯没有遭受山打根同胞那样的命运,因为没有人组织或者实施死亡行军。但据一名曾关押在此的战俘说,当局制定过处置峇都林当的所有囚犯的"官方计划"。

> 1945年10月10日,我在日记中写道:"现在可以非常确定,(集中营指挥官)菅辰次少佐打算在9月15日'处置'所有囚犯。"在当天的一份详细命令中,所有囚犯被分为4组,分别以不同的方式"被清除"。
>
> 第1组:由山本医生安排给被囚禁的妇女、儿童食用下了毒的大米。
>
> 第2组:在中尉的指示下,将被囚禁的男性和天主教神父击毙并焚烧。
>
> 第3组:由中尉带领500名英国、美国、荷兰和澳大利亚战俘携带所有日本装备和物资行进至21英里(约33.8公里)外的沙捞越边境的山区。行军结束时,将所有人枪毙,并在丛林深处焚烧掩埋。(用来掩埋尸体的坟坑已经在挖掘中。)

第4组：将主营内剩余的病弱囚犯刺死，随后焚毁整座营地。[9]

"在峇都林当行政办公室内发现的'死亡'指令似乎佐证了上级机关将该计划作为一项政策予以默许"[10]。那为什么这份"官方计划"没有得到执行呢？这些囚犯的命运实际上都掌握在菅辰次的手中。

作为婆罗洲战俘拘留营的总指挥官，菅辰次显然对死亡行军完全知情，并且对其做出了直接批准。如果当时他遵守了峇都林当的"官方计划"，这一点也不足为奇。此外，从个人层面来说，这样一场大屠杀也可能是菅辰次的一次报复行动，因为他"坚持认为他的妻子和家人在1945年8月6日的原子弹爆炸事件中丧生了"[11]。

H. D. A. 耶茨（H. D. A. Yates）上尉对菅辰次给出了这样的评价（1943年8月至1945年9月，H. D. A. 耶茨上尉在峇都林当度过了他作为战俘的最后一段拘禁期。解放后，他曾与日本守卫对话过，同试图调查战争罪的调查人员有过讨论。最重要的是，他还同那些经常应菅辰次的请求向其提供帮助的华人和马来人有过对话，菅辰次的此举是为了改善囚犯在战俘营中的生活）：

> 我对菅辰次本人以及峇都林当的卫兵对他的评价都很好奇。经过一番询问后，我得出的结论是，他们非常喜欢菅辰次，不过他们也承认，菅辰次对虐待等残忍行为负有不可推卸的责任。他们都坚信菅辰次是个"好人"，坚信他是站在囚犯这一边的。如果菅辰次执行了命令，囚犯们的处境会糟糕得难以想象，但他并没有那么做。独立调查显示，从1945年5月开始，事态愈发严峻，他不止3次收到了针对所有囚犯的死亡行军命令。但每一次他都毅然拒绝执行，称这样会害死所有的囚犯……我在9月离开纳闽岛时才真正相信菅辰次具有双重人格。只要他愿意，他本可以成为魔鬼的化身。现在我

非常确信,如果不是菅辰次,峇都林当的囚犯将无一人生还。"[12]

菅辰次允许拘留营内的小孩乘坐自己的专车,还邀请他们到自己在古晋的住所享用"饼干、蛋糕、红毛丹(一种热带水果)、加糖的牛奶和甜的可可饮料"。菅辰次的双重人格是显而易见的。[13]

毋庸置疑,菅辰次是个充满矛盾的人。没有人知道他违抗命令、拒绝执行"官方计划"的真实原因。1945年9月14日,菅辰次在纳闽岛自杀,不过即便没有自杀,他肯定会因为山打根而被判死刑。而且就算菅辰次或第37军司令官马场正郎中将没有直接下达"饿死或枪毙战俘"的命令,他们也应对数千名战俘的死亡负有"法律和道义上的责任"。[14]

跟陆军相比,控制南婆罗洲的日本帝国海军在处理疑似或已被证实的起义分子方面有过之而无不及。在一系列涉嫌反日的"密谋"被发现后,日本帝国海军开展了一场政治迫害,将大约1500名所谓的"政治犯"从其领地上彻底清除。这些"政治犯"几乎来自南婆罗洲已知的各个族群,包括荷兰人、欧亚混血、马来人、布吉人、爪哇人、米南卡博人、巴塔克人、米南佳保人、万鸦老人、中国人、印度人、阿拉伯人和达雅克人。

这一事件被描述为"日本在印尼领土上犯下的最严重的战争罪行"[15]。如今这场惨剧依然笼罩在迷雾之中,尤其是这一令人咂舌的暴行背后的动机。不过,正如前文阐明的那样,日本帝国海军的行动更像一项精心谋划的战略,而不是一连串毫无意义的杀戮。从日本帝国海军公开表明的"永久占领"南婆罗洲这一政策来看,清除那些有影响力或与旧政权密切关联的个人,让一切"重新开始",似乎是合乎逻辑和切实可行的。而要达成这一目标,恐怕没有什么比指控他们"密谋推翻婆罗洲民政部"更好的幌子了。那些头脑简单的特警队成员被上级机关——花机关和位于泗水的南遣舰队第2支队的高级海军军官——利用来进行调查和铲除行动却浑然不知。他们把屠杀场设在曼多尔和马辰,战后调查在这两处发现大量浅坟坑和散落在灌木丛中的人骨。

总的来说,日本帝国陆军和海军在其各自领地内对平民、起义的游击队、战俘和其他涉嫌反日的人员均采取了惨无人道、冷血无情的打击。日本的恐怖行径与其所宣称的渴望成为亚洲领袖的愿景以及其作为20世纪文明国家的形象极不相符。

在纳闽军事法庭以检察官身份审查日本战犯的阿索·莫菲特(Athol Moffitt)对此作出了这样的解释。

> 在仔细考察事实后,我们得出了这样的结论:日本的血腥暴行和战争罪行是日本领导人、军官、士兵共同犯下的,他们对此负有责任,在道德和法律上均有罪。如果不是因为他们的恶劣行径和态度以及领导层的蓄意鼓动,如此大规模的暴行根本不可能发生。他们通过恐怖主义掌权,将恐怖主义作为军队在侵略、扩张和征服过程中的强大武器。而当征服转向防御和撤退时,日本领导人、战俘营指挥官和军官又重拾歹徒的手段,用杀戮掩盖先前的杀戮。[16]

政治参与的问题

在北婆罗洲,日本帝国陆军对中国居民实行着一套明显区分于土著人的单独政策。这是日本帝国陆军对被占领的马来亚的华人政策的延伸,但在北婆罗洲,这套政策的实行力度没有在马来亚那么严格。文莱、沙捞越和前英属北婆罗洲的中国居民躲过了大规模"调查"和令许多中国人丧命的肃清运动,但他们仍需为战前的"罪恶"支付300万叻币的赎金。

有趣的是,南婆罗洲的中国居民既没有受到肃清运动的影响,也没有被强制缴纳赎金。在对待中国居民的态度这一方面，日本帝国海军确实有别于日本帝国陆军。也许有人会说，日本帝国海军的目的是"永久占领"，对中国人进行种族清洗或索取巨额赎金不符合他们的利益，因为这可能会削弱这一群体支持日本战事的能力。但是在婆罗洲西部，特警队却对所谓的"中国密谋策划者"实施政治迫害（1944年至1945年初），致使350名中国人在马辰被杀，受害者的财产被民政部全数扣押。因此可以说，婆罗洲西部的中国居民的最终命运同那些深受肃清运动以及强制赎金之苦的中国居民没有什么本质区别，只是形式不同罢了。

军政部似乎对本土精英更有同情心，这从他们认可并允许本土精英加入县级咨询委员会等组织就能看出来。尽管马来拿督和伊班天猛公（Temenggung）不具备像委员那样的行政权，但他们在各自的社区中广受爱戴，享有崇高的声望。更出人意料的是，受过良好教育的伊班精英在沙捞越的社会地位甚至被提升到了在战前只能由欧洲人担任的州长的水平。这是任何马来本土官员做梦都不敢想象的。一些有文化的伊班人还当上了郡长，一些则在警察部队得到了快速晋升。之所以让他们出任高级职位，一来是因为日本希望赢得当地伊班族（在当时是沙捞越人口最多的土著民族）的支持，二来是因为军政部缺乏管理人员。给予伊班精英在战时管理的机会无疑能对他们产生有利影响。

但在南婆罗洲，土著精英就没这么幸运了。他们不享有类似的待遇，也没有被纳入婆罗洲民政部的行政机构。相反，在坤甸事件（1943年10月至1944年1月之间）之后，当局于1944年1月24日多次展开大规模逮捕，包括12名婆罗洲西部本土统治者在内的100多名本土精英被捕，其中大约有一半被海军军事法院判处死刑。

前文指出，尽管东条英机在1943年6月的演讲中准允印尼人参政，但婆罗洲民政部并没有采取任何行动。直到6个月之后，各地才陆续成立市政办公室和市政府，以及各州的州议会。由于当时战局已对日本不利，这些措施看起来不过是日本为了赢得当地民众支持所做的最后努力。在1944年9月6日小矶国昭发表以"东印度群岛的独立"为主题的演讲后，日本帝国海军也表现出了同样的消极态度，几乎没有采取任何行动。

日本帝国海军和民政当局响应迟缓和普遍的消极态度无疑是"永久占领"这一政策带来的结果。鉴于南婆罗洲是日本帝国的组成部分，当局强调不得鼓励民族主义的发展。[17]因此，即使战争形势不断恶化，保守的日本帝国海军依然坚持早前的政策。但自小矶国昭发表声明以来，这一政策实际上已被废弃。尽管柴田做出了种种的努力，独立的步伐并没有随着事态的发展而加快。事实上，直到1945年8月20日，也就是苏加诺宣布印尼独立的第3天，马辰民政部主任依然还在禁止《婆罗洲新闻》的哈米丹发表任何关于独立的新闻。最后还是哈米丹在坎当岸的同事和马辰广播电视台勇敢地向南婆罗洲的人民发布了这一历史性的消息。

结果和影响

北婆罗洲和南婆罗洲的治理体系带来了不同的结果。不同阶层的当地居民对日本帝国陆军和海军推行的政策有着不同的反应。日本帝国陆军对中国居民和土著居民采取的差异化政策加剧了各民族之间紧张的关系。海军实施的一系列针对反日分子（所谓的谋反者）的抓捕和迫害行动将南婆罗洲的人才消灭殆尽，导致战后的关键时期无人填补领导层空缺。

沙捞越的中国居民尤其感到了军政府的歧视和迫害。他们不仅背负着高额的赎金，生意也被财阀夺走。他们不得不配合日本人，替他们从当地农民那里征用食品。一些中国人为了躲避日本人而逃离城镇，而马来拿督、本土公务员和警察则"欣然"接纳了新政权，心甘情愿地为日本人服务。无论是城镇还是农村地区的马来人似乎都"生活得很好",而中国居民却饱受着贫困和物资短缺的影响。一些变节的拿督和马来人甚至还公开表示支持日本帝国,谴责英美盟国和战前政权。

在战后一段时期,中国人曾试图"惩罚"马来人在战争期间的不忠。他们在古晋掀起轩然大波,以至于澳大利亚驻古晋部队不得不介入进来。

……当时有上千人聚集在布鲁克造船厂(Brooke Dockyard)外,准备攻击清真寺和附近的马来村民。澳大利亚军队赶到现场后,设法解除了暴乱者的武装,并实施了24小时宵禁。目前尚不清楚这场冲突造成的伤亡人数,被杀的中国人的人数在10到100不等。[18]

有趣的是,内陆地区的非穆斯林土著人却将中国人视为日本人的"走狗"。他们在集市上看见中国老板在同日本财阀官员"合作"。另一个更有说服力的事实是,中国老板通常会在日本士兵的陪同下到当地长屋强征大米等食物。不仅如此,中国商店内曾经琳琅满目的商品已经所剩无几,甚至连货架都空了。在当地人看来,这就是中国人故意不卖给他们日常必需品,比如煤油、火柴、食用油等。由于不了解盟国封锁政策带来的影响和日本帝国陆军在物资需求方面的优先性,他们只好将物资短缺以及由之产生的困难归咎于当地老板。总的来说,在土著人眼里,中国人就是日本政权的勾结者,是(前英属北婆罗洲)特许公司行政当局和(沙捞越)布鲁克政权的叛徒。为了报复他们,一些本土人加入澳大利亚特种侦察部的先遣队,借此机会一并对付日本人和那些被视作叛徒的中国人。在日本投降至澳大利亚军队抵达婆罗洲之间的这段短暂过渡期内(1945年8月中旬至9月初)发生了几起本土人杀害中国人的事件。最为严重的一起是沙捞越中部加拿逸地区(Kanowit District)的伊班人猎取了23名中国人的头颅,该事件导致拉让河下游的中国人和伊班人在几十年间都处于敌对的关系。[19]加拿逸命案引发了这样的传言：来自前荷属婆罗洲、有着猎首传统的伊班人正计划进军古晋，屠杀该镇的中国居民。虽然这条恐怖传言没有成真，但对当地市民造成了不小的惊吓。[20]从报道情况来看，本土人在拉让河上游和巴兰杀害中国人的事件都发生在政权交替期间，不确定性和无政府状态给他们提供了报复和行恶的有利时机。[21]

尽管前英属北婆罗洲有军政部执政，但人种间的紧张关系表现得并不太明显。这可能是源于1943年10月初日本帝国陆军对起义的有力回击，他们洗劫并烧毁了西部海岸和近海岛屿上的本土人和中国人定居点，将参与或涉嫌参与由郭益南领导的起义的人员全部杀害。这场残忍的报复行动夺去了至少4000条生命，以此警告公众：所有反日分子都将无一例外地付出惨重代价。日本人的残暴反而促使了本土人和中国人联手起来对抗他们的公敌。

日本帝国海军在南婆罗洲大规模逮捕并杀害了数百名被指参与反日活动的人。奇怪的是，这些人无一例外都是社会中的精英，他们包括社区领袖、本土统治者、商人以及其他许多能力强、教育程度高的人。杰出人物的缺失造成了领导层真空。针对坤甸事件和"中国密谋"的主舞台西婆罗洲，下面这段话总结了其在占领时期和战后的总体情况。

> 整个西婆罗洲的领袖被消灭后，地方政府出现了领导层真空。1944年初，日本占领军从婆罗洲的南部引进了大约60名马辰人，来填补日本殖民统治时期底层领导的空缺。
>
> 由于缺乏地方领导，返回婆罗洲的荷兰人几乎无法完成他们的任务——在荷属东印度民政管理署的行政人员抵达后组建地方代表委员会。[22]

但从另一个角度来看，精英阶层的大批死亡又为另一个少数群体——达雅克人制造了机会,他们的领袖当中只有少数遇害。[23]

诚然,这场大屠杀阻碍了西婆罗洲在未来的政治发展。消灭当地精英为日本人主导地方行政创造了条件,但同时给特定的边缘化群体带来了意料之外的地方政治参与机会……[24]

达雅克族在战前和占领时期无足轻重的地位反倒让他们战后和独立之初的关键时期受利。1945年10月30日,"达雅克人在行动"(Daya in Action)组织在普图西卡普阿斯胡鲁(Kapuas Hulu)成立,由F. C. 帕劳索卡(F. C. Palaunsoeka)和从达雅克学校选拔的教师担任领导。在成立一周年时,组织更名为达雅团结党(Daya Unity),其运行中心转移到了西婆罗洲行政和政治中心——坤甸下游。[25]

达雅克族显然从中得到了利益。在动荡时期,荷属东印度民政管理署同达雅团结党通力合作,共同维护着坤甸的法律和秩序。例如,在达雅团结党的拉拢下,荷属东印度民政管理署成功获得了麻江德萨(Majang Desa)民兵的支持和效忠。这批民兵在日本殖民统治时期曾与日本人发生过冲突。[26]荷属东印度民政管理署则通过提供公务员、警察和军队职务来笼络那些崭露头角的达雅克精英。此外,他们还成立了达雅克事务办公室,由亲荷兰的达雅克人奥瑞(Oeray)担任负责人。[27]多达8名达雅克人被指定为西加里曼丹委员会成员(共40名)。A. F. 科拉克(A. F. Korak)和奥瑞两位达雅克人于1948年被提拔为西加里曼丹特别地区(Special Region of West Kalimantan)区域执行委员会(Regional Executive Board)成员(共6名)。[28]达雅克人和荷属东印度民政管理署之间的密切联系为此后几年该群体政治意识的觉醒和种族认同感的萌芽奠定了基础。

注

1.PRO WO 208/104(1945-04-21)。

2.Paul H. Kratoska 编《食品供应和日本占领下的东南亚》(*Food Supplies and the Japanese Occupation in Southeast Asia*)第150页。

3.同上第159页。关于战前的自给政策,参见《东南亚研究》期刊(*Journal of Southeast Asian Studies*)1998年3月第1卷第29期第8—23页。

4.Anthony Reid 和 Oki Akira 编《日本人在印度尼西亚:1942年—1945年精选回忆录》(*The Japanese Experience in Indonesia: Selected Memoirs of 1942-1945*)。

5.参见第七章。

6.John Maxwell Hall 著《基纳巴卢游击队:1943年10月10日的记述》(*Kinabalu Guerrillas:An Account of the Double Tenth 1943*)第152页;Paul H. Kratoska 编《战时日本帝国对东南亚少数民族的影响》(*Southeast Asian Minorities in the Wartime Japanese Empire*)第111、113页。

7.Donald Knox 著《死亡行军:巴丹的幸存者》(*Death March:The Survivors of Bataan*)。

8.Edward F. L. Russell 著《武士道:日本战争罪行简史》(*The Knights of Bushido:A Short History of Japanese War Crimes*)第120页。

9.L. E. Morris 的档案,IWM 91/18/1。曾被关押在峇都林当的希拉里·E. 贝茨小姐(Hillary E. Bates)在她的战时日记中提到大屠杀的日期是"8月17日"。参见希拉里·E. 贝茨小姐的档案,IWM 91/35/1。在澳大利亚和英国的档案中还没有发现上述的"官方计划"。

10.L. E. Morris 的档案,IWM 91/18/1。

11.E. R. Pepler 的档案,IWM 88/33/1。1945年8月28日,菅辰次向峇都林当的囚犯们讲述了广岛和长崎的原子弹爆炸事件,并称自己是"恐怖轰炸"的受害者。

12.H. D. A. Yates 的档案,IWM,Con Shelf。

13.Agnes Newton Keith 著《三人归来》(*Three Came Home*)第178页。作者是一名美国人,她的儿子乔治(George)和丈夫 H. G. 基思(H. G. Keith)曾是英属北婆罗洲的护林员。

14.Athol Moffitt 著《翠鸟计划》(*Project Kingfisher*)第143页。

15.Tim Lindsey 和 Helen Pausacker 编《印度尼西亚华人:记忆、扭曲、遗忘》(*Chinese Indonesians:Remembering,Distorting,Forgetting*)第106页。

16.Athol Moffitt 著《翠鸟计划》(*Project Kingfisher*)第165页。

17. H. J. Benda、K. Irikura 和 K. Kishi 编《日本对印度尼西亚的军事管理：档案选编》（*Japanese Military Administration in Indonesia:Selected Documents*）第30页。

18. Ooi Keat Gin 著《"旭日"升起在婆罗洲：1941年—1945年日本占领下的沙捞越》（*Rising Sun Over Borneo:The Japanese Occupation of Sarawak 1941-1945*）第97页。另参见 R. H. W. Reece 著《以布鲁克之名：白种人拉惹政权在沙捞越的结束》（*The Name of Brooke:The End of White Rajah Rule in Sarawak*）第159页。

19. 《加拿逸地区1946年度报告》（*Annual Report of the District Officer, Kanowit, for the Year 1946*）。另参见 Leonard Edwards 和 Peter W. Stevens 著《老越和加拿逸地区简史》（*Short Histories of the Lawas and Kanowit Districts*）第164页。

20. Ooi Keat Gin 著《"旭日"升起在婆罗洲：1941年—1945年日本占领下的沙捞越》（*Rising Sun Over Borneo: The Japanese Occupation of Sarawak 1941-1945*）第97页。

21. 关于内陆的杀戮事件，参见《国际事务》（*International Affairs*）1950年7月第3卷第26期第360页。

22. Mary Somers Heidhues 著《西加里曼丹华人聚居区的淘金者、农民与商人》（*Gold-diggers,Farmers,and Traders in the Chinese District of West Kalimantan,Indonesia*）第210—211页。

23. 1943年12月20日，达雅克区的区长豪斯曼·巴博（Hausmann Baboe）与荷兰前总督哈加等人一起被日本人处决。巴博在20世纪二三十年代致力于弘扬达雅克人的民族意识，参见 Henk Schulte Nordholt 和 Samuel Hanneman 著《过渡中的印度尼西亚：重新思考公民社会、地区与危机》（*Indonesia in Transition:Rethinking Civil Society, Region and Crisis*）。

24. Jamie S. Davidson 的文章《"原始"政治：印度尼西亚西加里曼丹的达雅克团结党的兴衰》（*"'Primitive' Politics:The Rise and Fall of the Dayak Unity Party in West Kalimantan,Indonesia"*）。

25. 同上第11页。

26. 在桑高（Sanggau）的一座伐木场内，一名员工因为过失而被日本人扇了一巴掌，这件事引发了达雅克人对日本人发动全面的武装斗争。这场袭击就是著名的麻江德萨战役（Majang Desa War）。参见 Marchus Effendi 著《西加里曼丹人民抗争史》（*Sejarah Perjuangan Kalimantan Barat*）第72—95页。另参见 The Okuma Memorial Social Sciences Research Institute 编《日本对印度尼西亚的军事管理》（*Japanese Military Administration in Indonesia*）第211页。

27. Yong Mun Cheong 著《H. J. 范·穆克与印度尼西亚独立：1945年—1948年他在

荷印关系中的角色》(*H. J. van Mook and Indonesian Independence: A Study of His Role in Dutch-Indonesian Relations, 1945-1948*)第88页。

28.Jamie S. Davidson 的文章《"原始"政治：印度尼西亚西加里曼丹的达雅克团结党的兴衰》("'Primitive' Politics:The Rise and Fall of the Dayak Unity Party in West Kalimantan,Indonesia")第12页。

第十章

时 代 的 落 幕

继珊瑚海战役（1942年5月）、中途岛战役（1942年6月）、瓜达尔卡纳尔岛战役（1942年8月）失利以及争夺瓜达尔卡纳尔岛（1942年11月）失败之后，太平洋战争的天平开始向盟军倾斜。但是直到半年之后，也就是1943年6月，美国指挥官——道格拉斯·麦克阿瑟将军（1880—1964）和切斯特·W. 尼米兹（Chester W. Nimitz）上将（1885—1956）——才在太平洋发动他们蓄谋已久的进攻。[1]麦克阿瑟、南太平洋地区指挥官威廉·哈尔西（William Halsey）海军上将和中太平洋部队（Central Pacific Force）指挥官雷蒙德·斯普鲁恩斯（Raymond A. Spruance）海军中将[2]成功从日本人手中夺取了一座又一座日本人占领的岛屿和城市，包括所罗门群岛、布干维尔岛、拉包尔、塔拉瓦（位于吉尔伯特群岛）、马绍尔群岛、新几内亚和马里亚纳群岛。[3]1944年6月，美国占领塞班岛和马里亚纳群岛，几乎是打开了日本帝国的"正门"。此时日本列岛已处于美国B29轰炸机的射程之内[4]，东条英机首相因对军事挫败负有责任而辞职[5]。日本人正紧张地等待着美国锁定下一个目标：琉球群岛、千岛群岛或者菲律宾群岛。

在战略问题上，美方曾出现过分歧。美国舰队总指挥官欧内斯特·J. 金（Ernest J. King, 1878—1956）海军上将建议绕过吕宋岛直接攻打中国台湾，甚至是日本本岛。但麦克阿瑟此前做出过"必将返回"菲律宾的政治承诺，所以对该提议感到十分愤怒。

之后在1944年10月3日，美方最终决定攻占菲律宾，这让麦克阿瑟大为高兴。美军计划为麦克阿瑟登陆吕宋岛（1944年12月）提供海军支持，紧接着派尼米兹的舰队继续攻占硫黄岛和冲绳。10月，麦克阿瑟和哈尔西的军队突袭了莱特岛。莱特湾战役（1944年10月）是太平洋战场上最大的一场海战，这场战役削弱了日本对菲律宾的控制。他们的下一个目标似乎就是婆罗洲了。

面对麦克阿瑟

早在1943年下半年时候，山胁正隆（Yamawaki Masataka）中将就针对日本不断恶化的军事形势，向大本营提议将婆罗洲守备军改造成一支作战部队。日本方面准确预测到麦克阿瑟的下一个行动目标是菲律宾和中国台湾，因此塞班岛的沦陷使得婆罗洲更具战略重要性了。考虑到这一点，东京大本营最终采纳了山胁正隆的建议。

第一步是在1944年4月将婆罗洲守备军总部从古晋迁至哲斯顿，随后将其编入第7方面军。与此同时制定计划，加强婆罗洲守备军对北婆罗洲的防御力。鉴于麦克阿瑟的跳岛战术，日本帝国陆军预测"敌方会在1945年1月左右对苏禄群岛和北婆罗洲发起反攻"[6]。应对此种情况，婆罗洲守备军的部队编排如下：第56独立混合旅团负责保卫打拉根、斗湖、塔威塔威岛；独立守备步兵第41大队负责保卫山打根及附近地区；独立守备步兵第40大队负责维持哲斯顿以南的北婆罗洲地区的安全和秩序。[7]此外，日方还亟须在北婆罗洲各地建设11处空军基地，分别分布在斗湖、山打根、古达、哲斯顿、纳闽、美里、民都鲁、诗巫、诗巫遥、小苏比岛（Subi Kecil Island）、古晋。在这些军事设施内，盟军战俘充当着日本人的苦力，引进的爪哇劳工则从事着繁重的军事机场建造和修理任务。尽管如此，这些劳工依旧无法满足基地的人力需求，而且在当时，石头、沙子、水泥等建材采购起来也非常困难[8]，因此空军基地的准备工作进展得十分不顺。

1944年的最后一个季度，随着战争形势越发严峻，日本帝国制定了具体的应对措施。9月10日，婆罗洲守备军改由当时总部设在马尼拉的南方军（Southern Army）直接指挥。9月22日，婆罗洲守备军成为第37军。同时，日本帝国海军西南方面舰队（Southwest Area Fleet）被分配以下任务：

> 为了加强婆罗洲的防御，海军应加紧封锁塔威塔威岛附近的海上路线、邦耳岛和巴拉巴克岛附近的海上线路、山打根湾附近海域和文莱湾的入口。[9]

1944年8月，西南方面舰队要求在文莱湾建立海军基地，以便接待正在赶往菲律宾地区的日本帝国海军联合舰队。一场决定性的海战预计将在菲律宾上演。为阻止敌人登陆，日方已在文莱湾埋设了地雷。到9月中旬，海军基地建立完成，10月初，联合舰队停泊在文莱湾。

1944年12月初，南婆罗洲被纳入第37军的作战区，位于巴厘巴板的海军第22特别根据地队由日本帝国陆军控制。到1944年末，第37军的准备工作和兵力扩充基本已全面完成。日本帝国陆军对当时的战争形式、敌方计划和倾向进行了预估。

> 1944年10月20日左右，美军登陆菲律宾莱特岛，大本营命令执行"Sho Ichi Go"行动，决意在岛上打一场决定性战役。12月中旬，随着形势恶化，日本撤出莱特岛。当时美方舰队正航行于南海，他们轻易就能登陆婆罗洲的主要战略区。
>
> 美军很有可能会攻击吕宋岛。在菲律宾完成扫荡行动后，他们便会着手攻击日本。根据情报，澳大利亚军队将负责占领婆罗洲地区。英国和澳大利亚军队预计将对马来西亚半岛两侧海岸发动联合攻击，以收复该地。从他们的作战准备，特别是空军和海军的建设来看，澳大利亚军队应该会在1945年3月左右开始对婆罗洲发起进攻。
>
> 针对澳大利亚的婆罗洲占领计划，我们的预测是：澳大利亚军队将会在美国空军和英国舰队的协助下，攻占东海岸战略地区的一些空军基地。与此同时，他们将登陆西海岸的战略要地，特别是文莱附近。之后他们会在婆罗洲西部扎稳

脚跟,以便从东边进攻马来亚。这是他们整体战略的一部分。

考虑到第37军主力部队部署在婆罗洲东北部,加强该军在西海岸战略地区的部署变得刻不容缓。现部署在东部地区的军队应尽快转移到西部地区。[10]

应上述要求,东部地区的军队不得不在茂密的雨林和荒凉陡峭的山区间急行,疾病(特别是疟疾)、营养不良以及恶劣的热带气候和复杂的地形给队伍造成了严重的伤亡。其结果无疑是惨重的。"当敌军于6月登陆文莱湾时……我军只有一半的兵力抵达西海岸",但由于体力不支,武器等物资不足(留在了先前的阵地),"他们的有效战斗力几乎为零"[11]。

尽管如此,第37军部署兵力(表10.1),已做好了背水一战的准备。

表10.1 日本帝国陆军第37军在婆罗洲的部署情况

地点	军队	
	1944年10月下旬	1945年2月至3月
哲斯顿	陆军指挥部	陆军指挥部 第25独立混合联队
塔威塔威岛	第25独立混合联队 (除第2营)	—
打拉根	第454独立步兵营 第455独立步兵营 第2海军守备部队	第455独立步兵营 第2海军守备部队
斗湖	第56独立混合旅团 (除第371独立步兵营)	5个步兵营
山打根	第371独立步兵营 第554独立步兵营 第25独立混合联队第2营	
古达	第432独立步兵营	
美里	第553独立步兵营	
古晋 纳土纳群岛	第71独立混合旅团*	第71独立混合旅团

注:*没有完全组织起来,大约有一个半营的兵力。
出处:《婆罗洲行动,1941年—1945年》第38—39、41页。

两栖登陆前的秘密行动[12]

盟军情报界曾讨论过派遣一小批精心挑选的军官穿越日军防线，深入婆罗洲腹地，组织当地民众对石油设施等关键目标发动游击战。这些早期提议被统称为"婆罗洲计划"。该计划为特种侦查部[13]在被占领的北婆罗洲和沙捞越开展秘密行动（北婆罗洲战役[14]启动的前几个月，也即1945年6月初）埋下了伏笔。

婆罗洲计划的实施穿插在一系列分别针对北婆罗洲和沙捞越、代号为"沙蝇"和"蚂蚁"的长期行动中。[15]沙蝇行动和蚂蚁行动为澳大利亚军队在文莱湾-纳闽岛地区登陆（北婆罗洲战役）打下了基础。特种侦察部的行动集中于两大重要目标：收集情报；组织（包括训练和武装）当地民众进行游击战。

沙蝇行动先于北婆罗洲战役执行。1945年3月初，F. G. L. 切斯特少校命令沙蝇行动Ⅰ分队在拉卜湾（Labuk Bay）附近着陆。着陆不到一周，沙蝇行动Ⅰ分队就与位于巴切勒（Batchelor）的荷兰无线基站和位于林依尔（Leanyer）的特种侦察部无线基站建立了联系。他们在被占领的北婆罗洲苏古特（Sugut）上游的双溪建立了一座战地指挥部，物资空投区设在加姆博干岛（Jambongan Island）。军用物资的准确投放据称是在4月底和5月初完成的。另外，他们还在洛科帕斯（Lokopas）建立了一个中央信号站，在加姆博干岛上为当地居民修建了一座医院。两个月后，古达地区的R. G. P. N. 库姆（R.G.P.N. Combe）少校带领沙蝇行动Ⅱ分队在派坦湾（Paitan Bay）登陆。[16]库姆在必达士（Pitas）地区组织游击活动，并建立了情报网络。由切斯特带领的沙蝇行动Ⅲ分队负责哲斯顿-根地咬-保佛一带的任务。

与此同时，在沙捞越，特种侦查部小组空降文莱湾山区腹地的计划也正在形成中。他们最初指定的目标地区是巴兰、林梦和特鲁桑的上游源头,之后作战区域扩展至北婆罗洲帕达斯山谷(Padas Valley)、南部的前荷属婆罗洲以及东南方向的拉让河上游。这些代号为"蚂蚁"的侦察任务均由 G. S. 托比·卡特(G. S. Toby Carter)少校率领执行。但随着事态的发展,蚂蚁行动被划分成了3个部分:蚂蚁行动Ⅰ、蚂蚁行动Ⅱ和蚂蚁行动Ⅲ,分别由汤姆·哈里森(Tom Harrisson)少校、卡特和 W. L. P. 比尔·索孔(W. L. P. Bill Sochon)上尉指挥,目标地点分别是特鲁桑山谷和腹地、巴兰山谷和腹地等。

1945年3月下旬,哈里森和蚂蚁行动Ⅰ成员空降在可拉必高原的峇里奥(Bario)。[17]哈里森先是在峇里奥建立了一处基地,5月下旬当地劳工建造完成一条轻型飞机跑道后,哈里森又将基地转移到了巴旺谷(前荷属婆罗洲境内)内的贝拉维特(Belawit)。4月中旬,卡特和他的队伍(蚂蚁行动Ⅱ分队)空降到峇里奥。这时的峇里奥已然成为一处牢靠的特种侦察部基地,他们将在此获得可拉必人的全面支持。抵达后不久,蚂蚁行动Ⅱ分队成员转移至巴兰山谷,并在肯亚人的中心地带隆亚甲(Long Akah)安顿了下来。卡特也得到了肯亚人的热心支持。5月下旬,索孔离开卡特的队伍,带领蚂蚁行动Ⅲ分队前往拉让河上游的美拉牙,在那里他们建立了自己的行动基地。肯亚人和伊班人都积极参与了蚂蚁行动。以游耕为生的普南人也向索孔一行人伸出了援助之手。

在6月10日北婆罗洲战役启动之前,北婆罗洲和沙捞越北部的特种侦查部特工(沙蝇行动成员和蚂蚁行动成员)正在将情报发送给托马斯·阿尔伯特·布莱梅(Thomas Albert Blamey)将军的高级陆上指挥部(Advanced Land Headquarters,位于哈马黑拉群岛的摩罗泰岛)。[18]此外,特种侦查部各分队,尤其是蚂蚁行动分队,也正在各自的行动区域组织、训练和武装当地的游击队。北婆罗洲战役启动的第4天,蚂蚁行动Ⅱ分队占领了巴兰的弄拉玛(Long Lama)的日本无线基地。在执行任务的前一天晚上,蚂蚁行动Ⅱ分队对文莱湾附近的小规模日本守备军发动了攻击。

除了通过沙蝇行动和蚂蚁行动野外队收集情报外，特种侦查部还执行了代号为"种马（Stallion）"的侦察任务，收集关于文莱湾内陆地区地形和敌方部署情况的详细信息。[19]1945年4月29日，一项分阶段计划拟定完成[20]，概要如下：

（1）通过沙蝇行动和蚂蚁行动野外队收集所需信息。

（2）抽选文莱湾－金马利湾（Kimanis Bay）的本土人进行审讯。

（3）撤离乌苏干湾（Usukan Bay）的当地民众，将敌方注意力转向古打毛律－兰港（Langkon）地区。

（4）对丹戎诺松（Tanjong Nosong）到丹戎巴葛（Tanjong Papar）一带的金马利湾（Kimanis Bay）地区进行近距离侦察。

（5）提供特种部队分队和特殊任务分队：澳大利亚第9师增加1支特种部队分队和1支特殊任务分队；澳大利亚第20步兵旅增加1支特种部队副分队；澳大利亚第24步兵旅增加1支特种部队副分队。野外队（沙蝇行动分队、蚂蚁行动分队、种马行动分队）、澳大利亚第9师总部、澳大利亚第20步兵旅、澳大利亚第24步兵旅和位于摩罗泰的高级陆上指挥部（特种侦察部的区域指挥中心也位于此）之间建有无线传输网络，这些分队的任务就是通过无线传输接收来自野外的情报。

总体来看，沙蝇行动和蚂蚁行动都基本达成各自的目标，特别是在收集情报（敌方的部署和行动、地理／地形数据）和组织由欧洲人训练、武装和指挥的本地游击队方面。此外，野外队和当地酋长之间也建立了融洽关系，在某种程度上对一个类似战前政府的重建工作起到了促进作用。

沙蝇行动和蚂蚁行动对北婆罗洲战役的直接贡献是向澳大利亚第9师持续提供了关于敌方动向、焦点和部署情况的可靠情报。种马行动提供的个别情报尤其实用。一份有关特种侦查部活动对北婆罗洲战役的贡献的报告这样评价道,"负责占领的先头部队所获得的宝贵情报很多都是特种侦查部特工在执行种马行动时不畏艰险、出生入死收集而来的"[21]。

夺回婆罗洲——婆罗洲战役

1944年7月(珍珠港太平洋战略会议召开期间)……麦克阿瑟出于私心下达了关于澳大利亚军队未来部署的命令:他们必须把所罗门群岛、新不列颠岛和澳大利亚新几内亚的剩余领土上的日本人清理掉,并在美军攻入菲律宾后提供1个师的增援,稍后再提供第2个师。[22]

麦克阿瑟禁止澳军参与他的菲律宾战役。简单来说,"对麦克阿瑟(和大多数美国领导者)而言,这是一场恩怨之战(夺回菲律宾),其他人不必参与进来"[23]。因此,在布干维尔(澳大利亚帝国军第3师)、新不列颠(澳大利亚帝国军第5师)和新几内亚(澳大利亚帝国军第6师)的战役中,澳大利亚军队逐渐接替了美军,以便美军为菲律宾战役重新部署兵力。

受麦克阿瑟的指示,布莱梅亲自负责新几内亚战役。由于战况进展缓慢,布莱梅未能赢得麦克阿瑟的重视,因此在1943年早期布纳(Buna)被占领后,布莱梅又被调回了盟军陆上指挥部。他在西南太平洋战区的盟军陆上指挥官角色实际上如同虚设,因为所有的决策和重要责任仍是由麦克阿瑟或者布里斯班的西南太平洋战区总司令部在承担。

澳大利亚和美国之间的盟友关系时而也会变得紧张。麦克阿瑟的勃勃野心（尤其是他想重新夺回菲律宾）和孤傲性格与布莱梅的沉稳内敛、平易近人形成巨大反差。麦克阿瑟希望西南太平洋战区完全成为美国的战区，他无视澳大利亚作为盟友的身份，只想将所有功绩据为己有。

>在后续的战争中，英勇善战、久经沙场的澳大利亚军队被排挤出主力之列，他们通常只能在一些环境苛刻的地区进行琐细的扫荡行动。这让许多军官和士兵深感懊恼，同时令这个任由麦克阿瑟横行霸道的软弱政府蒙羞。[24]

最后还是在澳大利亚总理约翰·柯廷（John Curtin，1941—1945）的不懈坚持下，收复婆罗洲的功劳才得以被归于澳大利亚第7师和第9师，美国海军只是起到辅助作用。

婆罗洲战役由麦克阿瑟在西南太平洋战区总司令部的手下策划，执行任务的主力军是澳大利亚军队。婆罗洲战役是蒙特克莱尔计划的第2阶段，该计划旨在夺回被日本占领的西南太平洋领地。1945年4月中旬，美国重新占领了菲律宾西部，蒙特克莱尔计划的第1阶段完成。在OBOE阶段，盟军将重新占领婆罗洲，消灭荷属东印度群岛的日军，包括夺取爪哇岛和重新建立荷属东印度政府。原定于1945年2月执行的婆罗洲战役总共有6项，但真正得到执行的只有3项：打拉根收复行动（1945年5月1日）——打拉根，北婆罗洲战役（1945年6月10日）——文莱湾和纳闽，巴厘巴板收复行动（1945年6月1日）——巴厘巴板。[25]澳军在婆罗洲的军事行动见地图10.1。

1944年9月12日至16日的第2次魁北克会议原则上商定于1945年中期收复婆罗洲，届时婆罗洲油田将被利用来为英国太平洋舰队提供燃油，他们将同美军一道挺进日本列岛。尽管魁北克会议已做出决定，且婆罗洲对于收复马来亚和爪哇而言有着明显的战略意义，但麦克阿瑟却似乎将重点放在菲律宾以及直抵日本本岛的跳岛战术。这样一来，婆罗洲就显得无足轻重了，而要将燃油运给直抵日本的军队也会因为距离过于遥远而异常艰难。

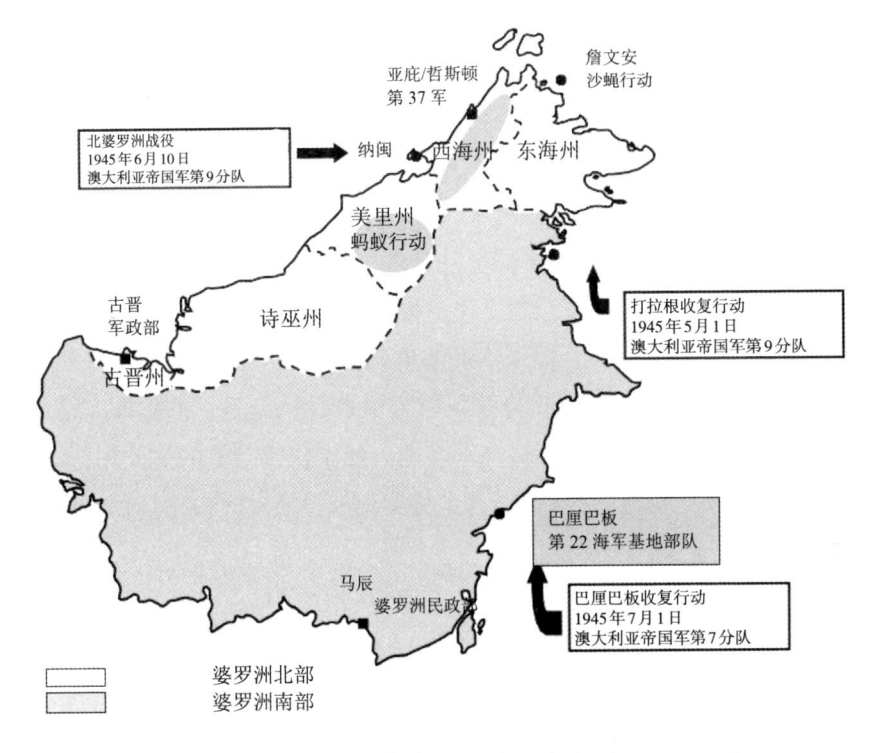

地图10.1　1945年，澳军在婆罗洲的军事行动

因此，在1945年早期，英国和澳大利亚军界对是否有必要争夺婆罗洲这一问题一直持保留意见。但在布莱梅向麦克阿瑟转达澳大利亚方面的担忧，并提议搁置婆罗洲计划时，麦克阿瑟却断然拒绝了他的提议。麦克阿瑟给出的理由是，整个指挥系统已同意重新攻占婆罗洲。

> 婆罗洲战役……是由美国参谋长联席会议（Joint Chiefs of Staff）下令的。参谋长联席会议奉联合参谋首长团（Combined Chiefs of Staff）之命负责太平洋地区的战略规划……撤军不仅

会打乱目前的计划,还会打乱参谋长联席会议的战略计划。[26]

打拉根收复行动于1945年4月下旬开始执行,5月1日实现两栖登陆。打拉根与南婆罗洲东北海岸隔海相望,那里有乔埃塔(Djoeata)油田和一座机场。[27]打拉根收复行动由澳大利亚帝国军第1军团第9师的单位负责执行,它们包括第2/23步兵营、第2/24步兵营、第2/48步兵营、第2/3先锋营、第2/4骑兵突击中队和荷属东印度群岛联队。由于日军大部分都驻扎在内陆总部,并且此前海军已经进行了一轮轰炸,澳大利亚军队很顺利地就登上了岸。他们首日便向内陆推进了两公里,中途没有遇到重大阻碍。但在攻下福角(Fukukaku)后,他们到6月15日才占领打拉根。之所以将打拉根作为攻占目标,除了油田外,还因为这里有一座机场,可以用作空军基地,便于执行其他的婆罗洲行动。但机场维修相当费时费力,到6月北婆罗洲战役启动时,机场仍无法完全投入使用。

由于人员和装备未能按时抵达,原定于1945年5月23日的北婆罗洲战役的登陆计划不得不推迟到6月10日。[28]这又进一步导致巴厘巴板收复行动(目标为石油资源丰富的巴厘巴板)的期限缩短至一个月不到。因此北婆罗洲战役必须在计划的期限内完成,因为登陆巴厘巴板需要一定数量的攻击船和装备。[29]

6月5日至9日,B24和B25轰炸机开始进行空中轰炸。澳大利亚第1军团第9师第20步兵旅对登陆点文莱湾进行了扫荡和排雷。澳大利亚第20步兵旅团(第2/13步兵营、第2/15步兵营和第2/17步兵营)的任务是攻占文莱湾南部的老越地区至西南方向的文莱-林梦地区,以及诗里亚-美里地区。与此同时,澳大利亚第24步兵旅团(第2/28步兵营、第2/32步兵营、第2/43步兵营、第2/11骑兵突击中队、第2/3反坦克团、第2/2机枪营)负责拿下纳闽岛、克里亚斯半岛(Klias Peninsula)和保佛-巴帕(Papar)地区。

关于这些战地行动的报告中充斥着诸如"微弱的反抗""轻微的反

抗"或"没有强烈的反抗"之类的语句。不过一个值得注意的例外是第2/28步兵营在纳闽的遭遇。他们"在机场和西部的沼泽之间的崎岖地带遇上了强大的敌方阵营"[30]，经历11天的酣战，纳闽才被攻下。[31]另一个例外是6月27日开始的保佛战役，第2/23地步兵营和第2/3反坦克团"在城镇以东的高地遭遇了敌方的猛烈反击……激战持续到了次日晚上，最后敌方不得不向东撤退"[32]。

到7月中旬，从北部的巴帕到南部的美里之间的所有重要地区均已被澳大利亚占领。北婆罗洲战役阶段似乎发生了一起暴行。

> 更可怕的是，人们在一座村庄发现了6名瘦弱的澳大利亚人：他们是山打根死亡行军中唯一的幸存者。而在行军中被卫兵杀害或死亡的澳大利亚和英国战俘有2000名之多。有着猎首传统的土著人开始追杀日本人，他们甚至连投降的6000人也不放过。这6000人中很少有人在这场屠杀中幸存下来。大部分澳大利亚军人对这数千名投降的日本人都抱有憎恨、不解和同情相交织的复杂情感，他们几乎没有对自己以及同伴所经受的恐惧实施报复，"保佛事件"的确是个例外。[33]

目前尚不清楚所谓的"保佛事件"是否属实。被特种侦查部游击队杀害的1155名日本人（表10.2）会不会是土著猎首屠杀计划的一部分呢？到目前为止，还没有任何与这一暴行有关的书面证据[34]。

此时，欧洲正在庆祝德国的战败（1945年5月8日）。而在太平洋这边，胜利似乎不会来得很轻易。在一次广播中，丘吉尔向英国公民这样提醒道："我们绝对不能掉以轻心，日本虽历经磨难和失败，但仍是一个拥有数千万人口的国家，他们的战士并不惧怕死亡……"[35]

根据计划，针对南婆罗洲石油基地的巴厘巴板收复行动将在1945年7月1日启动，袭击目标是巴厘巴板的炼油厂、港口和两座机场。巴厘巴板收复行动由澳大利亚第1军团第7师负责执行，该师将使用两个

· 235 ·

旅：第21步兵旅和第25步兵旅。参与单位包括：第2/27步兵营、第2/12步兵营、第2/10步兵营、第2/9步兵营和第2/1先锋营。由于敌方在海岸安扎了火力，他们只在通往克兰达桑（Klandasan）为主的指定海岸登陆点的道路上进行了排雷。排雷和水下爆破是在海军轰炸敌方海岸阵营的同时进行的。除了在交火过程中登陆艇受到轻微损坏外，登陆部队在海岸上几乎没有遭遇反抗。到7月9日，巴厘巴板镇、港口和两座机场全部被控制，最后一个目标——米尔福德公路（Milford Highway）—巴托坎帕（Batochampar）地区也在一场激战之后于7月22日被攻占。

巴厘巴板收复行动是太平洋战争中的最后一次大规模行动，也是澳大利亚帝国军最大的一次两栖行动。总体而言，尽管澳大利亚在两栖作战方面缺乏经验，但他们仍然高效而顺利地夺回了婆罗洲。双方在婆罗洲战役期间的死亡人数分别为568人和4576人（表10.2）。

表10.2 婆罗洲战役期间的伤亡人数，1945年5月至8月

	死亡数量	额外的预估死亡人数	被特种侦查部的游击队杀害的人数	战俘
打拉根收复行动（5月1日）				
日本人	1542	235	39	353
澳大利亚人	225			
北婆罗洲战役（6月10日）				
日本人	1234	141	1155	130
澳大利亚人	114			
巴厘巴板收复行动（6月1日）				
日本人	1800			
澳大利亚人	229			

出处：《婆罗洲行动，1941年—1945年》第62、90页；《胜利：第二次世界大战史诗，1939年—1945年》第312—313页；《六年的战争：1939年—1945年澳大利亚简明历史》第461页。

1945年7月，美国、英国和苏联在波茨坦达成协议，将利用原子弹加速日本帝国投降，彻底结束太平洋战争。8月6日，世界上第一颗原子弹投向广岛，致使岛上14万名居民丧生，距原子弹爆炸点2公里半径内的所有建筑被毁。8月9日在长崎投放的第2颗原子弹造成了大约7.4万人死亡。[36]8月15日，天皇宣布接受促令日本无条件投降的《波茨坦公告》，并在随后号令所有日本帝国军队停止敌对行动，交出武器；在预先录制的广播中宣布日本民族必须"忍受难以忍受"的痛苦并接受失败，这是日本人民第一次听到天皇的声音。

余波

1945年日本投降后，已于6月登陆文莱湾的澳大利亚第9师用了1个月的时间才有效控制沙捞越和前英属婆罗洲。除了内陆还剩几支分散的日军单位没被肃清和解除装备外，军事行动基本已经结束。最后1支撤退到沙捞越东北部的特鲁桑上游的日本部队藤野队（Fujino）最终于11月8日投降。

9月，英属婆罗洲民事股下设军事管理机构[37]，其权力自1946年1月起转移至第50民事股，即之后的英属婆罗洲军事管理局。英属婆罗洲民事股实际上是一所澳大利亚机构，而第50民事股才是英国的机构。英属婆罗洲民事股和英属婆罗洲军事管理局都对战后平民的迫切需求给予了及时关注。1946年4月12日，拉惹查尔斯·维纳·布鲁克回归后，文职政府恢复为战前的布鲁克政府。随着1946年5月17日《割让法案》的通过，沙捞越归属英国，并于1946年7月1日成为英国的直辖殖民地。7月15日，特许公司将英属北婆罗洲的主权移交给了英国君主。整个北婆罗洲（包括纳闽在内）也成为英国的直辖殖民地。

与此同时，在战前荷属婆罗洲领地，穆罕默德·努尔[38]（Mohammad Noor）王子被印尼中央委员会（Komite Nasional Indonesia Pusat）任命为加里曼丹省省长。[39]印尼中央委员会由135名成员组成，其中包括印尼群岛上的各少数民族代表。1945年8月29日，印尼中央委员会在其成立大会上宣布"印尼人民将使用一切手段捍卫独立，每一个印尼人都有义务在自己的领域内为这一目标奋斗"[40]。苏加诺总统任命穆罕默德·努尔等人为8省省长，是为了让他们在各自省份内建立共和政府。[41]每位省长都配有1名来自印尼中央委员会的助理。

尽管两地在政权更替上都有了一定的进展，但在爪哇岛，英国军队仍面临着印尼共产党的武装反抗，而加里曼丹的总体情况则要稳定得多，在日本投降后，澳大利亚军队并没有在当地遇到任何重大的反抗事件。

> 但是，在日本投降之前，这些岛屿——婆罗洲和现在的东印度尼西亚（Negara Indonesia Timur）区域的群岛——一直属于西南太平洋地区，因此处于澳军的直接控制之下。我们必须把在这些岛屿上将布里斯班的荷属东印度临时政府与西南太平洋战区和东南亚战区指挥官共同制定的计划尽可能全面且顺利地加以执行。这些岛屿上几乎不可能出现（事实上也的确没有出现）任何民族主义反抗，因此澳大利亚军方可以出动较少的兵力，并且可以比爪哇和苏门答腊岛的东南亚战区指挥部的部队更早登陆……在这些地方，整个"荷属东印度民政管理署（Netherlands Indies Civil Administration）"计划实施得非常顺利，没有遇到重大的阻碍……[42]

上述"荷属东印度民政管理署"计划是指全面重建战前的荷属东印度政府。有趣的是，在马辰和巴厘巴板，澳大利亚占领军对印尼革命分子和当地共和分子似乎抱有一种同情心理。"有两名澳大利亚军方领袖随身携带着有关印尼独立斗争的小册子,他们还在马辰会见了一些杰出的民族主义运动领袖"[43]。青年革命战士(pemuda pejuang)组织也从澳大利亚人那里得到了一些轻武器,用于在游击战中对抗荷兰皇家东印度陆军。这些人都"怀着一个明显而强烈的信念,那就是不能让荷兰人将婆罗洲重新恢复到战前的状态"[44]。

到1946年3月,尽管巴厘巴板的革命战士(pejuang)和三马林达的民兵进行了卓有成效的反抗,但依然无法同荷兰的强大火力抗衡。荷属东印度民政管理署毫无悬念地夺取了控制权,为在婆罗洲建立由荷兰控制的联邦制国家铺平了道路。不过在1949年8月海牙圆桌会议召开之前,内陆地区仍不时会爆发武装反抗。

1946年中期,共和国代表苏丹·夏赫里尔(Sutan Sjarir)和荷兰总督J. H. 范·穆克(J. H. van Mook)之间的谈话陷入停顿,后者借此机会提议在外岛[45](特别是加里曼丹岛、苏拉威西岛、摩鹿加群岛和小巽他群岛)建立联邦体制。其实荷兰政府在早些时候就已经接受了这样一个事实:共和体制"可能会成为荷兰-印度尼西亚联盟(Netherlands-Indonesia Union)的一部分"[46]。1946年7月,在望加锡附近举行的马利诺会议(Malino Conference)发布了一项提议:在爪哇岛、苏门答腊岛、婆罗洲和群岛东部(东印度尼西亚)之间建立印度尼西亚联邦共和国,各成员享有平等的地位和权利。

为了推进联邦制,范·穆克效仿他在东印度尼西亚邦的做法,于1946年10月在婆罗洲成立了西加里曼丹议会(Dewan Kalimantan Barat),其成员包括48名各民族社区的代表、荷兰官员和新成立自治区的代表(各区1名)。范·穆克的政治议程中的"底万(Dewan)就是西加里曼丹的前身(见下文),他后来还创建了东南加里曼丹联邦(Federasi Kalimantan Tenggara)。他的最终目标是建立一个独立的"加里曼丹邦",就像由亲荷兰者执政的东印度尼西亚邦一样。

事实上,范·穆克的这一设想非常不切实际,因为坤甸苏丹哈米德二世谢里夫·哈米德·阿尔卡德里(Syarif Hamid Alkadri,被刺杀的苏丹谢里夫·穆罕默德·阿尔卡德里之子）和古泰苏丹帕里克西特（Parikesit）谁都不愿做出让步。

> 三马林达共产党人将帕里克西特也成功推举为了婆罗洲国的首任总统（Walinegara）候选人。帕里克西特之所以能被推举为总统候选人，一方面是因为他同父异母的兄弟阿吉王爵普拉诺托（Aji Pangeran Pranoto）支持共产党，另一方面是因为他想同亲荷兰的苏丹哈米德·阿尔加德里二世竞争总统职位。[47]

由于各方抵制亲荷兰的苏丹哈米德二世，范·穆克的设想只得作罢。加里曼丹的共产党分子利用荷属东印度民政管理署创建的底万来挫败荷兰的联邦体制计划。

尽管如此，印度尼西亚联邦共和国的概念还是被纳入了《林芽椰蒂协定》（*Linggadjati Agreement*）。该协定于1946年11月12日谈判达成，但直到1947年3月才正式签署。荷兰主张建立联邦体制是基于群岛在民族、文化、宗教、经济方面的多样性，以及爪哇岛和外岛在人口和资源方面的巨大差距。但一个显而易见的深层次原因是，荷兰想继续扮演重要角色，剥夺以爪哇岛为中心的共和国在政治舞台上的主导地位。

《林芽椰蒂协定》不可避免地走向了失败。1947年2月，荷兰创建了加里曼丹联邦（Federasi Kalimantan Timur）[48]，同年7月21日，荷兰对共和国发起所谓的"警察行动"。1948年1月的《伦维尔协定》（*Renville Agreement*）彻底结束了荷兰对共和国的敌对行动。此后不久，荷属东印度民政管理署成功地在西婆罗洲建立了一个自治区——"西加里曼丹特区（Daerah Istimewa Kalimantan Barat）"。

在此期间，荷兰殖民政府在荷兰皇家东印度陆军的支持下，大规模逮捕和监禁共产党人，同时还将民族主义领袖驱逐出境，以削弱他们的影响和活跃度。荷兰的此举对巴厘巴板造成了深远的影响。

这次大规模逮捕旨在削掉巴厘巴板的共产党领袖。由于荷兰殖民政府在军事上的优势,共产党武装斗争失败,在没有武装支持及缺乏领导层的情况下,共产党最终被迫解体。[49]

在《伦维尔协定》签署后不到一年,荷兰殖民政府又于1948年12月19日开展了第2次"警察行动",起因是9月初共和国挫败了一起共产主义运动,这一事件被称为"茉莉芬事件(Madiun Affair)"。还没等共产党领袖们稍作喘息,荷兰殖民政府就又发起第2次"警察行动",迅速逮捕了苏加诺、哈达、H. A. 萨利姆(H. A. Salim,外交部长)、M. 纳西尔(M. Natsir,信息部长)、A沙斯特罗阿米佐约(A. Sastroamidjojo,教育部长)和夏赫里尔(Sjahrir)。苏加诺、萨利姆和夏赫里尔被流放到北苏门答腊省的普拉帕特(Prapat),其他人则被驱逐到苏门答腊岛东边的邦加岛上自生自灭。

这时的国际舆论已经转向谴责荷兰。1949年8月23日至11月2日,荷兰当局同共产党在海牙召开圆桌会议,至此双方之间的深刻矛盾和长期斗争终于落下了帷幕。荷兰同意于12月27日将其控制下的新几内亚(今伊里安查亚)西部除外的领土的主权移交给独立的印度尼西亚联邦共和国。荷兰在加里曼丹建立的各个邦包括:西加里曼丹、东加里曼丹、东南加里曼丹(Kalimantan Tenggara)和大达雅克(Dayak Besar)。[50]

由于联邦体制与1945年基于单一国家概念的宪法讨论结果相违背,加之包括婆罗洲各邦在内的好几个独立邦均宣布接受成立统一的印度尼西亚国家,因此在1950年8月17日,也就是印尼独立5周年纪念日,统一的印度尼西亚共和国成立。

注

1. 太平洋被划分为两个战区：西南太平洋战区（包括澳大利亚、菲律宾、荷属东印度群岛等地）和南太平洋战区，即赤道以南的太平洋其余部分。麦克阿瑟指挥西南太平洋战区的作战任务，其余地区的作战任务则由尼米兹负责，后者是美国太平洋舰队的指挥官。参见 Ronald H. Spector 著《鹰与日的对决：美日战争》（*Eagle Against the Sun: The American War with Japan*）；D. MacIntyre 著《太平洋战争》（*The Battle of the Pacific*）。

2. 虽然哈尔西、斯普鲁恩斯与麦克阿瑟合作密切，但他们都受海军上将尼米兹指挥。

3. 这一战术被称为麦克阿瑟式"跳岛"或"蛙跳"战术。

4. 波音 B-29A "超级空中堡垒"的速度可达每小时550公里。

5. 小矶国昭（1880 — 1950）是继任首相。

6. 《婆罗洲行动，1941年 — 1945年》（*Borneo Operations, 1941-1945*）第23页。

7. 同上第25页。

8. 例如在20世纪30年代和60年代初，优质路石的短缺阻碍了沙捞越道路网络的扩张。战后的一项研究对路石严重短缺的情况这样描述道："只有西沙捞越有优质的路石资源，除此之外就只能跨越将近160公里长的海岸线，到北婆罗洲的东南部寻找了。"参见《沙捞越博物馆馆刊》（*Sarawak Museum Journal*）1962年第19、20卷合集第11期第563 — 589页。

9. 《婆罗洲行动，1941年 — 1945年》（*Borneo Operations, 1941—1945*）第29页。

10. 同上第37 — 38页。

11. 同上第41 — 42页。

12. 《澳大利亚战争纪念馆馆刊》（*Journal of the Australian War Memorial*）2002年10月第37期。

13. 澳大利亚特种侦察部直接向在墨尔本的澳大利亚陆军总司令托马斯·阿尔伯特·布莱梅（Thomas Albert Blamey）负责。澳大利亚特种侦察部由 P. J. F. 查普曼 - 沃克（P. J. F. Chapman-Walker）指挥，已经从盟军情报局撤出，其由来可以追溯到1942年4月成立的盟军服务部。特种侦察部由盟军特别行动局执行处（Special Operations Executive）的 G. E. 莫特（G. E. Mott）指挥。参见 Charles Greig Cruickshank 著《在远东的盟军特别行动局执行处》（*Special Operations Executive in the Far East*）。

14. 见之后的正文。

15.在马来语中,"AGAS"是"沙蝇","SEMUT"是"蚂蚁"。

16.在山打根一带(据悉这里关押着盟军的战俘)收集情报的计划在最终执行沙蝇Ⅱ行动时被取消了。参见第八章。

17.Tom Harrisson 著《世界的中心:婆罗洲故事》(*World Within: A Borneo Story*)。

18.麦克阿瑟前往摩鹿加群岛夺取摩罗泰岛时,绕过了有大量日本驻军和几座机场的哈马黑拉岛。摩罗泰岛成了西南太平洋战区的高级指挥部所在地。参见 Dan van der Vat 著《太平洋战争中的美日海战,1941年—1945年》(*The Pacific Campaign: The US-Japanese Naval War 1941-1945*)第420—421页。

19.AWM 54/627/4/13。

20.AWM 54/627/4/13。

21.AWM 54/627/4/13。

22.Dan van der Vat 著《太平洋战争中的美日海战,1941年—1945年》(*The Pacific Campaign:The US-Japanese Naval War 1941-1945*)第414页。

23.同上第414、420页。

24.同上第415页。

25.北婆罗洲战役Ⅰ行动——打拉根岛;北婆罗洲战役Ⅱ行动——巴厘巴板;北婆罗洲战役Ⅲ行动——马辰;北婆罗洲战役Ⅳ行动——爪哇;北婆罗洲战役Ⅴ行动——荷属东印度群岛的其他地区;北婆罗洲战役Ⅵ行动——婆罗洲的其他地区。参见 G. Hermon Gill 著《1942年—1945年的澳大利亚海军》(*Royal Australian Navy 1942-1945*)第636页。

26.William Manchester 著《美国的恺撒大帝:道格拉斯·麦克阿瑟,1880年—1964年》(*American Caesar:Douglas MacArthur 1880-1964*)第430—431页,《1942年—1945年的澳大利亚海军》第428—429页。在婆罗洲问题上,麦克阿瑟扮演着一个服从上级的士兵角色。但在启动针对菲律宾中部和南部共计7个岛屿的12次两栖登陆行动之前,他并没有事先征得参谋长联席会议的正式授权。被入侵的这些岛屿在同盟国的整体计划中没有任何直观的战略意义。

27.关于打拉根战役,参见 Peter Stanley 著《塔拉坎:澳大利亚的悲剧》(*Tarakan: An Australian Tragedy*)。关于北婆罗洲战役Ⅰ行动的细节,参见《婆罗洲行动,1941年—1945年》(*Borneo Operations, 1941-1945*)第49—68页。

28.Gavin Long 著《最后的战役》(*The Final Campaigns*)第457—458页。关于北婆罗洲战役Ⅵ军事行动的细节,参见《婆罗洲行动,1941年—1945年》(*Borneo Operations, 1941-1945*)第71—90页。另参见 Ooi Keat Gin 的文章《北婆罗洲战役Ⅵ行

动：澳大利亚1945年在婆罗洲西北部的两栖登陆作战》("Operation OBOE Ⅵ: The Australian Amphibious Landings in Northwest Borneo,1945")。

29.Glenn Wahlert 编《澳大利亚陆军在西南太平洋的两栖作战：1942年—1945年》(*Australian Army Amphibious Operations in the South-West Pacific: 1942-1945*)第73页。另参见Gavin Long著《最后的战役》(*The Final Campaigns*)第457页。

30.《婆罗洲行动，1941年—1945年》(*Borneo Operations, 1941-1945*)第78页。

31. 同上第79—80页。

32. 同上第85页。

33.A. K. Macdougall 著《胜利：第二次世界大战史诗，1939年—1945年》(*Victory:The Epic of World War II, 1939-1945*)第313页。

34. 然而，在战后，纳闽的战争罪审判法庭并没有提到这样的大屠杀。

35.《胜利：第二次世界大战史诗，1939年—1945年》第307页。

36. 关于原子弹爆炸的详细信息，参见 Atomic Bombs in Hiroshima and Nagasaki 编《广岛与长崎：原子弹爆炸对物理学、医学和社会的影响》(*Hiroshima and Nagasaki:The Physical, Medical, and Social Effects of the Atomic Bombings*)。

37. 关于在战后对沙捞越等英属北婆罗洲地区的军事管理，参见 Ooi Keat Gin 的文章《1945年—1946年沙捞越的军事管理与族群关系》("Military Administration in Sarawak and Interethnic Relations, 1945–1946")。

38. 在担任加里曼丹省省长（1945—1950）期间，穆罕默德·努尔（1901—1979，马辰人）一直留在日惹，因为他无法在荷兰控制的马辰居住和工作。

39. 加里曼丹在战后被广泛用于指代婆罗洲南部（战前的荷属婆罗洲）。

40. 关于宣言的全文，请参见Dimyati著《印度尼西亚斗争史》(*Sedjarah Perdjuangan Indonesia*)第95—97页。

41. 八个省分别是：西爪哇省、中爪哇省、东爪哇省、苏门答腊省、加里曼丹省（婆罗洲）、苏拉威西省（西里伯斯）、摩鹿加省和小巽他省。

42.F. S. V.Donnison著《1943年—1946年英国在远东地区的军事管理》(*British Military Administration in the Far East 1943-1946*)第433—444页。

43.Burhan Magenda 著《东加里曼丹：商业贵族的没落》(*East Kalimantan:The Decline of a Commercial Aristocracy*)，引用了在1978年8月30日与Husein Jusuf的访谈（第37页）。另参见Dhany Yustian著《1945年—1949年马辰马来人面对荷兰占领当地家园而进行的抗争》(*Gerakan Rakyat Banjarmasin Dalam Menghadapi Pendudukan Belanda di Banjarmasin, 1945-1949*)第64—68页。

44.Burhan Magenda 著《东加里曼丹：商业贵族的没落》(*East Kalimantan:The Decline of a Commercial Aristocracy*)，引用了在1978年8月30日与 Husein Jusuf 的访谈（第38页）。

45."外岛"是指爪哇岛以外的岛屿。

46.Bernhard Dahm 著《20世纪印度尼西亚的历史》(*History of Indonesia in the Twentieth Century*)第125页。

47.Burhan Magenda 著《东加里曼丹：商业贵族的没落》(*East Kalimantan:The Decline of a Commercial Aristocracy*)，引用了在1978年8月30日与 Husein Jusuf 的访谈（第42—43页）。

48.A. Arthur Schiller 著《1945年—1949年印度尼西亚联邦共和国的形成》(*The Formation of Federal Indonesia, 1945-1949*)第185—186页。

49.Burhan Magenda 著《东加里曼丹：商业贵族的没落》(*East Kalimantan:The Decline of a Commercial Aristocracy*)，引用了在1978年8月30日与 Husein Jusuf 的访谈（第40页）。

50.Kalimantan Tenggara 即现在的南加里曼丹，Dayak Besar 即中加里曼丹。

结语

"……这世上仍有很多人在祈愿和平。"
——马丁·吉尔伯特（Martin Gilbert）

太平洋战争无情地打破了婆罗洲的宁静。就像马来谚语"大象打斗的时候，夹在其间的鼷鹿也难逃一死"，日本帝国和英美盟军就是交战的两头大象，散布在各个岛屿上的少数民族则是这场激烈较量中被无辜践踏的鼷鹿。

在人们的记忆中，婆罗洲从未遭遇过如此大规模的战争。快速飞行的飞机投下毁灭性的炸弹，近海船只上炮弹轰鸣，装备精良的士兵冲向海滩，这些都是他们见所未见、无法想象的画面。

从1941年12月下旬到1945年8月中旬，日本对婆罗洲的军事占领持续了3年多，这对婆罗洲人民来说是一段纷乱而动荡的时期。人们的日常生活变得越来越难以为继，这里在被占领进入第2个年头后，情况进一步恶化，从肥皂到大米再到布料，几乎所有的生活物资都出现了严重短缺。商店货架上曾经有着琳琅满目的商品，现在变得空空如也。商品（尤其是以大米为原料的食品）价格不断攀升，1碗米粉或1小瓶食用油需要用越来越多日本发行的军票才能购买到。土著人们开始回归他们的传统生活，例如在没有火柴的情况下用原始的方法取火。随着布料短缺的问题变得日益严重，马来的信奉伊斯兰教的妇女不得不减少身上的衣物，甚至摒弃传统的面纱。

饭桌上少了食物还可以忍受，但因为没有向日本哨兵鞠躬而被打耳光则是一种耻辱。更糟糕的是，人们还得承受亲人或邻居可能被宪兵队带走的忧虑。有传言称，特警队一直在逮捕大人物，这些人一旦被拘禁，就再也没有音讯了。人们开始陷入一种不安情绪，因为下一个受害者指不定就是街上的哪个平头百姓。那些从幸存者口中讲述的关于宪兵队的恐怖和恶毒的故事让人们不寒而栗。

大多数人对被迫学习日语并没表现出反感，但向昭和天皇致敬就是另一回事了。很多人都对这种鞠躬礼感到不安和不自在，尤其是穆斯林和基督徒。日本学校的基础课程以及大多数组织培训，比如北婆罗洲志愿军（Kyodotai）、南方发展爱国团、海军预备军（Kaigun Heiho）等组织的培训，都会涉及体育锻炼、精神培养和纪律约束，这些对青少年来说都大有裨益。然而这些组织对待新加入的当地成员态度非常恶劣，并且惯用强迫手段，这使得当地人对他们愈加厌恶，也进一步减缓了日本化进程。以1945年8月解散的志愿军为例，该组织解散的6个原因当中有2个原因就与此有关，一是"当地人对日本人的厌恶"，二是"负责培训的部分日本士兵态度不友好"。[1]

日本殖民统治时期对婆罗洲产生了巨大影响，也在之后促进了一连串重大的发展。虽然这只是一个短暂的过渡期，但是成为战后一系列变革的重要推动因素。20世纪40年代末，除文莱外，婆罗洲各地的政治和治理状况都发生了改变。

澳大利亚军队占领婆罗洲后，在英澳军事管理不到一年的时间里，沙捞越和北婆罗洲分别于1946年7月1日和15日成为英国的直辖殖民地。特许公司将遭受严重破坏的北婆罗洲（尤其是西海岸）移交给英国政府的决定得到了公众的默许，但拉惹查尔斯·维纳·布鲁克将沙捞越割让给英国的决定却在当时引发了一定的争议和公众的反对。[2]文莱曾是英国的保护国，决定维持原状态。

荷兰曾试图在婆罗洲的各殖民领地建立一个国家，以免这些领地落入共产党之手，但未能成功。为了恢复殖民控制，荷兰也曾试图召集曾经的本土精英领袖和贵族，请求他们提供支持（例如马利诺会议），但这些精英要么已经在占领时期被杀，要么对社区的政治影响力很弱。在军事上，青年革命战士和民兵完全无法与荷兰人抗衡。但从政治上看，其在婆罗洲的领地也不可能再回到战前的殖民状态。荷兰的第2次"警察行动"激怒了支持苏加诺的共和事业的印尼人民（包括加里曼丹的人民）。之后在圆桌会议上，由荷兰成立的西加里曼丹、东加里曼丹、东南加里曼丹和大达雅克于1949年12月加入印度尼西亚共和国。此后不久，印尼人拒绝以联邦制为基础的印度尼西亚联邦共和国,并于1950年8月17日宣布成立印度尼西亚共和国。

日本殖民统治时期积累的经验改变了不同群体的世界观和人生态度。日本帝国野蛮而霸道的扩张政策和强硬的殖民政策让许多当地领袖和群众明白了一个道理：任何形式的帝国主义，无论是东方的还是西方的，都是不可接受的。日本的到来也让不同的人走向了不同的命运，有的积极配合他们并从中受益，有的则饱受歧视，这种差异反过来又增强了当地人的族群意识。他们开始意识到族群之间的界限、"我们"和"他们"的区别。渐渐地，相较于其他群体的利益、权利和身份，他们变得更加关心自身。但这种民族自信感的提升也加剧了民族之间的紧张关系。

日本帝国陆军的士兵和军官进入古晋和马辰，日本国旗在公共建筑上飘扬，日本帝国海军的船只和装备抵达巴厘巴板、日本围捕包括殖民官员在内的欧洲人并将他们关押在巴哈拉岛的营地内，盟军战俘向山打根和峇都林当的战俘营行进，任何人无一例外地都必须向日本步兵鞠躬，这些都已成为当地人记忆中不可磨灭的画面。尽管如此，日本的反同盟国宣传却起到了一定的积极作用，人们陆续见证了从打拉根到坤甸的荷兰殖民政府的垮台，古晋的军政部和马辰的婆罗洲民政部接管政权，"白种人优越"的普遍观念被打破，因此婆罗洲的人民有理由相信他们也能战胜日本。西方殖民者的失败无疑在一定程度上增强了包括当地领袖在内的各民族人民的自信心和坚定意志。

曾服务于日本战时政府的土著人（如沙捞越第2行政区受过良好教育的伊班精英，他们拥有相当大的权力和自由）从西方殖民者的失败中收获了宝贵的经验。更重要的是，这大大提振了当地人的自信，消除了他们在西方人面前的自卑感。就连唯一拒绝为军政部服务，选择加入特种侦察部先遣游击队的曾经的警务督察——伊班人爱德华·布兰达·萨班（Edward Brandah Saban）——也感受到了日本殖民统治时期对土著人的积极影响。战争结束后不久，安东尼·布鲁克（Anthony Brooke）拉惹在给他的侄子布兰达·萨班的信中这样写道：

> 如果我有机会管理沙捞越，为人民谋求福祉，我认为人们在未来的生活条件和社会地位不应该百分之百由西方人来决定……本地政府只需要30%的西方人，其余的应该全部是本土人。早在日本殖民统治期间，在沙捞越的我就已经有了这个想法。[3]

这不但增强了沙捞越人民的信心，给予了部分马来人对割让问题（1946—1949）提出异议的勇气，同时让加里曼丹的马辰人、马来人和达雅克人勇敢地选择了同共产党（总部位于爪哇）一道反抗荷兰势力。在深切体会到日本帝国主义和殖民主义的血腥压迫以及荷兰皇家东印度陆军对青年革命战士的残酷镇压后，加里曼丹人民义无反顾地支持共产党的事业，坚决不愿回到战前的殖民统治时代。

就连战前的精英阶层，比如加里曼丹的贵族阶层，也都有了心态上的转变。这在青年一代人身上表现尤为明显。一些贵族成员（例如古泰的中层贵族）展露出明显的亲共产党倾向，使得三马林达的共产党决定与他们建立合作。[4]

在日本帝国陆军控制的北婆罗洲，中国居民经受着更为煎熬的挣扎，其中最为突出的就是强制缴纳"赎金"。这给他们的经济和事业造成了前所未有的重创。另一方面，由于大多数中国人都是城镇居民，生活必需品（如大米等）高度依赖进口，因此他们还面临着基础物资的短缺。为了躲避日本敌人，他们逃到农村地区，艰苦地过起了农耕生活。总体来说，日本殖民统治时期中国人感受到了歧视，而本土居民相对而言生活得更加舒适。中国人不喜欢那些为军政部服务、会定期收到分配的大米的马来公务员和警察。他们把马来拿督、本土官员和公务员视作战前布鲁克和特许公司政权的"叛徒"，但一个被忽视的事实是，除了那些为军政部服务的马来人，大多数马来人的生活其实基本维持在温饱水平，所以对这部分人来说，战前和战后的生活基本没有什么变化。

从当地非穆斯林居民的角度来看，中国人与日本公司"合作"向当地农民强征大米的行为也构成了一种"背叛"。无论真假与否，这些想法都多多少少助长了仇恨，恶化了种族间的关系。在矛盾的激化下，伊班人重拾他们的猎首传统，在沙捞越中部的加拿逸屠杀了20多名中国人。

种族矛盾带来了一些可怕后果，但同时激发了他们的种族意识。如前所述，人们对他者有了更强烈的意识，这反过来又引发了对种族身份、社会经济利益和权利的关注，这些都是战后争论的焦点。沙捞越的马来人对割让领土的抗议就是这种民族意识的具体体现。

在西加里曼丹，达雅克人利用日本当局屠杀当地精英所造成的政治真空，通过组建达雅团结党来维系自身的生存。虽然达雅团结党同荷属东印度民政管理署是合作关系，但是前者勇敢地抨击了荷兰殖民政府，称荷兰殖民主义者"应对达雅克人在压迫下所经历的苦难负责"，还指责"荷兰人和马来精英'狼狈为奸'，限制达雅克族的权利和自由"。[5]这样的批判在战前殖民时期根本是不可想象的。达雅克族变得更加自信了，另一方面，荷属东印度民政管理署又必须争取达雅团结党的支持来对抗共产党。这样的战后环境给达雅克族的政治意识和种族认同感提供了生长的土壤。

总的来说，婆罗洲各族人民的种族意识、身份认同和对自身利益和权力的关注都得到了提升。在这些意识的影响下，不同地区的人民采取了不同的行动方针。

大多数印尼人选择驱走殖民统治者，开启了一个新的篇章，勇敢踏入了一个崭新时代。

注

1.《情报公报第237号第2182项：对北婆罗洲志愿军军官中尉 Yoshihiko Wakamatsu

和 Kenzo Morikawa 以及大尉 Ryuji Ikeno、Minoru Tasuma、Yoshio Watanabe 的审讯》(*Intelligence Bulletin No.237, Item 2182: Interrogation of Lieutenants Yoshihiko Wakamatsu and Kenzo Morikawa, and Captains Ryuji Ikeno, Minoru Tasuma and Yoshio Watanabe*)。

2. 关于沙捞越领土的争议,参见 R. H. W. Reece 著《以布鲁克之名:白种人拉惹政权在沙捞越的结束》(*The Name of Brooke: The End of White Rajah Rule in Sarawak*) 以及 Sanib Said 著《1946年—1966年的马来西亚沙捞越:寻求统一与政治优势》(*Malay Politics in Sarawak 1946—1966: The Search for Unity and Political Ascendancy*)。

3. 《爱德华·布兰达致安东尼·布鲁克》(*Edward Brandah to Anthony Brooke*)。

4. Burhan Magenda 著《东加里曼丹:商业贵族的没落》(*East Kalimantan: The Decline of a Commercial Aristocracy*),引用了在1978年8月30日与 Husein Jusuf 的访谈(第43页)。

5. Jamie S. Davidson 的文章《"原始"政治:印度尼西亚西加里曼丹的达雅克团结党的兴衰》("'Primitive' Politics: The Rise and Fall of the Dayak Unity Party in West Kalimantan, Indonesia")第12页。

缩略词对照表

缩写	机构名称（外文）	机构名称（中文）
ANRI	Arsip Nasional Republik Indonesia (National Archives of the Republic of Indonesia), Jakarta, Indonesia	印度尼西亚共和国国家档案馆（印尼雅加达）
ARA	Algemeen Rijksarchief (Royal Archives) The Hague, The Netherlands	荷兰海牙皇家档案馆
AWM	Australian War Memorial, Canberra, Australia	澳大利亚战争纪念馆（澳大利亚堪培拉）
CO	(British) Colonial Office, London, UK	英国殖民部（英国伦敦）
IWM	Imperial War Museum, London, UK	帝国战争博物馆（英国伦敦）
MFAA	Netherlands Ministerie van Buitenlandse Zaken (Ministry of Foreign Affairs Archives), The Hague, The Netherlands	荷兰外交部档案馆（荷兰海牙）
NAA	National Archives of Australia, Canberra, Australia	澳大利亚国家档案馆（澳大利亚堪培拉）
NAUSA	National Archives, Washington D.C., US	美国国家档案馆（美国华盛顿）
NIOD	Nederlands Instituut voor Oorlogsdocumentatie (Netherlands Institute for War Documentation)	荷兰国家战争文献研究所（荷兰阿姆斯特丹）
PRO	Public Record Office, Kew, UK	英国国家档案馆（英国伦敦）
RHL	Bodleian Library of Commonwealth and African Studies at Rhodes House, Oxford, England, UK	英国联邦与非洲研究博德利图书馆（英国牛津）
SMSA	Sarawak Museum and State Archives, Kuching, Malaysia	沙捞越博物馆及州档案馆（马来西亚古晋）
WO	(British) War Office, London, UK	英国战事部（英国伦敦）

参考文献

直接文献

未出版的文献

澳大利亚

澳大利亚国家档案馆(澳大利亚堪培拉)

Memorandum on S. R. D. Operations in British Borneo, February–June, 1945, Appendix "A": Preliminary Operational Report of Party AGAS covering period from 24 Feb to 31 May [19]45 (《1945年2月至6月澳大利亚特种侦察部在英属婆罗洲的行动备忘录》附录A:《1945年2月24日至5月31日期间沙蝇行动初步报告》), 29 May 1945, NAA A3269/12 - A28/B.

澳大利亚战争纪念馆(澳大利亚堪培拉)

Brigadier W. J. V. Windeyer, Administration Command 9th Australian Division to 7th Australian Division, Headquarters Australian Military Force, *War Crimes—Longnawan Massacre* (《战争罪行——龙纳旺大屠杀》), 23 October 1945; Internees — Allied Abroad Massacre of Allied Nationals at Longnawan, Borneo (《对被拘禁在婆罗洲龙纳旺的盟军的大屠杀》), AWM A1066/4 IC45/95/8.

British Staff Conversation with Netherlands East Indies Officers on Cooperation in Event of Japanese Attack on Malaya, Borneo or Netherlands East Indies, 26–29 October 1940 (《英国军事参谋与荷属东印度官员就日本袭击马来亚、婆罗洲和荷属东印度事件进行会谈,1940年10月26日至29日》). AWM 54 243/5/35.

"[British] Staff discussions with Netherlands East Indies [NEI] at

Singapore in 1940.Staff conversations with officers from NEI, Memorandum drawn up by Conference on operation between British and Dutch Forces in event of Japanese attack on Malaya, Borneo or Netherlands East Indies, 1941"（《1941年英国和荷兰的军事合作会议备忘录：针对1940年日本袭击马来亚、婆罗洲和荷属东印度》）. AWM 54 213/1/3.

Chapman-Walker, Colonel, Director SRD, to AIB for 1st Australian Corps, 29 April 1945. "Operation: Stallion Outline Plan"（《澳大利亚特种侦察部北婆罗洲战役Ⅳ行动计划概要》）, AWM 54/627/4/13.

Oldham, Lieutenant F. R. "Summary of Events prior to 20 August 1942"（《龙纳旺事件概述：1942年8月20日前》）; "Summary of Events from 20 August to 20 September"（《龙纳旺事件概述：8月20日至9月20日》）; "Internees — Allied Abroad Massacre of Allied Nationals at Longnawan, Borneo"（《对被拘禁在婆罗洲龙纳旺的盟军的大屠杀》）. AWM A1066/4 IC45/95/8.

Wootten, General Officer Commanding 9th Australian Division, to 1st Australian Corps, 25 April 1945. "SRD Requirements — OBOE Six"（《澳大利亚特种侦察部北婆罗洲战役Ⅵ行动作战要求》）, AWM 54/627/4/13.

英国
英国联邦与非洲研究博德利图书馆（英国牛津）

C. D. Le Gros Clarke to J. L. Noakes, formerly secretary for defence, Sarawak, 4 December 1942, Papers of C. D. Le Gros Clark: Sarawak and North Borneo, 1941-1959（《沙捞越和北婆罗洲，1941年—1959年》）, RHL MSS Pac.s.84.

[Edward] Brandah to Anthony Brooke（《Brandah致Anthony Brooke》）, 26 October 1946, RHL Brooke Papers, Box 13/1.

Mckerracher, W. "Report on Proceedings before, landing up to and covering the evacuation of the Borneo Co.'s Staff from Sibu and the Rejang

Timber Concession"(《西布和拉让特许木材开采区的婆罗洲公司员工撤离报告及过程记录》), 2 May 1942.Papers of Alan Griffin, RHL Mss. Pac. S.109.

Noakes, J. L. "Report on Defence Measures Adopted in Sarawak from June 1941 to the Occupation in December 1941 by Imperial Japanese Forces; also an account of the movement of British and Sarawak Military Forces during the Japanese invasion of Sarawak"(《关于日军在1941年6月至1941年12月占领沙捞越期间采取的防御措施的报告，以及日本入侵沙捞越期间英军和沙捞越军事部队的行动报告》), 15 February 1946, RHL MSS Pac. S. 62.

Statement by C.D. Le Gros Clarke, Officer Administering the Government and Chief Secretary(《政府行政官兼首席秘书的声明》). 24 January 1942, Papers of C. D. Le Gros Clark: Sarawak and North Borneo, 1941–1959(《沙捞越和北婆罗洲，1941年—1959年》), RHL MSS Pac.s.84.

帝国战争博物馆（英国伦敦）

Office of the Chief of Military History, Department of the Army Headquarters, United States Army, *Borneo Operations, 1941-1945*(《婆罗洲行动，1941年—1945年》),[Tokyo] Japan, Japanese monograph No. 26, [1957],Typescript, p98., IWM 45495.

Lane, C. M. "The Second World War [of] Memoirs Lieutenant–Colonel C. M. Lane"(《第二次世界大战回忆录》), [December 1941 — 28 December 1942], typescript, p36., IWM P.445.

Papers of Captain H. D. A. Yates(《H. D. A.耶茨上尉的档案》).IWM, Con Shelf.

Papers of L. E. Morris(《L. E. 莫里斯的档案》). IWM 91/18/1.

Papers of Miss H. E. Bates(《H. E. 贝茨女士的档案》). IWM 91/35/1.

Tyler, R. G. Typescript diary, 8–18 December 1941(《R. G. 泰勒的日记手稿，1941年12月8日—18日》). IWM 88/8/1.

英国国家档案馆（英国伦敦）

"Army-Navy Central Agreement for Establishing Military Administration in Occupied Territories", *Special Intelligence Bulletin: Japanese Plans and Operation in S. E. Asia,* Translation of Japanese Documents（《陆军与海军关于在占领地区进行军事管理的协议》，译自日文文件《特别情报公报：日本在东南亚的计划与行动》）. 21 December 1945, PRO WO 203/6310.

Australian Military Forces, *Weekly Intelligence Review*（《每周情报评论》）. No. 131, week ending 21 April [19]45 , PRO WO 208/104.

Borneo Correspondence（《婆罗洲通信》）. PRO CO 531/31/2.

"British Territories in North Borneo" Extract from *Australian Landing Force South-East Asia*（《北婆罗洲的英国殖民地》，摘自《澳大利亚在东南亚的登陆部队战时情报报告》）. Wartime Intelligence Report (W.I.R.), No. 52, 28 September 1945, PRO WO 208/105.

Intelligence Bulletin No. 237, Item 2182: Interrogation of Lieutenants Yoshihiko Wakamatsu and Kenzo Morikawa, and Captains Ryuji Ikeno、Minoru Tasuma and Yoshio watanabe（《情报公报第237号第2182项：对北婆罗洲志愿军军官中尉Yoshihiko Wakamatsu 和 Kenzo Morikawa 以及大尉 Ryuji Ikeno、Minoru Tasuma、Yoshio watanabe 的审讯》）. all officers attached to the North Borneo Volunteer Corps. Subject: North Borneo Volunteer Corps; mid-1946.PRO WO 203/6317.

"Netherlands (Possession) Intelligence Report"（《荷兰（属地）情报报告》）. January 1945, PRO WO 208/1693, C.B.1819A (X2) (1/45).

"Netherlands (Possession) Intelligence Report"（《荷兰（属地）情报报告》）. PRO WO 208/1693.

North Borneo Company, "London to Colonial office"（《伦敦政府致英国殖民部》）. 23 October 1940, PRO CO 874/1102.

"Officer Administering the Government Fred Frasers to President of the Court of Directors, London"（《政府行政官弗雷德·弗雷泽斯致伦敦政

府》). 29 August 1919, PRO CO 874/478.

"Oil fields project: destruction of Seria and Miri fields, July 1942–1945"（《1942年7月—1945年诗里亚和美里的油田被毁情况报告》）. PRO HS 1/185, HS 1/247.

"Orders Relating to the Occupation of the Vital Southern Area", *Special Intelligence Bulletin: Japanese Plans and Operation in S. E. Asia*, Translation of Japanese Documents（《占领南部重要地区的命令》, 译自日文文件《特别情报公报：日本在东南亚的计划与行动》）. 21 December 1945, Document 2.PRO WO 2036310.

Part Four: Investigations in the Kuching Area, Report on investigation into fate of Allied POWs and Internees in British Borneo（《第四部分：对英属婆罗洲古晋地区盟军战俘等被拘留者命运的调查报告》）. December 1945, PRO WO 325/52, pp.109–116.

"Plans for destruction of oil plants, British and Dutch territory, May 1941"（《1941年5月对英国、荷兰占领区的油田破坏计划》）. PRO HS 1/345.

Report to the O.C.2/15 Punjab Regt. by Kalyan Singh Gupta（《Kalyan Singh Gupta向2/15旁遮普军团指挥官的报告》）. 11 September 1945, PRO WO 325/39.

Special Intelligence Bulletin: Japanese Plans and Operation in S. E. Asia（《特别情报公报：日本在东南亚的计划与行动》）.Translation of Japanese Documents, 21 December 1945.PRO WO 203/6310.

Special Intelligence Bulletin: Japanese Plans and Operations in S. E. Asia（《特别情报公报：日本在东南亚的计划与行动》）. Translation of Japanese Documents, 21 Dec. 1945.Document 11:Summary of the government of occupied territory in the Southern Area, 12 Oct. [19]42.PRO WO 203/6310.

荷兰

荷兰国家战争文献研究所（荷兰阿姆斯特丹）

"Buku Urang Banjar & Kebudayaannya"（《马辰人及其文化》），Manuscript copy, p57., [2006], NIOD.

Hashimoto Masaji: Extract from Interrogation Report No. 33（摘自《第33号审讯报告》）/W.B.Jap.28 March 1946, NIOD 009799 - 09803.

Hayashi Shuichi: Additional Report to Report [No.] 6（《第6号报告补充报告》）/W.B. Jap. Pontianak, 5 March 1946, NIOD 019.793.

Hayashi Shuichi: Extract from 2nd additional report to Interr. Rep. No. 6（摘自《第6号审讯报告第2号补充报告》）/ W.B. Jap. Pontianak, 8 March 1946, NIOD 009.800 - 801.

Hirayama Seiichi: Extract from Interrogation Report No. 35（摘自《第35号审讯报告》）/W.B. Jap.5 April 1946, NIOD 009799 - 09803.

Hosaka Masaji: Extract from Interrogation Report No. 29（摘自《第29号审讯报告》）/W.B. Jap, 25 March 1946, NIOD 009799 - 09803.

Inagaki Genichiro: Addition to Interrogation Report No. 11（《第11号审讯报告补充报告》）/W.B. Jap. Pontianak, 20 February 1946, NIOD 009.874 - 876.

Kitada Kagetaka: Extract from Interrogation Report No. 16（摘自《第16号审讯报告》）/W.B.Jap.23 February 1946, NIOD 009799 - 09803.

Matsura Yoichi: Extract from 1st additional report to Interr. Rep. No. 21（摘自《第21号审讯报告第1号补充报告》）/ W.B.Jap.22 March 1946, NIOD 009799 - 09803.

Mitsui Usao: Extract from 1st additional report to Interr. Rep. No. 13（《第13号审讯报告补充报告》）/W.B. Jap.Pontianak, 9 March 1946, NIOD 009.798.

Mitsui Usao: Supplemental Report to NEFIS Interrogation Report No. 13（《第13号审讯报告补充报告》）. Pontianak, 9 March 1946, NIOD

0097985 - 0097991.

Miyajima Junkichi: Interrogation Report(《审讯报告》). 13 April 1946, NIOD 017.027 - 029.

Okajima Riki: 2nd Supplement to Interr. Report No. 4(《第4号审讯报告第2号补充报告》)/W.B. Jap. Pontianak, 13 March 1946, NIOD 019.492 - 493.

Okajima Riki: Additional Report to Report No. 4 (《第4号审讯报告补充报告》)/W.B. Jap. Pontianak, 5 March 1946, NIOD 009.832; 019.510.

Okajima Riki: Interrogation Report No. 4 (《第4号审讯报告》)/W.B. Jap, Pontianak, 15 February 1946, NIOD 019.783 - 784.

"The so-called Conspiracy amongst the Chinese"(《所谓的"中国密谋"》). compiled at Kuching by the Japanese, by order of the Captain of Marines OKAJIMA RIKI, 13 May 1946, First Lt. K. A. Weerd, Netherlands Forces Intelligence Service [NEFIS], NIOD 009821 - 009832. Also: Chart; Additional Report, 1 March 1946.

Yamamoto Soichi: Extract from Interrogation Report No. 3(摘自《第3号审讯报告》)/W.B. Jap, Pontianak, 2 February 1946, NIOD 009799 - 009803.

Yamamoto Soichi: Interrogation [Report](《审讯报告》). Pontianak, 4 February 1946, NIOD 016.934 - 936.

Yamamoto Soichi: Interrogation(《审讯报告》). Pontianak, 1 February 1946, NIOD 009799 - 009803.

Yamamoto Soichi: Interrogation(《审讯报告》). Pontianak, 1 February 1946, NIOD 016932 - 933.

Yoshio Jun:Extract from 1st additional report to Interr. Rep. No. 5 (《第5号审讯报告第1号补充报告》)/W.B. Jap, 19 February 1946, NIOD 009799 - 09803.

Yoshio Jun: Supplementary Report to the Interrogation Report No. 5(《第5号审讯报告补充报告》)/W.B. Jap. Pontianak, 21 February 1946, NIOD

019.821－823.

荷兰外交部档案馆（荷兰海牙）

Counter Intelligence Information Concerning the Netherlands Indies (《荷属东印度的反间谍工作报告》). NEFIS, 10 September 1945, MFAA INV.NR 01917.

Hsu Hsing. "A True Account of Japanese Atrocity in West Borneo; Kapoes Basin Atrocity Story" (《对日本在西婆罗洲暴行的真实记述：对发生在卡普斯盆地的暴行的记录》). 15 October 1945, MFAA INV.NR 01955.

"Investigation of War Crime, Pontianak" (《战争罪罪行调查：坤甸》). 1 March 1946, NEFIS, Capt. Art[illery] KNIL L. D. G. Krol, MFAA INV.NR 01955.

Japansche Organisaties Pontianak (《坤甸的日本组织》). NEFIS MFAA 1955, 030－031.

Mitsui Masao [Usao]: *Organisatie Minseibu* (《民政部组织概况》). NEFIS MFAA 1955, 032－033.

Netherlands Forces Intelligence Service: Military Study of Bandjermasin and Surroundings (《马辰及其周边地区军事研究》). Camp Columbia, 16 March 1945, MFAA INV.NR 191.

"War Criminals West-Borneo, Pontianak" (《在西婆罗洲的战争罪罪行：坤甸》). 20 May 1946, Netherlands Forces Intelligence Service (NEFIS), Capt. Reserve Infantry J. N. Heijbroek, MFAA INV.NR 2144, 138－139.

荷兰国家档案馆（荷兰海牙）

Howeler, Th. A. H.:Statement (《声明》). ARA-ii,alg.Secret:5281.

"Martial Law for the South Pacific Area Army" (《南太平洋地区军队的戒严令》). 15 January 1943, Algemeen Rijksarchief. Algemene Secretarie van de Nederlands-indische regering en de daarbij gedeponneerde archieven, 1942-1950, ARA ii, alg. Secret.5344.

Oesman Daeng Koelle: Statement(《声明》). ARA-ii,alg.Secret:5281.

Report on Situation in West and South Borneo《关于西婆罗洲、南婆罗洲的报告》, November 1945, ARA 2.10.14.02 AS 3168, Appendices 2 and 4.

印度尼西亚

印度尼西亚共和国国家档案馆（印度尼西亚雅加达）

Algemene Secretarie(《总秘书处档案》). 15 March 1947, ANRI AS 1309.

马来西亚

沙捞越州立图书馆（马来西亚古晋）

Ong Kee Hui. "Report on the Department of Agriculture, Sarawak, June 1941-June 1945"(《1941年6月—1945年6月沙捞越农业部报告》). (Typescript), SMSA.

美国

美国国家档案馆（美国华盛顿）

Intelligence Report by Alsnob, 1 August 1941, Box 15, *North Borneo, Sarawak & Brunei*(《北婆罗洲、沙捞越与文莱》). Record Group 38: Records of the Chief of Naval Operations, Office of Naval Intelligence Monograph Files, NAUSA.

已出版的文献

Annual Report on Sarawak for the Year 1947(《1947年沙捞越年度报告》). Kuching: Government Printing Office, 1948.

Archer, John Belville. *Glimpses of Sarawak between 1912 & 1946: Au-*

tobiographical Extracts & Articles of an Officer of the Rajahs(《1912年至1946年沙捞越掠影：一位拉惹的自传》). Compiled, edited and introduced by Vernon L. Porritt. Hull: Special Issue of the Department of South-East Asian Studies(《东南亚研究特刊》), University of Hull, 1997.

Benda, Harry J., James K. Irikura, and Kōichi Kishi, eds. *Japanese Military Administration in Indonesia: Selected Documents*(《日本对印度尼西亚的军事管理》). New Haven: Southeast Asia Studies, Yale University, Translation Series No. 6, 1965.

Okuma Memorial Social Sciences Research Institute, ed. *Japanese Military Administration in Indonesia*(《日本对印度尼西亚的军事管理》). Washington, D.C.: Joint Publications Research Service 21, 1963, Translation of Indonesianiokeru Nihon gunseino kenkyu, first published by Kinokuniya Shoten, Tokyo, 1959.

Lebra, Joyce C. *Japan's Greater East Asia Co-Prosperity Sphere in World War II: Selected Readings and Documents*(《档案选读：第二次世界大战中的日本"大东亚共荣圈"》). Kuala Lumpur: Oxford University Press, 1975.

Mendl, Wolf, ed. *Japan and South East Asia*, Vol. Ⅰ: *From the Meiji Restoration to 1945*(《日本与东南亚》第Ⅰ卷《从明治维新到1945年》). London and New York:Routledge, 2001.

Mikami, Cdr. Sakuo. "Naval Operations in the Invasion of Netherlands East Indies Dec. 1941-Mar. 1942"(《荷属东印度的海上军事行动：1941年12月—1942年3月》).Japanese Monograph No. 10,n.d., Library of Congress, Washington D.C., US.

Mochizuki Masahiko. "Api Jiken no Shinso:Ko Oho Masuo shi no Shuki" (《亚庇事件的真相：大宝正男的回忆》). Gunji Shigaku(《军事史》).No. 123 (December 1995).

Nada No. 9801 Corps (Northern Borneo Garrison Army).*Kita Borneo*

Gunsei Gaiyo(《北婆罗洲军事行政概况》). Taipei, 1943.

Ong Kee Hui. *Footprints in Sarawak: Memoirs of Tan Sri Datuk (Dr) On Kee Hui, 1914 to 1963* (《1914至1963年在沙捞越的足迹：丹斯里拿督（博士）翁基辉的回忆录》).Kuching, Malaysia: Research & Resource Centre, SUPP Headquarters, 1998.

Ooi Keat Gin, ed. and introd. *Japanese Empire in the Tropics: Selected Documents and Reports of the Japanese Period in Sarawak, Northwest Borneo, 1941-1945* (《"热带的日本帝国"：1941年—1945年日本统治下的沙捞越》).2 vols. Athens, OH: Ohio University Center for International Studies, Monographs in International Studies, Southeast Asia Series No. 101, 1998.

Ooi Keat Gin. *Traumas and Heroism: The European Community in Sarawak during the Pacific War and Japanese Occupation 1941-1945* (《创伤与英雄主义：太平洋战争及日本占领时期沙捞越的欧洲人社区，1941年—1945年》).Kota Kinabalu, Malaysia: Opus Publications, 2007.

Reid, Anthony, and Oki Akira, eds. *The Japanese Experience in Indonesia: Selected Memoirs of 1942-1945* (《日本人在印度尼西亚：1942年—1945年精选回忆录》).Athens, OH: Ohio University Center for International Studies, Center for Southeast Asian Studies, Monographs in International Studies, Southeast Asia Series No. 72, 1986.

Report relative to anti-Japanese Rebellion Conspiracy in South Borneo (《关于南婆罗洲反日活动的报告》). Judgement delivered in December, 1943.

Military Disciplinary Court of the Second Southern Expeditionary Fleet. (Translation), in Dl. 6：Zuider-en Oosterafdeling van Borneo, *oorlogsmisdaden Hagaproces en overage zaken 1941-1945* (《1941年—1945年南婆罗洲和东婆罗洲地区战争罪案件及哈加法庭的审判》).Compiled by Ernst Braches. Amsterdam: E. Braches, 2001, Vol. 6:13 – 25.

Sarawak Administration Report 1935 (《1935年沙捞越行政报告》).

Kuching:Government Printing Office, 1936.

Sarawak Administration Report 1938(《1938年沙捞越行政报告》). Kuching:Government Printing Office, 1939.

Suzuki Seihei. "Education in Bali, 1943–1944 "(《1943年—1944年巴厘岛教育报告》)// *The Japanese Experience in Indonesia: Selected Memoirs of 1942-1945*(《日本人在印度尼西亚：1942年—1945年精选回忆录》). edited by Anthony Reid and Oki Akira. Athens, OH: Ohio University Center for International Studies, Center for Southeast Asian Studies, Monographs in International Studies, Southeast Asia Series No. 72, 1986. (pp. 161–171.)

Takashi Iwakawa. *Koto no Tsuchi to Narutomo: BC Kyu Senpan Saiban*(《异国他乡的死亡：对乙、丙级战犯的审判》).Tokyo: Kodansha, 1995.

Tsunesuke Masuka. *Zoku Mandoru no Higeki; Sambungan Tragedi Mandor di Pontianak*(《曼多尔悲剧续篇》). Author, 1999.

Volkstelling. *Definitieve Uitkomsten Van de Volkstelling 1930*(《1930年人口普查结果》).Batavia: Department van landbouw, Niverheid en Hadel, 1933–1936.

Yong Kuet Tze, Stephen. *A Life Twice Lived: A Memoir*(《双重人生：回忆录》). Kuching: author, 1998.

间接文献

书籍

Abdullah Hussain. *Tun Datu Mustapha, Bapa Kemerdekaan Sabah: Satu Biografi*(《敦·达图·穆斯塔法传记：沙巴独立之父》). Kuala Lumpur: M.F.I. Press, 1976.

Balgooy, N.A. van. *Mandor: de Genocide der Intellectuelen in West Borneo Tijdens de Japanse Bezetting 1942-1945*(《1942年—1945年日本占领西婆罗洲期间对知识分子的压迫》). Netherlands: privately published, 1998.

Bellwood, Peter. *Prehistory of the Indo-Malaysian Archipelago*(《史前时期的马来群岛》). rev. ed. Honolulu: University of Hawaii Press, 1997.

Bergamini, David. *Japan's Imperial Conspiracy*(《日本帝国的密谋》). New York: Morrow, 1971.

Chia Yik Teck, *Shenshan Youji Dui Kanddi Shi*(《深山游击队抗敌史》). Tawau: Tawau Daily News, 1978.

Churchill, Winston. *The Hinge of Fate*(《命运的转折点》). London: Cassell, 1951.

Cleary, Mark and Peter Eaton, *Borneo: Change and Development*(《婆罗洲：变革与发展》). Singapore: Oxford University Press, 1992.

Committee on Damage by Atomic Bombs in Hiroshima and Nagasaki. *Hiroshima and Nagasaki: The Physical, Medical, and Social Effects of the Atomic Bombings*(《广岛与长崎：原子弹爆炸对物理学、医学和社会的影响》). London, 1981.

Cribb, Robert. *Historical Dictionary of Indonesia*(《印度尼西亚历史辞典》). Metuchen, NJ; London: Scarecrow Press, 1992.

Cruickshank, Charles Greig. *Special Operations Executive: SOE in the*

Far East(《在远东的盟军特别行动局执行处》). Oxford: Oxford University Press, 1983.

Dahm, Bernhard. *History of Indonesia in the Twentieth Century*(《20世纪印度尼西亚的历史》). London:Pall Mall Press, 1971.

Dear, I.C.B., gen. ed. *The Oxford Companion to the Second World War*(《牛津第二次世界大战百科全书》). Oxford and New York: Oxford University Press, 1995.

Digby, K. H. *Lawyer in the Wilderness*(《荒野中的律师》). Ithaca: Cornell University Southeast Asia Program Data Paper No. 114, Cornell University Press, 1980.

Donnison, F. S. V. *British Military Administration in the Far East 1943-1946*(《1943年—1946年英国在远东地区的军事管理》).London:Her Majesty's Stationery Office, 1956.

Edwards, Leonard and Peter W. Stevens, *Short Histories of the Lawas and Kanowit Districts*(《老越和加拿逸地区简史》). Kuching: Borneo Literature Bureau, 1971.

Effendi, Marchus. *Sejarah Perjuangan Kalimantan Barat*(《西加里曼丹人民抗争史》).Pontianak, 1982.

Ensiklopedi Indonesia Seri Geografi(《印度尼西亚地理百科全书系列》). Jakarta: PT Ichtiar Ven Hoeve, B.V. Uitgeverij W. Van Hoeve, 1990; 4th impression 1996.

Evans, Stephen R. *Sabah (North Borneo) under the Rising Sun Government*(《日本殖民统治下的沙巴》). Singapore: author, printed by Tropical Press, 1991.

Fujiwara Iwaichi and F. Kikan, *Japanese Army Intelligence Operations in Southeast Asia during World War II*(《第二次世界大战期间日本陆军在东南亚的情报活动》). Trans. by Akashi Yoji. Hong Kong: Heinemann Asia, 1983; originally in Japanese, 1966.

Gill, G. Hermon. *Royal Australian Navy 1942-1945*(《1942年—1945年的澳大利亚海军》).Canberra: Australian War Memorial, 1968.

Grew, Joseph C. *Turbulent Era: A Diplomatic Record of Forty Years, 1904-1945* (《动荡的时代：1904年—1945年外交记录》). Vol. Ⅱ. Boston: Houghton Mifflin, 1952.

Hall, [John] Maxwell. *Kinabalu Guerrillas: An Account of the Double Tenth 1943* (《基纳巴卢游击队：1943年10月10日的记述》).[Kuching]: Borneo Literature Bureau, 1962; 2nd rev. ed., 1965, 3rd ed., 1968.

Harper, G.C. *The Discovery and Development of the Seria Oilfields* (《塞里亚油田的发现与开发》). 2nd ed. Bandar Seri Begawan: Brunei Museum, 1990.

Harrisson, Tom.*World Within: A Borneo Story*(《世界的中心：婆罗洲故事》). London: Cresset Press, 1959.

Heekeren, C. van. *Moord en brand, Oost-Borneo*(《谋杀与火灾：东婆罗洲》).S–Gravenhage [The Hague]:Bakker, 1969.

Heidhues, Mary Somers. *Golddiggers, Farmers, and Traders in the "Chinese Districts"of West Kalimantan, Indonesia*(《西加里曼丹华人聚居区的淘金者、农民与商人》). Ithaca, NY: Southeast Asia Program Publications, Southeast Asia Program, Cornell University, 2003.

Hickling, Hugh. *Crimson Sun over Borneo*(《婆罗洲的血红太阳》). Kuala Lumpur: Pelanduk Publications, 1997.

Horton, D.C. *Ring of Fire: Australian Guerilla Operations against the Japanese in World War Two*(《火环：第二次世界大战中澳大利亚游击队的对日作战》). Melbourne: Macmillan, 1983.

Howes, Peter H.H. In *A Fair Ground, Or Cibus Cassowarii*(《露天的游乐场或者鹤鸵的猎食地》). London: Excalibur Press, 1994.

Hunt,J. *Sketch of Borneo or Pulo Kalamantan*(《婆罗洲概况》). Bencoolen, 1812.

Izeki Tsuneo. *Nishi Boruneo Jumin Gyakusatsu Jiken: Kensho Pontiana Jiken*（《西婆罗洲大屠杀：对坤甸惨案的考察》）.Tokyo: Fuji Shuppan, 1987.

Jones, L.W. *The Population of Borneo: A Study of the Peoples of Sarawak, Sabah and Brunei*（《婆罗洲的人口：对沙捞越、沙巴和文莱的民族的研究》）.London:The Athlone Press, University of London, 1966.

Katalog Terbitan Indonesia Selama Pendudukan Jepang 1942-1945（《1942年—1945年日本占领期间印度尼西亚的出版物目录》）.Jakarta: Perpustakaan Nasional Department Pendidikan dan Kebudayaan, Juni 1983.

Keith, Agnes Newton. Three Came Home（《三人归来》）. London: Michael Joseph, 1950; first published February 1948.

King, Victor T. *The Peoples of Borneo*（《婆罗洲的民族》）. Oxford: Blackwell, 1993.

Kirby, S. Woodburn et al. *The War Against Japan,* Vol. Ⅰ: *The Loss of Singapore*（《对日作战》第Ⅰ卷《新加坡的沦陷》）.London:Her Majesty's Stationery Office, 1957.

Knox, Donald. *Death March: The Survivors of Bataan*（《死亡行军：巴丹的幸存者》）. New York: Harcourt Brace Jovanovich, 1981.

Kratoska, Paul H. *The Japanese Occupation of Malaya:A Social and Economic History*（《日本占领时期马来亚的社会与经济》）.St Leonards, Australia: Allen & Unwin, 1998.

Lee, S. C. *Shenshan Yingliezhi*（《深山英烈志》）[author, 1993].

Li, Lincoln. *The Japanese Army in North China 1937-1941: Problems of Political and Economic Control*（《1937年—1941年日本军队对华北政治与经济的影响》）. Tokyo: Oxford University Press, 1975.

Lindblad, Thomas J. *Between Dayak and Dutch: The Economic History of Southeast Kalimantan, 1880-1942*（《在达雅族和荷兰之间：1880年—1942年东加里曼丹的经济》）.Dordrecht, The Netherlands, and Providence,

RI: Foris Publications, 1988.

Lo Hsing Lin. *A Historical Survey of the Lan-Fang Presidential System in Western Borneo, Established by Lo Fang Pai and Other Overseas Chinese* (《对西加里曼丹的兰芳政权的历史考察：由罗芳伯等海外华人建立》). HongKong: Institute of Chinese Culture, 1961.

Lockard, Craig Alan. *From Kampung to City: A Social History of Kuching, Malaysia, 1820-1970* (《从村庄到城市：1820年—1970年马来西亚古晋的社会史》).Athens, Ohio: Ohio University Monographs in International Studies, Southeast Asia Series, No. 75, 1987.

Long, Gavin. *The Final Campaigns* (《最后的战役》).Canberra: Australian War Memorial, 1963.

Long, Gavin. *The Six Years War: A Concise History of Australia in the 1939-1945 War* (《六年的战争：1939年—1945年澳大利亚简明历史》). Canberra: The Australian War Memorial and The Australian Government Publishing Service, 1973.

M. Idwar Saleh et al. *Sejarah Daerah Kalimantan Selatan* (《南加里曼丹地区历史》). Banjarmasin: Proyek Penelitian Pencatatan Kebudayaan Daerah Kantor Wilayah Depdikbud Propinsi Kalimantan Selatan, 1978/1979.

M. Yanis. *Kapal Terbang Sembilan: Kisah Pendudukan Jepang di Kalimantan Barat* (《九架飞机：日本占领西加里曼丹的故事》).Pontianak: Yayasan Perguruan Panca Bhakti, 1983.

Macdougall, A.K. *Victory: The Epic of World War II, 1939-1945* (《胜利：第二次世界大战史诗，1939年—1945年》). Rowville, Vic:The Five Mile Press, 2005.

MacIntyre, D. *The Battle of the Pacific* (《太平洋战争》). London: Batsford, 1966.

Magenda, Burhan, *East Kalimantan:The Decline of a Commercial Aristocracy* (《东加里曼丹：商业贵族的没落》). Ithaca, NY: Cornell Modern

Indonesia Project, Southeast Asia Program, Monograph Series [Publication No. 70], 1991.

Manchester, William. *American Caesar: Dougls MacArthur 1880-1964*(《美国的恺撒大帝：道格拉斯·麦克阿瑟，1880年—1964年》). Boston and Toronto: Little, Brown and Company, 1978.

Moffitt, Athol. *Project Kingfisher*(《翠鸟计划》). Sydney: Angus & Robertson, 1989.

Naimah S. Talib. *Administrators and Their Service: The Sarawak Administrative Service under the Brooke Rajahs and British Colonial Rule*(《行政官及其服务：布鲁克拉惹和英国殖民统治下的沙捞越行政服务》). Kuala Lumpur:Oxford University Press, 1999.

Noakes, N. L. *Sarawak and Brunei: A Report on the 1947 Population Census*(《沙捞越和文莱1947年人口普查报告》). Kuching: Government Printing Office, 1950.

Ooi Keat Gin. *Historical Dictionary of Malaysia*(《马来西亚历史辞典》).// *Historical Dictionary of Asia, Oceania, and the Middle East*(《亚洲、大洋洲和中东历史辞典》). No. 71. Lanham, MD: Scarecrow Press, 2009.

Ooi Keat Gin. *Rising Sun Over Borneo: The Japanese Occupation of Sarawak 1941—1945*(《"旭日"升起在婆罗洲：1941年—1945年日本占领下的沙捞越》).Houndmills and London: Macmillan; New York: St Martin's Press, 1999.

Ooi Keat Gin. *Of Free Trade and Native Interests: The Brookes and the Economic Development of Sarawak, 1841-1941*(《自由贸易与土著的利益：1841年—1941年布鲁克家族与沙捞越经济的发展》).Kuala Lumpur: Oxford University Press, 1997.

Peattie, Mark.*Ishiwara Kanji and Japan's Confrontation with the West*(《对石原莞尔思想影响下日本对抗西方的研究》). Princeton, NJ:Princeton University Press, 1975.

Percival, A. E. *The War in Malaya*(《马来亚之战》). London: Fyre & Spottiswoode, 1949, p. 94.

Pringle, Robert. *Rajahs and Rebels: The Ibans of Sarawak under Brooke Rule, 1841-1941*(《拉惹与叛徒：1841年—1941年布鲁克政府统治下的沙捞越伊班人》).London: Macmillan, 1970.

Ramli Nawawi et al. *Sejarah Revolusi Kemerdekaan (1945-1949) Daerah Kalimantan Selatan*(《1945年—1949年南加里曼丹地区革命史》). Banjarmasin: Proyek Inventarisasi dan Pembinaan Nilai-Nilai Budaya, 1991.

Ranjit Singh, D. S. *The Making of Sabah, 1865-1941: The Dynamics of Indigenous Society*(《沙巴的形成：1865年—1941年土著社会史》).2nd ed. Kuala Lumpur: University of Malaya Press, 2003.

Reece, Bob. *Masa Jepun: Sarawak under the Japanese 1941-1945*(《日本占领时期：1941年—1945年日本统治下的沙捞越》). Kuching: Sarawak Literary Society, 1998.

Reece, R. H. W. *The Name of Brooke: The End of White Rajah Rule in Sarawak*(《以布鲁克之名：白种人拉惹政权在沙捞越的结束》). Kuala Lumpur: Oxford University Press, 1982.

Robertson, Eric. *The Japanese File: Pre-War Japanese Penetration in Southeast Asia*(《日本档案：战前日本在东南亚的渗透》). Hong Kong: Heinemann, 1979.

Rousseau, Jerome. *Central Borneo: Ethnic Identity and Social Life in a Stratified Society*(《婆罗洲中部社会各界的民族认同与生活》). Oxford: Clarendon Press, 1990.

Russell, Edward F. L. (Lord of Liverpool). *The Knights of Bushido: A Short History of Japanese War Crimes*(《武士道：日本战争罪行简史》). London: Cassell; New York: Dutton, 1958; Corgi ed. reissued 1976.

Sato Shigeru. *War, Nationalism and Peasants: Java under the Japanese Occupation 1942-1945*(《战争、民族主义与农民：1942年—1945年日

本占领下的爪哇》).New York: M.E. Sharpe, 1994.

Saunders, Graham. *A History of Modern Brunei*(《文莱现代史》). Kuala Lumpur: Oxford University Press, 1994.

Schiller, Arthur. *The Formation of Federal Indonesia, 1945-1949* (《1945年—1949年印度尼西亚联邦共和国的形成》).The Hague: Van Hoeve, 1955.

Seigle, Cecelia Segawa. *Yoshiwara: The Glittering World of the Japanese Courtesan*(《吉原：日本艺伎的辉煌世界》). Honolulu: University of Hawaii Press, 1993.

Shargava, K. D. and K. N. V. Sastri. *Official History of the Indian Armed Forces in the Second World War, 1939-1945: Campaigns in South-East Asia, 1941-1942* (《1939年—1945年第二次世界大战期间印度武装部队史：1941年—1942年东南亚战役》). Combined Inter-Services Historical Section India and Pakistan, City Orient Longmans, 1960.

Silver, Lynette Ramsay. *Sandakan: A Conspiracy of Silence*(《山打根：沉默的密谋》). Binda, NSW: Sally Milner Publishing, 1998; rev. ed. 2000; reprint 2003.

Spector, Ronald H. *Eagle against the Sun: The American War with Japan*(《鹰与日的对决：美日战争》). Harmondsworth UK: Penguin, 1984; 2nd rev. ed. 2001.

Spence, Jonathan D. *The Search for Modern China*(《追寻现代中国》). London: Hutchinson, 1990.

Stanley, Peter. *Tarakan: An Australian Tragedy*(《塔拉坎：澳大利亚的悲剧》).St Leonards, NSW: Allen & Unwin, 1997.Storry, Richard. *Japan and the Decline of the West in Asia 1894-1943*(《1894年—1943年日本与西亚的衰落》).London and Basingstoke: Macmillan, 1979.

Sutlive, Vinson H., Jr. *Tun Jugah of Sarawak: Colonialism and Iban Response*(《沙捞越的敦朱加：殖民主义与伊班人的回应》). Kuala Lumpur:

Penerbit Fajar Bakti for Sarawak Literary Society, 1992.

Sutlive, Vinson and Joanne Sutlive, gen. ed. *The Encyclopedia of Iban Studies*(《伊班研究百科全书》), 4 vol. Kuching: Tun Jugah Foundation in cooperation with Borneo research Council, 2001.

Syafaruddin Usman, M. H. D. *Peristiwa Mandor: Sebuah Tragedi dan Misteri Sejarah*(《曼多尔事件：悲剧和历史之谜》). Pontianak: Koperasi Mahasiswa Universitas Tanjungpura, 2000.

Tan, Gabriel. *Japanese Occupation Sarawak: A Passing Glimpse*(《日本占领期间的沙捞越简史》). Kuching: Jacamar, 1997.

Tanaka Yuki. *Hidden Horrors: Japanese War Crimes in World War II* (《隐藏的恐怖：二战时日本的战争罪行》). Boulder, CO: Westview Press, 1996.

Tandjungpura Berdjuang: Sedjarah KODAM XII/Tandjungpura Berdjuang Kalimantan- Barat(《丹戎布拉的斗争：丹戎布拉在西加里曼丹的历史》). Tandjungpura Semidam XII, 1970.

The Europa World Year Book 2005(《2005年欧罗巴年鉴》), 46th ed. 2 vols. London and New York: Routledge, 2005.

Tregonning, K. G. *A History of Modern Sabah, 1881-1963*(《现代沙巴史，1881年—1963年》), 2nd ed. Singapore: University of Malaya Press, 1965.

Vat, Dan van der.*The Pacific Campaign: The Second World War, The US-Japanese Naval War, 1941-1945* (《太平洋战争中的美日海战，1941年—1945年》).Edinburgh: Birlinn, 2001; first published in 1992 by Hodder and Stoughton, London.

Wall, Don. *Sandakan under Nippon: The Last March*(《日本统治下的山打根：最后的行军》), rev. 5th ed. Mona Vale, NSW: D. Wall Publications, 1997.

Wang Tai Peng. *The Origins of Chinese Kongsi*(《华人公司的起源》).

Petaling Jaya, Selangor: Pelanduk Publications, 1994.

Ward, Ian. *The Killer They Called a God*(《被称为神的杀手》). Singapore: Media Masters, 1992.

Warren, James Francis. *Ah Ku and Karayuki-san: Prostitution in Singapore 1870-1940* (《阿驹与唐行小姐：新加坡1870年—1940年间的娼妓行业》).Singapore: Oxford University Press, 1993.

Wigmore, Lionel. *The Japanese Thrust*(《日本的突袭》). Canberra: Australian War Memorial, 1957.

Wong Tze-Ken, Danny. *The Transformation of an Immigrant Society: A Study of the Chinese of Sabah*(《移民社会的转型：沙巴华人的研究》). London: Asean Academic Press, 1998.

Yamazaki Aen.*Minami Jujisei wa Itsuwarazu*(《南十字星永不欺人》). Tokyo: Hokushindo, 1952.

Yong Mun Cheong. *H. J. van Mook and Indonesian Independence: A Study of His Role in Dutch-Indonesian Relations, 1945-1948*(《H. J. 范·穆克与印度尼西亚独立：1945年—1948年他在荷印关系中的角色》).The Hague:Martinus Nijhoff, 1982.

Yoshihashi Takehiko. *Conspiracy at Mukden*(《奉天密谋》). New Haven, CT: Yale University Press, 1963.

Yu Shu Kun, ed., *Nanyang Nianjin*(《南洋年鉴》).Singapore: Nanyang Siang Pao, 1951.

Zuraina Majid. *The West Mouth, Niah in the Prehistory of Southeast Asia*(《通往西方：东南亚史前史中的尼亚》).Kuching: Sarawak Museum, 1982.

Zwaan, Jacob. *Nederlands-Indie 1940-1946. I. Gouvernmenteel Intermezzo 1940-1942* (《1940年—1946年的荷属东印度：1940年—1942年间的过渡形态》).Den Haag: Uitgeverij Omniboek, [1980].

期刊文献

Asuka Otohisa. "Pontianak Jiken no Haikei wo Kataru"(《坤甸大屠杀的背景》)// Japan Indonesia Occupation Forum. *Shogenshu*(《证言集》). Tokyo: Ryukei Shosha, 1991.

Booth, Anne. "Japanese Import Penetration and Dutch Response: Some Aspects of Economic Policy Making in Colonial Indonesia"(《日本进口商品的渗透和荷兰的回应：殖民时期印度尼西亚经济政策的制定》)// *International Commercial Rivalry in Southeast Asia in the Interwar Period*(《战间期东南亚的国际商业竞争》), edited by Shinya Sugiyama and Milagros C. Guerrero. New Haven: Yale University Press, 1994, pp. 133–164.

Christie, Jan W. "On Poni: The Santubong Sites of Sarawak"(《在波尼：沙捞越的山都望遗址》)// *Sarawak Museum Journal*(《沙捞越博物馆馆刊》), 34, 55 (1985):77–89.

Cook, A. "Notes on the Recent Development, Explorations and Commercial Geography of British North Borneo"(《关于英属北婆罗洲的最新发展、勘探和商业地理的笔记》)// *Journal of the Manchester Geographical Society*(《曼彻斯特地理学会会刊》), 6(1890):63–75.

Coox, Alvin D. "The Pacific War"(《太平洋战争》)// *The Cambridge History of Japan, Volume 6: The Twentieth Century*(《剑桥日本史》第6卷《20世纪》). Edited by Peter Duus. Cambridge: Cambridge University Press, 1988, pp. 315–382.

Cramb, Robert. "Agriculture and Food Supplies in Sarawak during the Japanese Occupation"(《日本占领期间沙捞越的农业和食品供应》)// *Food Supplies and the Japanese Occupation in South-East Asia*(《食品供应和日本占领下的东南亚》), edited by Paul H. Kratoska. Basingstoke and London: Macmillan; New York: St Martin's Press, 1998, pp. 135–166.

Davidson, Jamie S. "'Primitive' Politics: The Rise and Fall of the Dayak Unity Party in West Kalimantan, Indonesia"(《"原始"政治：印度尼西亚

西加里曼丹的达雅克团结党的兴衰》)// *Working Paper Series No. 9, Asia Research Institute*. Singapore: National University of Singapore, 2003.

Goto Ken'ichi. "Pontianak Jiken Oboegaki"(《坤甸大屠杀备忘录》) // *Nihon Senryoki Indonesia Kenkyu*(《日本占领期间的印度尼西亚》), Tokyo: Ryukei Shosha, 1988, pp. 149–179.

Hara Fujio. "Greater East Asia Co-Prosperity Sphere"(《大东亚共荣圈》)// *Southeast Asia: A Historical Encyclopedia from Angkor Wat to East Timor*(《东南亚：从吴哥窟到东帝汶的历史百科全书》), edited by Ooi Keat Gin.Santa Barbara, CA:ABC Clio, 2004,I, pp. 553–554.

Hara Fujio. "The 1943 Kinabalu Uprising in Sabah"(《1943年沙巴的基纳巴卢起义》)// *Southeast Asian Minorities in the Wartime Japanese Empire*(《战时日本帝国的东南亚少数民族》), edited by Paul H. Kratoska. London: Routledge Curzon, 2002, pp. 111–132.

Harrisson, Tom. "The Chinese in Borneo, 1942–1946"(《1942年—1946年婆罗洲的华人》)// *International Affairs*(《国际事务》), 26, 3 (July 1950), pp. 354–362.

Heidhuis, Mary Somers. "The Makam Juang Mandor Monument: Remembering and Distorting the History of the Chinese of West Kalimantan"（曼多尔纪念碑：被扭曲的西加里曼丹华人的历史》)// *Chinese Indonesians: Remembering, Distorting, Forgetting*(《印度尼西亚华人：记忆、扭曲、遗忘》), edited by Tim Lindsey and Helen Pausacker. Singapore: Institute of Southeast Asian Studies (ISEAS); Clayton: Monash Asia Institute, 2005, pp. 105–129.

Hiroshi Shimizu. "Evolution of the Japanese Commercial Community in the Netherlands Indies in the Pre-War Period:From Karayuki-san to Sōgō Shōsha"(《战前荷属东印度的日本商业社区的演变：从唐行小姐到综合商社》)// *Japan Forum*(《日本论坛》), 3, 1 (1991), pp. 37–56.

Horton, A. V. M. "A Note on the British Retreat from Kuching"(《英国

撤离古晋记》)// Sarawak Museum Journal(《沙捞越博物馆馆刊》), 36, 57 (December 1986), pp. 241-249.

Howes, Peter H. H. "The Lintang Camp: Reminiscences of an Internee during the Japanese Occupation"(《林当营：日本占领期间一名被拘禁者的回忆》)// Journal of the Malaysian Historical Society Sarawak Branch (《马来西亚历史学会沙捞越分会会刊》), 2 (March 1976), pp. 33-47.

"Japan's Dependence on Imports"(《日本对进口的依赖》), Special Study No. 28, Mitsubishi Keizai Kenkyu [in Japanese], (Tokyo, 1938)// Japan's Economy in War and Reconstruction(《战时和战后重建的日本经济》), edited by J. Cohen. Minneapolis, 1949; reprinted Westport,Conn., 1973.

Kaori Maekawa. "The Pontianak Incidents and the Ethnic Chinese in Wartime Western Borneo"(《坤甸事件与战时西婆罗洲的华人》)// Southeast Asian Minorities in the Wartime Japanese Empire(《战时日本帝国对东南亚少数民族的影响》), edited by Paul H. Kratoska. London: Routledge Curzon, 2002, pp. 153-169.

King, Victor T. "Brunei Ethnic Minorities"(《文莱少数民族》)// Southeast Asia: A Historical Encyclopedia from Angkor Wat to East Timor (《东南亚：从吴哥窟到东帝汶的历史百科全书》), edited by Ooi Keat Gin.Santa Barbara, CA:ABC Clio, 2004,I, pp. 272-273.

King, Victor T. "Brunei Malay"(《文莱马来人》)// Southeast Asia: A Historical Encyclopedia from Angkor Wat to East Timor(《东南亚：从吴哥窟到东帝汶的历史百科全书》), edited by Ooi Keat Gin.Santa Barbara, CA:ABC Clio, 2004,I, pp. 273-274.

Klinken, Gerry van. "Dayak Ethnogenesis and Conservative Politics in Indonesia's Outer Islands"(《印度尼西亚外岛地区达雅克族族群的形成与保守政治》)// Indonesia in Transition: Rethinking Civil Society, Region and Crisis(《过渡中的印度尼西亚：重新思考公民社会、地区与危机》), edited by Henk Schulte Nordholt and Samuel Hanneman. Yogyakarta:

Pustaka Pelajar, 2004.

Lee Yong Leng. "The Development of Resources in British Borneo and Its Impact on Settlement"(《英国在婆罗洲的资源开发及其对定居点的影响》)// *Sarawak Museum Journal*(《沙捞越博物馆馆刊》), 11, 19–20 (July–December 1962), pp. 563–589.

Nicholl, Robert. "Brunei Rediscovered: A Survey of Early Times"(《重新发现文莱：早期时期概况》)// *Brunei Museum Journal*(《文莱博物馆馆刊》), 4, 4 (1980):219–237.

Nish, Ian. "Greater East Asia Co-prosperity Sphere"(《大东亚共荣圈》)// *The Oxford Companion to the Second World War*(《牛津第二次世界大战百科全书》), general editor I.C.B. Dear. Oxford and New York: Oxford University Press, 1995, pp. 500–503.

Ooi Keat Gin. "Calculated Strategy or Senseless Murder"(《精心策划的战略还是毫无意义的杀戮》)// *Indonesia in the Pacific War*(《太平洋战争中的印度尼西亚》), edited by Peter Post. Amsterdam: Brill, 2010, pp. 212–217.

Ooi Keat Gin. "'The Slapping Monster' and Other Stories: Recollections of the Japanese Occupation (1941–1945) of Borneo through Autobiographies, Biographies, Memoirs, and Other Ego-Documents"(《回忆1941年—1945年日本占领下的婆罗洲》)// *Journal of Colonialism and Colonial History, Special Issue: Asia, War and Memory*(《殖民主义与殖民历史》特刊《亚洲、战争与记忆》), edited by Ann Heylen, 7, 3 (Winter 2007), pp. 1–23.

Ooi Keat Gin. "A Broken Promise? Great Britain's Failure to Honour Treaty Obligations to Brooke Sarawak, A British Protectorate"(《失信的承诺？大英帝国未能履行对布鲁克执政下的沙捞越（英国"保护国"）的条约义务》)// *Indonesia and the Malay World*(《印度尼西亚和马来世界》), 27, 77 (1999), pp. 46–63.

Ooi Keat Gin. "For Want of Rice: Sarawak's Attempts at Rice Self-

Sufficiency during the Period of Brooke Rule, 1841–1941"(《稻米之求：布鲁克执政时期沙捞越在稻米自给自足方面的尝试，1841年—1941年》)// *Journal of Southeast Asian Studies*(《东南亚研究》期刊), 29, 1 (March 1998), pp. 8–23.

Porritt, V. L. "More Bitter than Sweet: Lena Ricketts's Experiences during the Japanese Occupation of Sarawak 1941–1945"(《苦涩而非甜蜜：1941年—1945年莉娜·里克茨在日本占领沙捞越期间的经历》)// *Sarawak Gazette*(《沙捞越公报》), March 1995, pp. 46–53.

Shimomoto, Yutaka. "Japanese Immigrants in Sarawak before the Pacific War"(《太平洋战争前在沙捞越的日本移民》)// *Brunei Museum Journal*(《文莱博物馆馆刊》), 6, 2 (1986), pp. 148–163.

Shiraishi, Saya, and Takashi Shiraishi. "The Japanese in Colonial Southeast Asia: An Overview"(《东南亚殖民地中的日本人：概述》). pp. 5–20// *The Japanese in Colonial Southeast Asia*(《东南亚殖民地中的日本人》), edited by Saya Shiraishi and Takashi Shiraishi. Ithaca: Cornell University Press, 1993.

Tan Y[eok] S[ing]. "History of the Formation of the Overseas Chinese Association and the Extortion by J[apanese] M[ilitary] A[dministration] of $50,000,000 Military Contribution from the Chinese in Malaya"(《海外华人协会的历史及日本军政府从马来亚华人中敲诈5000万军费的情况》)// *Journal of the South Seas Society*(《南海学会》期刊), 3, 1 (1947), pp. 1–12.

Waters, Gary. "The Labuan Island & Brunei Bay Operation"(《纳闽岛与文莱湾行动》)// *Australian Army Amphibious Operations in the South-West Pacific: 1942-1945*(《澳大利亚陆军在西南太平洋的两栖作战：1942年—1945年》).Edited by Glenn Wahlert. Papers of the Australian Army History Conference held at the Australian War Memorial, 15 November 1994.Army Doctrine Centre, 1995.

Yanaihara Tadao. "Japan's Advance Southward: A Necessity"《日本

的"战略南进"》// *Contemporary Japan*(《当代日本》), 5, 2 (September 1936):278-281 reproduced in *Japan and South East Asia*, Vol. Ⅰ : *From the Meiji Restoration to 1945*(《日本与东南亚》第Ⅰ卷《从明治维新到1945年》), edited by Wolf Mendl. London and New York: Routledge, 2001, pp. 248 - 250.

学位论文

Dhany Yustian. "Gerak Rakyat Banjarmasin Dalam Menghadapi Pendudukan Belanda di Banjarmasin, 1945-1949"(《1945年—1949年万丹人民对荷兰重新占领万丹的反抗》), MA thesis, Institut Keguruandan Ilmu Pendidikan (Teacher Training and Education Institute),Malang, 1976.

Kanahele, George Sanford. "The Japanese Occupation of Indonesia: Prelude to Independence"(《日本占领下的印度尼西亚：独立的序曲》), Ph.D. diss., Cornell University, 1967.

工作论文

Ooi Keat Gin. "Operation OBOE Ⅵ : The Australian Amphibious Landings in Northwest Borneo, 1945"(《北婆罗洲战役Ⅵ行动：澳大利亚1945年在婆罗洲西北部的两栖登陆作战》), Menzies Centre for Australian Studies, School of Humanities, King's College, University of London, London, U.K., 16 May 2007.

Ooi Keat Gin. "Military Administration in Sarawak and Inter-Ethnic Relations, 1945-1946"(《1945年—1946年沙捞越的军事管理与族群关系》), Centre for South-East Asian Studies & Institute for Pacific Asia Studies Seminar, University of Hull, Hull, U.K., 26 April 2001.

报纸

Borneo Simboen(《婆罗洲新闻》)

Kalimantan Raya(《加里曼丹日报》)
Sarawak Gazette(《沙捞越公报》)
Sarawak Tribune(《沙捞越时报》)

译者后记

在2021年7月，我收到了季我努学社社长范国平的一项翻译任务。范教授向重庆出版社的编辑推荐了我，希望我能翻译一本重要的英文著作。这个消息让我感到既惊喜又紧张，毕竟翻译一本著作并不是件轻松的事。

不久后，我收到了重庆出版社发给我的试译样张。尽管我在博士期间修读国际关系专业，并曾参与过一些有关东南亚的研究，但我对二战时期日本在东南亚的殖民侵略史了解有限，因此，我担心自己可能无法胜任这部著作的翻译工作。

然而，当我试译完样张后，我感到的是一种意想不到的自信。样张主要涵盖了前言的内容，是对婆罗洲的地理、历史与文化的介绍。这些内容大多是我比较熟悉的，因此在翻译过程中并没有遇到太大的困难。提交样张后不久，我便收到了著作的完整电子稿。拿到完整的电子稿后，我开始了认真通读。在这个过程中，我发现之前对自己的判断有误。原来，这部书中充满了我完全看不懂的专有名词，这对我来说是一个巨大的挑战。这些专有名词不仅涉及专业知识，还包括历史、地理和军事等多个方面。我开始意识到，要翻译好这部著作，应当投入大量的时间和精力，这绝不是一项轻松的任务。通读书稿后，我并没有立即着手翻译工作。我首先对该著作的作者进行了深入了解，然后阅读了相关书评，并对二战期间日本在东南亚的殖民掠夺活动进行了初步了解。

该著作的作者是一位在东南亚历史领域有着深厚造诣的学者，该著作更是他的重要代表作。澳大利亚著名学者杰弗里·冈恩（Geoffrey C. Gunn）在《当代亚洲杂志》（*Journal of Contemporary Asia*）上发表的书评中，将该著作评价为"对日本殖民统治时期的该区域最好、最详细的研究之一"，并认为"作者拥有卓越的档案资料处理能力，通过深挖大量研究成果及档案资料，向人们揭露并帮助理解现代历史中的黑暗一页"。这些让我认识到了翻译这部著作的重要性，同时也感受到了该项工作的压力与使命感。

作者现为文莱达鲁萨兰大学历史系教授,也是韩国釜山外国语大学的客座教授,曾在马来西亚理科大学任教,是《亚太研究国际杂志》(*International Journal Of Asia Pacific Studies*)的创始人及主编。他的研究领域很广,包括战争与冲突、传记、女性在历史中的角色、东南亚史、水下考古等。其学术成果丰富,著作众多,其中很多是关于婆罗洲历史的专著。除了本书外,重要著作还包括对战时婆罗洲历史进行深度研究的《冷战时期的婆罗洲,1950年—1990年》(*The Cold War in Borneo, 1950-1990*),以及揭示了战后婆罗洲复杂多变的历史情况的《战后的婆罗洲,1945年—1950年:民族主义、帝国与国家建设》(*Post-war Borneo, 1945-1950: Nationalism, Empire and State-Building*)等。

本书以时间线为轴,详细描述了日本殖民统治前后的婆罗洲的历史,不仅通过历史事件及事实揭露了日本在该地区的殖民侵略、屠杀及残暴统治,更从意识形态、政治结构、经济发展等方面深刻揭示了战争对这片土地和其居民的深远影响。本书详细分析了日本对婆罗洲的占领,对比了日本陆军和海军在婆罗洲的不同统治方式。此外,还讨论了同化和宣传的问题,以及主要的起义和大规模屠杀。从本书的研究内容和史实记载来看,日军的行为无疑极其残暴。龙纳旺大屠杀在学界很少被提及,作者详细描述了该屠杀的整个过程并列出了受害者的名单。该名单中包括幼儿及妇女,是日军残暴罪行的铁证。这些行为对婆罗洲的人民造成了深远的影响,引发了他们的武装斗争。

就翻译工作而言,本书对我来说是个巨大的挑战。首先,从任务量的角度看,本书涉及大量专有名词,例如地点、人名、族群、植被、军队组织等,可以说这是一本有关婆罗洲的百科全书。我查证这些术语就花了不少时间。其次,本书中关于政治、军事、地理的描述相较于一般历史课本而言专业性更强，内容更为深入。译者只有深入了解相关历史和文化背景，才能准确表达原文所传达的内容。因此，这项翻译工作不仅仅是语言层面上的转换，更是一场对婆罗洲历史的深度挖掘。最后，书中对日军侵略和压迫人民的细致描写，特别是关于各种酷刑的描述给我很强的情感冲击，但作为译者，我必须加以克制，力求用最贴近作者的语气来翻译，不进行过分的情感渲染。

  在翻译这本著作的过程中，我想起在网络上看到的一段对《明朝那些事儿》的作者当年石悦的采访。大多时候，我们在阅读历史书籍时总是倾向于把那些真实发生过的事件想象成故事。这或许是因为历史往往被冰冷的叙述所包围，难以触及读者的情感。历史书里的纷繁复杂的人生经历，有时候在文字中仅仅被一笔带过，难以让人真切地感同身受。而本书不乏对人文、地理、环境的细致描述以及大量生动的事例，为读者呈现了一幅栩栩如生的历史画卷。这些丰富的信息对于辅助读者想象和还原历史场景起到了重要的支撑作用。作为译者，我深知自己必须努力保持对原文的忠实，同时确保译文通顺易懂，以帮助读者深入了解这段历史。

  历史著作的翻译工作不仅仅是语言的转换，更是对历史真相的传递和呈现。通过翻译，我成了连接过去和现在的桥梁，为读者提供了一扇窥视真相的窗口。与此同时，我也逐渐建立起对婆罗洲历史更为全面的认知。在阅读和翻译过程中，我深刻感受到历史的沉重，尤其是战争对个人和民族的命运以及思想上的深远影响。本书不仅是对这段历史的全方位呈现，更是对战争、人性和社会发展的反思。通过这本著作的翻译，我希望读者能够更加深入地了解这段历史，同时也对战争和侵略有更为清醒的认知。历史不仅是过去的故事，更是对我们未来的提醒。

  译稿即将付梓，在此感谢对我委以重任的季我努学社社长范国平，感谢重庆出版社的编辑为译稿提供编辑出版服务，感谢南京大学刘超教授对译稿进行审译与校对。同时，也感谢湖南大学的谢青师妹以及在马来亚大学攻读博士学位的方嘉莹师妹，我在翻译过程中多次与她们探讨书中专有名词的翻译与处理问题，她们都在讨论中为我提供了重要的建议。

叶龙

2023年12月

出版说明

承前启后 继往开来
——写在《日本远东战争罪行丛书》第三辑出版之际

时光如白驹过隙，距离《日本远东战争罪行丛书》第一辑出版快十年了。丛书第一辑新书发布会的场景还历历在目。2015年12月4日，在中国社科院近代史所学术报告厅，数十位著名学者济济一堂，对于丛书第一辑的出版给予了高度评价。

该系列丛书先后获得了国家"十二五""十三五""十四五"国家重点出版物规划项目，以及中宣部、新闻出版总署一百种抗战经典读物、国家重点主题出版物、国家出版基金等各项荣誉近十项。张宪文先生评价该丛书为"从全球视角揭露日本战争罪行的典范之作"。中国日本史学会荣誉会长汤重南先生评价该丛书："聚焦不同国家、不同身份、不同遭遇的个人或者群体身上，比如劳工、战俘、'慰安妇'，甚至被奴役者的家属等，让日本远东战争罪行的全貌越来越清晰地呈现在世人面前。"

丛书甫一诞生，就得到了众多抗战史名家的厚爱。丛书第一辑邀请了张宪文先生和中国抗战史学会原会长、中国社科院近代史所所长步平研究员撰写总序。第二辑邀请了张宪文先生和汤重南先生撰写总序。第三辑几乎沿用了第二辑的总序——两位泰斗又与时俱进地将总序进行了修订。

宪文先生是我亲爱的祖师爷，也是季我努学社的荣誉社长，在季我努学社的发展过程中，他对我的指导和鞭策非常多，可谓耳提面命、指导有加。他作为丛书总顾问，对于《日本远东战争罪行丛书》一直非常重视，丛书的组稿始终贯穿着宪文先生关于亚洲·太平洋战争的学术思想——宪文先生一直认为中国战场是亚洲·太平洋战场的一部分，丛书应该将日本战争罪行的研究越出中国大陆的范畴，更多地着眼于日本在二战期间制造的在中国大陆以外的战争暴行——包括日军在亚洲·太平洋地区对于东南亚国家和西方国家的战俘和平民的战争暴行的研究。相对于国内学者主要搞的日军侵华战争暴行研究，基于"亚洲·太平洋战争史观"的《日本远东战争罪行丛书》从更加宽广的层面响应了习近平总书记"从全球史视角整理抗战史料"的伟大号召。

在这一点上，我和宪文老师的看法一致，我也认为中国的抗日战争，应该放到亚洲·太平洋战争的历史框架当中去。所以我按照宪文老师的指导思想遴选的都是名家名作——每一本书都记录了日军在二战期间制造的战争暴行。丛书中的很多图书具有填补国内学术空白的价值，出版后受到很多国内主流媒体的关注，得到了大量的报道。

有些书甚至在国内出版后，在国际上产生了一定的影响力——中国媒体和国外媒体去采访相关暴行的受害者，以及相关专著的作者。比如，揭露日本征发白种人妇女充当"慰安妇"的《被折断的花朵：八个荷兰"慰安妇"的伤痛回忆》在国内出版后，除《环球时报》等国内权威媒体刊发大篇幅文章外，还在荷兰国内产生了较大反响。很多荷兰媒体，以及中国驻荷兰的媒体纷纷去采访本书的作者和译者——《人民日报》欧洲版专门采访了本书日文版译者、荷兰莱顿大学村冈崇光教授，采写的大幅报道发表在2015年8月24日的《人民日报》欧洲版上。

宪文老师对丛书的关心，不单表现在丛书遴选图书的指导原则上，他对于丛书的翻译质量也非常强调，乃至入选书目的国内版序言，他都要提出具体的指导意见——如专家写得比较短，他就要求专家增加篇幅。

由于丛书选题的重要学术价值，抗战史学界和日本史学界、国际关系史、军事史学界的诸多著名学者给予了高度肯定和大力支持。诸如中国日本史学会荣誉会长、中国社科院世界史所研究员汤重南先生，中国抗战史学会原会长、中国社科院近代史研究所所长步平研究员,华东师范大学历史系王斯德教授,大连民族大学原副校长关捷教授,北京大学历史系王晓秋教授,中国社科院近代史所荣维木研究员,中国第二历史档案馆原馆长马振犊研究员,重庆市委宣传部副部长、西南大学中国抗战大后方历史文化研究中心主任周勇教授,河北师范大学原党委书记戴建兵教授,四川旅游学院校长王川教授,南京师范大学副校长张连红教授,西南大学党委副书记潘洵教授,中山大学国际关系学院院长庞中英教授,上海师范大学人文学院院长苏智良教授,上海交通大学东京审判研究中心主任程兆奇教授,浙江大学蒋介石与近代中国研究中心主任陈红民教授,北京师范大学历史学院院长张皓教授,《军事历史研究》杂志主编、南京政治学院历史系宗成康教授,军事科学院《军事历史》杂志主编刘向东研究员,国防大学战略研究所所长孟祥青教授,南京大学历史学院李玉教授,上海交通大学国际关系与公共事务学院翟新教授,日本长崎县立大学国际社会学院祁建民教授,中国人民大学历史学院杨雨青教授等数十位著名学者,为丛书撰写了精彩的总序、序言和推荐语。还有很多著名学者,请恕我不一一列举了。

日本远东战争罪行丛书自2015年出版以来,十年时间一晃而过,丛书由第一辑的五卷本,随着持续出版,变得越来越厚重。然而揭露日本战争罪行的历史责任,对于季我努学社的译者和重庆出版社的编辑们来说,从未懈怠。现在丛书已经进入成熟阶段,书目的积累,包括未来准备翻译的名家名作的积累,已经达到相当厚重的程度。季我努学社在众多名家的指导下,在众多伙伴们的共同努力下,发展为一个优秀的以青年学者为主的学术翻译团队。我们从翻译日语和英语,现在已经发展为可以翻译英、日、法、德、意、俄、西、葡、希等语种的军事历史翻译团队。

我们的学术蓝图也越来越清晰,目前主要将学术视野放在中共党史和抗日战争史上,进一步细分,可以说是三大板块:长征史、中共抗战史及亚洲·太平洋战争中日本战争暴行研究。中共抗战史又被细分为五大板块：东北义勇军与东北抗联、八路军、新四军、华南抗日游击队、中共对日情报战。我们的核心工作，仍然是甘当史学界的铺路石——持续地为国内学界提供新鲜的海外大型史料，以及译介国外关于以上三大板块的外文专著、回忆录等。不过，未来我们将强化学术研究工作，争取在以上三大板块上推出研究性丛书。

在季我努学社学术目标的实现上，重庆出版社提供了巨大助力——学社的很多重要学术成果都在重庆社推出，初步统计学社与重庆社携手合作，获得的国家级出版荣誉就已接近20项，而在这些沉甸甸的荣誉中，通过《日本远东战争罪行丛书》获得的国家级荣誉超过了半数。我要衷心感谢重庆出版社原董事长罗小卫、原党委书记陈兴芜、原副总经理陈建军，以及现在担任重庆出版社党委书记、董事长、总编辑的郭宜编审及徐宪江副总编辑，以及重庆出版社北京公司原总编辑、重庆出版社社科分社现任社长的秦琥老师，与重庆出版社北京公司现任总编辑连果老师。我也要感谢从第一辑开始，就为丛书付出巨大心力的众多编辑老师们——他们是陈丽、李翔、何彦彦、马巧玲、高芳芳、刘霜等老师，第三辑的顺利出版，张铁成主任出力最多！

郭宜书记是郭汝瑰将军的亲孙，我研究民国特工史，恰巧对郭汝瑰将军很熟悉，因此与他认识很多年，可谓情谊甚笃，合作愉快——"十三五"国家重点图书出版规划项目和国家出版基金资助项目《联合国欧洲办事处图书馆馆藏中国禁毒问题档案·第一辑》已经顺利精装出版。徐宪江副总编和我共同策划了《日本远东战争罪行丛书》，他待人真诚，是一个非常优秀的编辑，我见证了他一步一步由北京公司部门主任走上了出版社副总编的领导岗位。我相信在他们的坚强领导下，《日本远东战争罪行丛书》一定可以取得更大的学术和出版成就！

十年光阴，转瞬即逝。学社的很多伙伴，已经从意气风发的青年学者，成长为成熟稳重的教授、博导。季我努学社也由小到大，拥有了众多的伙伴。学社在《日本远东战争罪行丛书》的规划上，希望逐步涵盖东京审判庭审记录上面所提及的日本在广大亚洲·太平洋占领区的所有著名战争暴行——力争每一种著名战争暴行,都能够找寻到权威厚重的学术专著并翻译出版。此外,我们将倡导并支持国内学者开展对中国以外地区日本战争暴行的研究——推出研究性丛书,并将其纳入《日本远东战争罪行丛书》——未来我们也将热烈欢迎扎实厚重的日本在华战争暴行原创性著作加入丛书。

这篇出版说明,算是对前三辑的一个总结,我之所以起"承前启后 继往开来"这么一个标题,有两个意思。一是希望我们未来的丛书,能够"承前启后 继往开来",拿出更加扎实的研究成果奉献给学界;二是对学社的伙伴和朋友们说的,希望年轻学者可以继承前辈学者的学术风范,在抗战史研究及日本战争罪行研究上"承前启后 继往开来"。年轻学者应该奋发进取,推出推陈出新的研究成果,以回报前辈学者的指导和支持。

很多年轻学者已经成长起来,走到了抗战史研究的前台。所以我在第三辑当中,邀请了诸如中国传媒大学广告学院院长赵新利教授,浙江大学中国近现代史研究所所长肖如平教授,山东大学新闻传播学院俞凡教授,山西大学中国社会史研究中心主任张俊峰教授,外交学院英语系主任冉继军教授,南京大学文学院暨学衡研究院刘超教授,武汉大学历史学院王萌教授,西安邮电大学马克思主义学院院长袁文伟教授,广西民族大学东南亚语言文化学院覃秀红院长,杭州师范大学人文学院周东华教授,山东师范大学历史文化学院杨蕾教授,广西大学外国语学院彭程教授,南京医科大学医学史研究中心主任李沛霖教授,燕山大学马克思主义学院包巍教授,北华大学东亚历史与文献研究中心赵文铎教授,重庆抗战遗址博物馆钱锋副馆长,南京大学中华民国史研究中心吕晶副主任,华南师范大学华南抗战研究中心吴佩军研究员,四川师范大学外国语学院佘振华副院长,山西大学国家革命文物协同研究中心刘伟国副主任,《中华儿女》报刊社采编中心任华南总监等青年学者中的翘楚,来撰写序言和推荐语。

请青年学者走到前台来,并不意味着完全由青年学者独挑大梁,相反，丛书更需要前辈学者的指导和支持。所以在第三辑当中，我还邀请了北京师范大学历史学院院长张皓教授、山东大学历史文化学院徐畅教授、安徽大学历史系武菁教授、重庆大学新闻学院副院长张瑾教授、辽宁大学历史学院院长王铁军教授、长春师范大学历史文化学院张晓刚教授、河北师范大学历史文化学院张同乐教授、香港中文大学化学系刘志锋教授、重庆大学档案馆馆长杨艳研究馆员、洛阳师范学院历史文化学院原院长湛贵成教授、侵华日军第七三一部队罪证陈列馆金成民馆长撰写序言和推荐语。

感谢各位老师对丛书的鼎力支持！丛书的顺利出版，最要感谢的就是辛勤的译者老师们。从第一辑开始，以我为主任的翻译委员会的各位成员们，就如辛勤的小蜜蜂一样，对书的内容进行了精心的翻译。以日本学习院大学张煜博士、复旦大学李越博士、洛阳外国语学院李学华博士、澳门科技大学叶龙博士为首的翻译团队——他们都是在国内高校、科研院所任教的优秀青年学者，他们对于丛书翻译的贡献功不可没。从第三辑开始，为进一步提高翻译质量，我又特别邀请了张晓刚、湛贵成、刘超、彭程、吕晶老师对五本书的全文进行了逐字逐句的审校。《日本远东战争罪行丛书》的翻译质量一直受到学界肯定，我们将继续保持这一优良传统。

最后，我想专门缅怀一下对丛书的进展始终保持高度关注，并对我个人指导、提携有加的三位著名学者。他们是汤重南、步平、荣维木先生。

汤先生对季我努学社非常支持，对我个人可谓关怀备至——汤先生始终关怀着丛书的出版工作，对于书目的遴选，提出过非常具体的指导性意见，甚至还帮忙找过译者。汤先生入院前，我请他和杨天石、马勇、雷颐等先生在朝内南小街的徽商故里聚会——当时汤先生还精神矍铄，神采奕奕，说自己可能肾出了一点儿毛病，需要入院治疗一下。没想到汤先生入院后，身体一直没有恢复，后来由于感染新冠肺炎突然故去。他的逝世是中国抗战史学界、日本史学界的巨大损失，每当怀念起汤先生和蔼可亲的音容笑貌，以及对我个人春风化雨的关怀，我一直悲痛不已。我想丛书第三辑的顺利出版，也是对汤先生的一种告慰。

汤先生跟我可以说是忘年交，他对于季我努学社整理抗战史料的工作一直非常肯定和支持。对我而言，让我心理上感到一丝安慰的是，我算是遂了汤先生想回重庆看看的夙愿。汤先生出生在重庆，所以才叫"重南"，但是他出生后就一直没有回过重庆。2021年6月，我与郭宜书记、钱锋老师在重大举办"联合国欧洲办事处图书馆馆藏中国禁毒问题档案整理与研究"学术研讨会——钱锋老师是分卷主编之一。我特别邀请汤先生莅临。会议结束后，我又特别请钱锋兄安排年轻教师，专门陪同汤先生去歌乐山下寻找他当年居住的老房子——可惜重庆发展日新月异，当年的老房子已经变成了繁华的高楼大厦。汤先生后来说，长大后，一直想回重庆看看，但由于工作繁忙一直没有机会，此次研讨会，算是遂了心愿了——汤先生是日本史、抗战史大家，作为国家对日外交的重要智囊、日本史学会的灵魂人物，实在是太忙了。

步平、荣维木老师对我及学社的成长支持力度非常大。

最初认识步老师是我在南京师范大学读历史学本科的时候，连红老师邀请步老师给我们作报告。步老师大家风范令我折服，讲座结束后，我还向步老师请教了一个抗战史的问题。步老师一点儿架子也没有，耐心地回答。当时我备受鼓舞。我硕士毕业后，到新华社解放军分社工作。由于在北京，便有了更多接触步老师的机会。步老师与我硕导连红老师有深厚情谊，因此步老师对我指导、关照有加。他见我始终没有放弃对于历史学的追寻，非常鼓励和支持，多次拨冗为我这个名不见经传的青年人的新书撰写序言、总序。《日本远东战争罪行丛书》第一辑的总序，就是步老师亲笔撰写的。我至今还记得，并将永远铭记。步老师对我个人的教诲：从事抗战史研究，要保持冷峻，不要太感情化。

荣维木老师对于我个人的成长可谓是鼎力支持。他一直是古道热肠，对于我在抗战史料的整理与研究上给予了非常多的指导。我曾经请荣老师到多个城市参与"季我努沙龙"的公共讲演。每次讲座结束聚餐的时候，荣老师总是豪爽地说："国平，整点儿白的。"丛书第一辑专家研讨会非常盛大，荣老师一个人主持完全场。得知荣老师生病后，我立即去医院看他，那个时候肿瘤已经从肝部转移到脑部，但他充满乐观，情绪饱满，还跟我谈抗战史应该关注的新领域。等我第二次去医院看望他时，老人家已经到了弥留之际，我恳求医生许久，才被许可去见他一面。当时荣老师已经不能说话，他看着我，不能说话。我眼泪止不住地往下流，也说不出话来，被医生劝告不许哭，我放下一点儿心意，就被推出病房外。

时常想起三位敬爱的师长，不免热泪盈眶，每年清明，我都专门给他们烧点儿纸，表示怀念和敬意！

衷心地祝愿所有参与《日本远东战争罪行丛书》翻译、指导、编辑工作的名家、译者和编辑老师们身体健康，请大家多多保重！也请读者朋友和方家们对丛书多提宝贵意见，不足之处，多多指正，多多包容！

季我努学社社长
《日本远东战争罪行丛书》主编
四川师范大学革命文献研究院执行院长、教授
范国平
2025 年 5 月 10 日